한국문학과
아프리카 문학의
풍경들

한국문학과
아프리카 문학의
풍경들
: '너머'의 세계 상상하기

고인환 지음

머리말

2024년, 한국의 작가 한강이 노벨문학상을 수상했다. 노벨상 수상의 기쁨을 즐기고 축하하기보다 세계 곳곳에서 고통받고 있는 사람들의 슬픔을 먼저 생각하는 작가의 따뜻한 마음이 뭉클하게 다가왔다. 문학을 통해 세계와 소통하고 더 나은 세상을 만들어가려는 작가정신이 노벨상 수상 소식만큼이나 감동적이다. 작가의 목소리를 직접 들어보자.

인간은 어떻게 이토록 폭력적인가? 동시에 인간은 어떻게 그토록 압도적인 폭력의 반대편에 설 수 있는가? 우리가 인간이라는 종에 속한다는 사실은 대체 무엇을 의미하는가? 인간의 참혹과 존엄 사이에서, 두 벼랑 사이를 잇는 불가능한 허공의 길을 건너려면 죽은 자들의 도움이 필요했다. 이 소설의 주인공인 어린 동호가 어머니의 손을 힘껏 끌고 햇빛이 비치는 쪽으로 걸었던 것처럼.

당연하게도 나는 그 망자들에게, 유족들과 생존자들에게 일어난 어떤 일도 돌이킬 수 없었다. 할 수 있는 것은 내 몸의 감각과 감정과 생명을 빌려드리는 것뿐이었다. 소설의 처음과 끝에 촛불을 밝히고 싶었기에, 당시 시신을 수습하고 장례식을 치르는 곳이었던 상무관에서 첫 장면을 시작했다. 그곳에서 열다섯 살의 소년 동호가 시신들 위로 흰 천을 덮고 촛불을 밝힌다. 파르스름한 심장 같은 불꽃의 중심을 응시한다.

이 소설의 한국어 제목은 '소년이 온다'이다. '온다'는 '오다'라는 동사의 현재형이다. 너라고, 혹은 당신이라고 2인칭으로 불리는 순간 희끄무레한 어둠 속에서 깨어난 소년이 혼의 걸음걸이로 현재를 향해 다가온다. 점점 더 가까이 걸어와 현재가 된다. 인간의 잔혹성과 존엄함이 극한의 형태로 동시에 존재했던 시공간을 광주라고 부를 때, 광주는 더 이상 한 도시를 가리키는 고유명사가 아니라 보통명사가 된다는 것을 나는 이 책을 쓰는 동안 알게 되었다. 시간과 공간을 건너 계속해서 우리에게 되돌아오는 현재형이라는 것을. 바로 지금 이 순간에도.

그렇게 『소년이 온다』를 완성해 마침내 출간한 2014년 봄, 나를 놀라게 한 것은 독자들이 이 소설을 읽으며 느꼈다고 고백해온 고통이었다. 내가 이 소설을 쓰는 과정에서 느낀 고통과, 그 책을 읽은 사람들이 느꼈다고 말하는 고통이 연결되어 있다는 사실에 대해 나는 생각해야만 했다. 그 고통의 이유는 무엇일까? 우리는 인간성을 믿고자 하기에, 그 믿음이 흔들릴 때 자신이 파괴되는 것을 느끼는 것일까? 우리는 인간을 사랑하고자 하기에, 그 사랑이 부서질 때 고통을 느끼는 것일까? 사랑에서 고통이 생겨나고, 어떤 고통은 사랑의 증거인 것일까?

(한강, 「빛과 실」, 노벨문학상 수상 연설문 중에서)

이 책에 실린 글들은 비록 그 형식과 내용은 다르지만, 위와 같은 애틋함과 절절함을 담고 있는 작품들과 공명(共鳴)하려는 의도를 담고 있다. 한국문학과 아프리카 문학의 풍경들에 주목했다. 한국문학을 읽으며 아프리카 문학을 생각했고, 아프리카 문학을 감상하며 한국문학을 떠올렸다. 불완전한 존재들끼리 서로 기대며 서로를 향해 공명하는 목소리들에 귀를 기울였다. '지금 여기'의 지배 이데올로기, 즉 '근대·서구·백인·남성' 중심의 시선과는 '다른 감각'으로, 시스템 너머의 세계를 상상하는 작품들이 눈에 들어왔다. 특히, 서구중심의 문학 담론 '너머'의 세계를 넘보는 비서구문학으로서의 한국문학과 아프리카 문학들에 주목했다. 이는 비서구문학의 소통과 연대를 통해 온전한 세계문학의 생태계를 정초하기 위한 노력의 일환이다. 부족한 점이 많다.

앞으로 더욱 정진하겠다는 말로 아쉬움을 달랜다. 이 책을 디딤돌로 한 단계 도약하는 계기가 되었으면 한다.

2024년 12월 3일, 한국의 대통령 윤석열이 '비상계엄'을 선포했다. 1980년 광주를 '현재형' '보통명사'로 되살려 애틋하게 위무하고 있는 한강의 문학적 고투와 대비되는, 명백한 '반동(反動)'이자 시대착오적인 폭거가 아닐 수 없다. 인간의 '존엄'을 증거하는 수많은 사람들이 광장에 모여 '사랑'의 연대로 이 참혹한 폭력에 맞서고 있는 중이다. '압도적인 폭력' 너머의 세계를 상상하는, 삶의 고통을 창조적 에너지로 승화하는 장엄하고 숭고한 문학적 장면을 연상시키는 풍경이다. 곧 '다른 세계'로 난 새로운 길이 열릴 것이다.

경희대 국문과 선·후배 동료들, 아시아·아프리카 문학 연구 팀원들, 지구적 세계문학 전문가 세미나 선생님들 등 늘 든든한 배경이 되어주는 모든 분들께 고개 숙여 감사드린다.
이석호, 김재용 선배, 고맙습니다.

2024년을 보내며
고인환

차례

머리말　　　　　　　　　　　　　　　　　　　　　　　　5

제1부

한국문학의 풍경들: 가족, 역사 그리고 '다른 세계'

가족 이야기:　　　　　　　　　　　　　　　　　　　15
　　『자본주의의 적』,『환한 – 숨』,『사소한 그늘』,『아버지에게 갔었어』

역사를 소환하는 세 가지 방식:　　　　　　　　　　　37
　　『철도원 삼대』,『파르티잔 극장』,『떠도는 땅』

'공진화적 상상력'을 위하여:　　　　　　　　　　　　52
　　『AI가 쓴 소설』,『지구 끝의 온실』,『타인의 집』

'다른 세계' 상상하기:　　　　　　　　　　　　　　　75
　　김초엽『방금 떠나온 세계』

제2부

아프리카 문학의 풍경들: 인종, 역사 그리고 전통

아프리카의 다양한 목소리를 찾아서   83

'아파르트헤이트'를 심문하는 날카로운 시선: 89
    루이스 응꼬시 『검은 새의 노래』

'사르키 바트만'을 기억하시나요?:   100
    『사르키 바트만』과 『사라 바트만』 겹쳐 읽기

소말리아의 속살을 엿보다: 109
    누르딘 파라 『지도』, 『해적』

'흑인의 탄생' 혹은 '최종심급'으로서의 '인종':   122
    치마만다 응고지 아디치에 『아메리카나』

'아프리카너'의 관점에서 바라본 베트남 전쟁: 131
    J.M. 쿳시 『어둠의 땅』

카메룬의 속살, '영어'와 '프랑스어'의 긴장: 139
    프란시스 니암조 『프랑쎄파의 향기』

'정령(精靈)의 노래', 영혼을 깨우는 주문: 152
    하리 가루바 『정령의 노래』

제3부

'너머'의 세계를 넘보는 비서구의 목소리들

한국 현대 소설과 세계문학: 165
「아메리카」, 「슬픔의 노래」, 『황금 지붕』, 『손님』, 『로기완을 만났다』

'자신'을 넘는 문학들, 아프리카(계) 작가들의 경계 넘기: 193
『The Good Doctor』, 『인간들의 가장 은밀한 기억』, 『그후의 삶』

'역사'를 재현하는 한 방식, 아프리카 여성의 목소리: 216
치마만다 은고지 아디치에 『태양은 노랗게 타오른다』

세속에서 초월로, 초월에서 세속으로: 236
한용운 『님의 침묵』

중앙아시아 고려인 문학의 장소성과 문제적 장소: 261
연해주와 중앙아시아를 중심으로

노근리의 과거와 현재 그리고 미래: 273
정구도 『노근리는 살아 있다』

노예선, 근대적 의식의 첨단을 항해하는 유령선: 282
마커스 레디커 『노예선-인간의 역사』

◆ 수록 작품 출전   288

SANCTIONS NOW
SOLIDARITY WITH SWAPO!
SOUTH AFRICA!
FORWARD TO FREEDOM IN NAMIBIA AND SOUTH AFRICA!
REMEMBER SOWETO
MASSACRE
16th JUNE 1976
OVER 1000 KILLED

제1부

한국문학의 풍경들:
가족, 역사
그리고 '다른 세계'

가족 이야기:

『자본주의의 적』,『환한 – 숨』,『사소한 그늘』,『아버지에게 갔었어』

1. 가족의 자화상

　최근 발표되는 작품들 중에서 유독 가족과 관련된 이야기들이 눈에 들어왔다. 가족 이야기는 자아의 본질, 나아가 우리 사회의 정체성에 대한 근원적 문제의식을 함축하고 있다는 점에서 주목을 요한다. 두루 알려져 있듯, 가족은 자본의 시스템을 떠받치는 가장 강력한 이데올로기의 하나다. 이에 우리 소설은 가족의 문제를 꾸준히 다루어왔다. 은폐된 가족 이데올로기의 허상을 폭로하면서 가족의 신화를 전복해왔으며, 파편화된 개인주의를 극복하기 위해 가족공동체적 유대에 바탕한 향수를 환기하는 작업도 지속적으로 전개하였다. 이들의 성과에도 불구하고 끈질긴 문학적 성찰이 부족하다는 인상을 지울 수 없다.
　하여, '빨치산의 딸'이라는 화두와 힘겹게 맞서며 새로운 길을 모색하고 있는 정지아의『자본주의의 적』, 글쓰기의 뿌리인 가족을 응시하며 이를 타자에 대한 공감으로 확장하고 있는 조해진의『환한 – 숨』, 폭력적 가부장이 지배하는 가정에서 성장한 세 자매의 삶을 촘촘하게 추적한 이혜경의『사소한 그늘』,『엄마를 부탁해』이후 오랜만에 '아버지' 이야기를 들고 문단에 복귀한 신경숙의『아버지에게 갔었어』등은 '안식처이자 구속'인 가족의 양면성과 가족의 현재적 의미를 정직하게 응시하며 우리 시대 가족의 자화상을 되돌아보게 한다는 점에서 주목할 만하다.

2. '빨치산의 딸'에서 '문학박사 정지아'로: 정지아 『자본주의의 적』

> 그저 빨치산의 딸을 벗고, 리얼리즘도 벗고,
> 가벼이 한없이 가벼이, 먼지처럼 바람처럼,
> 온 데 없이 갈 데 없이,

'사방이 시커먼 허방'이다. '좆됐다.' 빨치산 어머니가 '총 들고 싸웠던 자본주의가 세계 도처에 창궐'하여 '뭐든 넘쳐서 문제인 세상'이 되었다. '여자도', '가난한 사람도 공부할 수 있는' '엄마가 꿈꾸던 세상'이 '진즉'에 이루어졌다. 앞으로 나아갈 수도 그렇다고 뒤로 물러설 수도 없다. '…옳은 건 없다. 모르겠다.'(「작가의 말」, 전문) 다시 한번, '좆됐다.' 이번 작품집 『자본주의의 적』에 펼쳐진 정지아 소설의 난감한 상황이다.

「검은 방」은 한 정점이자 분기점이라 할 수 있다. '아흔아홉 해'를 혹사당한 빨치산 출신의 어머니가 '블라인드 사이로 스며드는' '빛이라기에는 너무 희미해 빛과 어둠의 경계와 같은 묽은 어둠'과 마주하고 있다. 젊은 시절의 '퍼렇게 날 선' '사상'의 '감각을 갱엿처럼 녹인 딸아이의 집'에서 흘러나오는 빛이다. '딸은, 사상 말고, 그녀가 찾은, 살아야 할 유일한 이유였다.' '딸이 밝힌 불빛'은 '그녀가 지금 보는 단 하나의 현재다.' '세상은 딸을 중심으로 돌고, 그녀의 세상은 멈춘 지 오래다.' '딸이라는 사상 앞에서는 잠시도 초연할 수 없다.' '더 살고 싶은 원따위, 없다.' 하지만 '저 편하자고 하나뿐인 딸의 가슴에 평생 지워지지 않을 한을 남길 수'도 없는 노릇이다. 하여, 먼저 간 남편을 선뜻 따라나서지 못한다. 그녀는 '구십구 년의 기억' 속에 다시 갇힌다.

물론 '검은 방'에 유폐된 어머니 옆에는, '아홉 살 때 아버지와 동네 장정 스무 명이 국군 총에 맞아 죽는 걸 코앞에서 지켜' 보았던 큰아버지, '악의 혹은 비틀림 같은, 사람의 복잡한 심사라고는 눈곱만큼도 모르는, 좋게 말하면 천진난만, 나쁘게 말하면 바보천치 같은 사촌동생 택이'(「우리는 어디까지 알까」), '아들의 발만큼은 태어났을 적 그대로, 보들보들, 야들야들, 봄바람에 하늘거리는 복숭아꽃 빛깔로 되돌려주고 싶'어 잠든 아들 발바닥의 '굳은살'을 '콘커터'로 깎고 있는 아버지(「계급의 완성」) 등 여전히 '사방이 시커먼 허방'에서 몸부림치는 인물들이 소설집 곳곳에 웅크리고 있다.

작가는 일단 목소리의 톤을 능청스럽게 비틀어 국면 전환을 시도해본다.

> 여기 자본주의의 진정한 적이 있다. 사회주의자였던 내 부모를 두고 하는 말이 아니다. 아는 사람은 다 알겠지만 내 부모는 팔십년대의 일부 운동권 같은 이론적 혹은 추상적 사회주의자가 아니라 한국전쟁 당시 카빈소총을 들고 지리산을 날아다녔던, 자본주의와 실전을 치른 자들이었다. (중략) 마음으로 영원한 사회주의자이기는 했다. 마음 따위 개나 주라지. 자본주의와 맞서 싸운 것밖에, 달리 아무런 재주도 돈도, 심지어 젊음마저 갖고 있지 않았던 그들은 감옥에서 나와 자본주의가 창궐하는 세상으로 돌아온 뒤, 초보 농사꾼으로 자본주의의 맨 밑바닥에서 가난하게 겨우겨우 살다 죽었다. (중략) 그러니 내가 태어날 때부터 이미 늙어 있었던 그들은 자본주의의 죽은 적에 불과했다. 그들이 내 삶에 물려준 것은 지긋지긋한 가난과 적지 않은 빚과 사회주의라는, 가난 못지않게 지긋지긋한 추상뿐이었다. 그럼에도 지긋지긋한 추상에 불과한 사회주의라는 네글자가 살아온 모든 기억 속에 낙인처럼 박혀, 어쩔 수 없이 그 적인 자본주의에 대해서도, 나는 남다른 관심을 가질 수밖에 없는 것이다. 이런 젠장.
> (정지아, 「자본주의의 적」, 『자본주의의 적』, 창비, 2021, 8-9쪽)

사회주의자였던 부모는 딸에게 '지긋지긋한 가난과 적지 않은 빚' 그리고 '지긋지긋한 추상에 불과한 사회주의'라는 '낙인'을 남겼다. 사회주의는 '자본주의의 죽은 적'이 되었다. 그래서 '빨치산의 딸을 벗고, 리얼리즘도 벗고, 가벼이 한없이 가벼이, 먼지처럼 바람처럼, 온 데 없이 갈 데 없이, 놀아보고 싶'다고 짐짓 너스레를 떨어보기도 한다. 하지만 어찌 '자본주의'에 무심할 수 있겠는가. 하여, '자본주의의 진정한 적' '자폐가족'이 등장한다. 들어보자.

> 자본주의의 오래된 적이었던 사회주의는 새것을 갖기보다 낡은 것이라도 다 같이 나눠 갖자는 주의였다. 그런데 자폐가족은 심상하게 묻는다.
> 왜 가져야 돼? (중략)
> 욕망을 이성으로 통제하여 평등하게 함께 누리자는 게 사회주의다. 자폐가족은 보다 근원적으로 욕망 그 자체가 부재함으로써, 자본주의의 전원을 오프시킨다. 자본주의에 이보다 강력한 적은 없다. 부디 이 욕망 없는 자들에게 번식의 능력을!
> 불행히도 혹은 다행히도 이들에게는 자신들이 자본주의의 적이라는 자각이 없으며 자본주의의 적이 되고 싶어 하지도 않는다. 그들의 삶에는 하고 싶다는 것 자체가 부재하므로. 아, 단 하나의 싶다,가 존재하긴 한다. 이대로 가만있고 싶다는 것. 욕망이 부재하므로 자폐가족은 자본주의의 적이지만 욕망이 부재하므로 자본주의의의 실질적 위협이 될 수 없다. 슬퍼해야 할지 기뻐해야 할지, 그건 모르겠다. 다만 무한경쟁에 피로를 느낄 때, 내 자신의 욕망에 치일 때, 나는 자폐가족을 생각한다. 인간은 저렇게도 살 수 있는 것이다. 그들이 나와 같은 세상에 존재하고 있다는 사실 그 자체만으로 때로는 위안이 된다. (중략) 자본주의의 도도한 물결에 휩쓸려 기를 쓰고 살아가는 우리와 자폐가족의 심상한 삶이 다르면 또 얼마나 다를 것인지, 생각하다보면 묘한 안도감과 위로가 밀려올 것이다. (중략) 저 자폐가족의 일원에게 뜨악한 시선도 주지 말고 응원의 시선도 주지 말고, 그들이 그저 그렇게 희미하게 존재할 수 있도록 무심히 대해주길 바란다. 그들은 욕망으로 똘똘 뭉쳐 앞으로 달려가는 것 외에 도무지 멈출 수 없는 우리 불운한 인류의 쉼표,일 터이니, 그 쉼표들이 알아서 쉴 수 있도록 말이다.
>
> (「자본주의의 적」, 42-44쪽)

'불행히도 혹은 다행히도'와 '슬퍼해야 할지 기뻐해야 할지' 모르겠다는 표현 속에 작가의 곤혹스러움이 담겨 있다. '자본주의의 동력 그 자체'인 욕망이 부재함으로써 '자폐가족'은 '자본주의의 전원을 오프' 시키지만, '자본주의의 적'이라는 자각과 욕망이 없으므로 실질적 위협이 될 수 없다. 다만, 그들을 지켜보는 사람들에게 존재감 자체로 '묘한 안도감과 위로'를 줄 수 있을 뿐이다. '욕망으로 똘똘 뭉쳐 앞으로 달려가는 것 외에 도무지 멈출 수 없는' '불운한 인류의 쉼표'일 따름이다.

자본주의는 어머니의 삶은 물론 딸에게 스며든 어머니의 흔적까지 집어삼켰다. 그래서 '빨치산의 딸'을 벗고, '리얼리즘'도 털어버렸다. 그렇다면 이를 내어주고 얻은 것은? '자폐가족'의 삶을 지켜보면서 '때때로' 얻을 수 있는 '위로', 이른바 성찰과 반성이다. 애지중지해온 모든 것을 걸었는데 만족스러울 리 없다. 이 와중에 '자폐가족'의 안방마님 현남은 결정적인 연타를 날린다. '또 썼더라.' '뭘 그렇게 써대.' '정 쓰고 싶으면 혼자 써. 쓰고 버려.' 정신이 혼미해진다. 다시, '사방이 시커먼 허방'이다.

이 지점에서 늙고 병든 어머니를 모시러 지리산 자락으로 들어온 '문학박사 정지아'의 소설이 힘겹게 첫발을 내디딘다. 먼저 「문학박사 정지아의 집」이다. 사정이야 어떻든 '자폐가족'의 삶에 가까운 환경에 놓이게 되었다. 화자는 '그냥 이혼한, 직업도 딱히 없는, 좀 안 된, 해서 좀 봐줘야 할 아줌마'로 살아가고 있다. 그런데 '그놈의 페북' 때문에 졸지에 '소확행'을 실천하는 '아름다운 은둔자 문학박사 정지아', 즉 '낯 뜨거운' '가상의 존재'가 되었다. '빨치산의 딸'이 '돈 주고' 아줌마를 고용해 '텃밭'의 '김'을 매게 한다. 나아가 '문학박사 정지아'는 '노동에 익숙한 자들의 움직임'을 찬미하며 '어제 다 못 마신 킹 조지 5세'를 음미한다. 귀향한 지 구년 만에 처음으로 동네 사람들과 밥을 먹고 체한다. 그렇게 해서 '신문 사분의 일만 한 크기'의 '한면 통째' 기사를 차지한다. '잘 나가던 시절 그녀의 기사는 끽해봤자 사단이었다.'

> 좆됐다.
> 그런데, 이상도 하지, 마음 깊은 곳에서 뜨듯한 무언가가 흘러나와 몸을 덥히는 듯했다. 몇 사람 읽지도 않은 책을 출간했을 때보다 더 충만한 느낌이었다. 수많은 팔로워가 좋아요,를 누를 때 박의 마음도 이러하지 않을까. 그 순간 문학박사 정지아는 깨달았다. 다시는 박에게 꺼지라고 말할 수 없을 거라는 걸.
>
> (「문학박사 정지아의 집」, 75쪽)

인용문의 '몇 사람 읽지도 않은 책을 출간했을 때보다 더 충만한 느낌'은 「검은 방」의 세계와 갈라지는 분기점이자, '빨치산의 딸'을 넘어 새로운 감각의 글쓰기, 즉 '문학박사 정지아'의 소설이 출범하는 순간이다. '자폐가족'을 통해 얻을 수 있는 '묘한 안도와 위로감'의 수준을 넘어 이를 다양한 방식으로 전용하여 작품 속에 녹여내는 단계라 할 수 있겠다. 이른바 '자폐가족'의 삶과 화학 반응을 일으키는 스파크를 통해 새로운 감수성을 선보이고 있는 작품들이다. '취향이 사람의 품격을 결정하는 본질이다.'라는 명제를 무덤덤한 어조와 세련된 감수성으로 포착한 「존재의 증명」, '자폐가족'을 닮은 소설가 미경의 시니컬한 어조를 통해 '인생의 불안한 한때를 낯선 곳에서 유예'하고 있는 이방인들의 '취향'을 들쑤시는 「애틀랜타 힙스터」, 개와 고양이를 등장시켜 '사방이 시커먼 허방'인 시대의 '모성'을 날카롭게 풍자한 「아하달」, 「엄마를 찾는 처연한 아기 고양이 울음소리」 등이 그것이다. 자본주의 사회의 내면에 깃든 욕망의 심연을 '문학박사 정지아'만의 방식으로 집요하게 응시하고 있다는 점에서 문제적이다. 이후의 작품들이 기다려진다.

3. 문래(文來), 글쓰기의 뿌리: 조해진 『환한 - 숨』

> 도래하는 밤에, 어쩌면 M이
> 또 다른 이야기를 전해주기 위해
> 시간의 바깥을 에돌아
> 이곳으로 올지도 모른다고 생각하니
> 위안이 되었다.
> 고통스러운 위안이었다.

단편 「문래」는 조해진 소설의 원형질을 가늠해볼 수 있는 작품이다. 그의 문학의 기원에 대한 이야기가 담겨 있기 때문이다. 소설가 K가 화자에게 '최초의 감각'에 대해 묻는다. 그러자 '기억 속 방 하나에 불이 켜지며' '찰칵' '밖에서 문을 잠그는 소리'가 귓속을 파고든다. 그리고 그 시절의 '나른한 촉감의 시간'이 '점자'처럼 만져지기 시작한다. 화자가 '혼자 힘으로 상 앞에 앉아 밥을 먹는 걸 본' 어머니는 위험한 물건을 치운 후 '다시 출근을 시작했다.' 그때부터 '하루 분량의 기다림을 견디는 것 외엔 할 일이 없었다.' 그 시절 '아주 큰 가방에 짐을 싸는 어머니를 몇 번인가 본 적이 있다.' 짐을 싸고 가만히 앉아 있다가 이내 도로 푸는 날도 있었고, 문을 열고 나가 아버지가 퇴근하기 직전에 돌아오는 날도 있었다. 그 시절 아버지는 독학으로 공무원 시험을 준비하여 교통순경이 되었다. 그는 베트남 전쟁에 의무병으로 참전한 바 있으며 여행이나 역사와 관련된 서적을 즐겨 읽었다. '최초의 감각'이 소환한, '문래'와 얽힌 유년시절 가족 이야기다.

'문래'는 1974년 화자의 부모님이 '일단 서울로, 하는 막연한 마음

하나만 품고 밤 기차를 타고 상경하여' 정착한 곳이다. 화자는 '문래 밖에서 만난 사람에게는' '문래의 풍경, 문래의 젊은 어머니와 아버지, 문래의 작은 방에 대해' '그 무엇도' 말하지 않았다. '말하지 않으면 실체가 되지 않는 거라고' 믿었다. 하지만 '문래'는 끊임없이 화자의 주변을 맴돌고 있었다. 침묵 속에 유폐되어 있던 '문래'가 다가오는 방식은 '문장'이었다.

> 강제 철거로 집을 잃은 사람들의 사연이 적힌 문장, 산업화 시대의 열악했던 노동 환경과 베트남 전쟁의 어두운 맨얼굴이 기록된 문장, 무연고의 서울로 올라와 불완전한 집에서 불안한 잠을 자다가 작은 톱니 하나 굴리는 것에 만족할 수밖에 없었던 이농민들의 삶이 깃든 문장, 문장들…… (중략) 돌아서서 발꿈치만 살짝 들어도 근로기준법의 보호를 받지 못했던 어머니와 순진한 얼굴로 다른 나라의 전쟁에 떠밀려 들어간 아버지가 보였다. 그리고 거대한 아파트들 옆에서 무력하게 허물어지던 문래 6가와, 또 다른 불완전한 집을 찾아 뿔뿔이 흩어져야 했던 그 골목의 사람들이 보였다.
> (조해진,「문래」,『환한 – 숨』, 문학과지성사, 2021, 280-281쪽)

등단 이후 '용산의 거리', '미국의 빈민가' 등 어디에서나 '문래'가 나타났다. 그곳 어디엔가 자신과 닮은 사람이 있을 거라는 생각이 머릿속을 떠나지 않았다. 이 '슬프고도 당혹스러운 감정', 즉 '문래의 그 방이 새겨 넣은 상처' 속에는 젊은 어머니의 슬픔, 아버지의 '허약한 마음', 그리고 '문래' 사람들의 애환이 포개져 있다. 따라서 '문래'를 마주하는 것은 자신의 상처와, 그것과 연결되어 있는 타자들의 상처를 들여다보는 행위가 된다.

> 저는 그 방을, 그 방이 있던 동네와 그 동네에 살았던 사람들까지 마치 처음부터 없었던 것처럼 모른 척하며 살아왔지만, 알고 있었습니다. 그 방이 저에게 새겨 넣은 상처가 내 문학의 시작이었다는 것을요. 우리는 모두

저마다의 상처에 빚을 지며 쓰기도 하고 읽기도 하는 거겠죠, 상처의 고유함을 믿는 것이 우리에게 주어진 공평한 특권일 테니까요. 만약 그때 제가 조금이라도 울었다면, 그건 단지 뜻밖의 장소에서 한 뼘 더 넓게 보게 된 풍경에 도취되었기 때문일 거예요. (중략) 아마도 저는 그 이야기를 이렇게 시작하고 있을 것입니다. 내 고향은 문래라고, 나의 문장〔文〕이 그곳에서 왔다〔來〕고……

(「문래」, 290-291쪽)

자신이 빚지고 있는 '상처'를 외면하지 않고, 그 '상처의 고유함'을 믿으며 '공평'하게 서로의 '상처'에 다가가기, 그리하여 세상을 '한 뼘 더 넓게' 바라보기. 조해진 글쓰기의 기원이자 뿌리라 할 수 있다. 이는 각자에게 고유한 '감각되지 않지만 존재하는 경계선' 사이로 길을 내는 행위에 다름 아니다. 이렇게 조해진의 글쓰기는 '자아→가족(아버지/어머니)→세계(상처받고 소외된 약소자)'로 확대, 심화되며 우리 시대의 현실과 공명(共鳴)한다.

「높고 느린 용서」는 가정을 산산조각 내고 '증발'된 아버지, 지옥 같은 현실 속에 던져진 자매, 그리고 상처를 '복구할 기회'조차 갖지 못한 Y씨 사이에서 싹트는 '높고 느린 용서'의 세계를 길어 올리고 있는 작품이다. 화자의 아버지는 '8년 전, 고소와 파면, 추한 소문과 열띤 논쟁과 언론의 공격'으로부터 비겁하게 '도망'쳤다. 대학에서 파면당한 아빠 앞으로 약간의 퇴직금이 나오긴 했지만 소송 비용으로 지불하고 나니 남는 게 없었다. 함께 살던 아파트는 급매로 처분했다. 화자는 비교문학으로 박사학위를 받겠다는 계획을 포기하고 보습학원 강사로 일하고 있다. 동생 경진은 영화 공부를 포기한 채 이른 나이에 경제적으로 독립했다. 이들 자매는 늘 생계를 먼저 생각해야 하는, 미래를 꿈꿀 수 없는 사람이 되었다.

실종 상태인 아빠가 '운전석에 놓아둔 편지들을 거두어달라는 부탁'

과 함께 미안하다는 말을 담은 문자를 보내오면서 사건이 시작된다. 알려준 장소로 찾아가자 운전석에 있어야 할 편지들이 보이지 않았다. 어느 날 동생 경진이 찾아와 '아빠가 어떤 사람인지 아느냐'고 묻는다. 남자친구가 청혼했는데 가정을 꾸리는 것이 두렵다는 투의 말도 덧붙였다. 효진은 대답할 수 없었다. 대신 '빗소리에 기대어 비겁한 사람'이라고 속삭였다.

효진은 망설이다 Y씨에게 이메일을 보낸다. '모든 것을 잃은' 아버지를 '용서해줄 수 없겠느냐고, 용서가 힘들다면 결혼을 결정하지 못하는 동생에게 용기의 말이라도 해주면 안 되겠냐'는 내용이다. 아래는 Y씨의 답장 일부다.

> 귀하의 말대로 그 사람도 모든 것을 잃었습니다. 그야말로 뼈아프게 다 잃었죠. 그러나 그는 선택해서, 혹은 지독한 오만으로 잃은 것이고, 저는 선택하지 않았고 그저 제 감정과 의지대로 살았을 뿐인데도 잃었습니다. 그 사람의 제자로서 그를 존경했고 닮고 싶어 했던 저는, 그 사람과 사적인 관계로 확장되길 원한 적 없고 그런 빌미를 준 적도 없다고 확신하는 저는, 어째서 이렇게나 나쁜 상태로 훼손된 건지 지금도 의아하기만 합니다. 심지어 저는 그 훼손을 복구할 기회조차 잃었죠. 귀하에게 다시 한번 묻고 싶습니다. 사과를 받은 적 없고 앞으로 받을 기회를 갖지 못한 제가 용서마저 내어준다면, 그럼 제게는 무엇이 남는 겁니까. 저는 무슨 힘으로 살아야 한다는 겁니까.
>
> (「높고 느린 용서」, 216쪽)

답신을 받은 효진은 신경질적으로 설거지를 하며 '무슨 자격으로, 감히, 이제 와서, 요구해, 불쌍한 척, 연민을, 강요, 하고, 어떻게, 너, 까지, 그, 릴, 수, 가, 있, 어, 어!'라고 중얼거리는 자신을 발견한다. '연민' 차원의 용서 혹은 화해의 단계를 넘어서는 지점이다.

그리고 다시 온 Y씨의 메일이다.

그리고 오늘은, 이런 이야기를 하고 싶어서 제가 먼저 메일을 쓰게 되었습니다. (중략)

저는 그 사람이 어딘가에 살아 있으리라고 확신하는데, 그렇다면 분명 저와 있었던 일을 날마다 되새기고 있을 테지요. 저를 떠올리며 강도 높은 원망만 할지 깊은 회한에 잠길지 저로서는 알 길이 없지만, 저에 대한 생각이 쌓여갈수록 그 사람의 어떤 고유한 성분도 변해갈 거라고, 그 변화가 열려 있다면 그 사람을 향한 제 용서 역시 가능성이 열려 있는 거라고, 저는 그 계단참에서 생각했습니다.

동생분에게 전해주세요.

당신의 삶은 그저 당신의 것이라고, 자격이라는 혹독한 심문에 더 이상 걸려 넘어지지 말라고요. 동생분이 행복하게 결혼을 하고 한 가정을 이룰 수 있도록 귀하가 저 대신 곁에서 용기를 주면 좋겠습니다. 그리고 그 과정에서 귀하 역시 자유로워지기를, 저는 진심으로 바랍니다.

(「높고 느린 용서」, 221-222쪽)

효진과 경진의 상처를 위무하는 따뜻한 마음과 함께, '그저 제 감정과 의지대로 살았을 뿐인데도' 모든 것을 잃은 자신의 '훼손' 상태에 대한 변화 가능성을 시사하고 있는 대목이다. Y씨는 '무심히 창밖으로 시선을 돌린 순간' 눈에 들어온, '높은 곳에서, 아주 느린 속도로 천천히' '흘러가는 구름'의 모습을 통해 '그제야 오랜 장마가 끝났다는 것'을 깨닫게 된 것처럼, 자신의 '용서'도 그런 식으로 오지 않겠느냐고 말한다. 자신과의 일을 곱씹으며 서서히 변해갈 '그 사람'의 '고유한 성분'을 떠올리면서, 이 변화의 가능성이 용서의 가능성을 열 수도 있다는 것이다. 이렇듯 '높고 느린 용서'의 세계는 '오랜 장마'가 끝났다는 사실을 문득 깨닫게 해주는 '흘러가는 구름'처럼 피해자/가해자 사이의 경계를 '높은 곳에서, 아주 느린 속도로 천천히' 오가는 과정에서 비롯된다. Y씨의 편지는 효진을 아버지의 세계로 이끄는 계기를 마련해 준다. 이는 아버지의 모습을 '되새기'며 그에 대한 자신의 생각, 즉

'비겁한 사람'이라는 '원망'을 천천히 흘러가게 하는 과정이다. 아버지의 변화 가능성을 기대하는 Y씨의 경우와는 반대 방향이지만, 증발된 아버지를 어떻게든 떠나보내야 남은 자들이 자유로워질 수 있다는 점에서 공통점을 지닌다.

실마리는 우연히 발견한 아버지와 관련된 단신 기사다. 대학 시절 '학교 앞 육교에서 국가보안법 철폐를 요구하는 유인물을 살포하다가 현장에서 체포되었다는 내용'이었다. 당시 아버지는 '유인물'보다는 '연애편지'에 어울리는 문학적 문장을 구사했다는 평가를 받았다. '흔하지 않은 아우라'를 풍기는 '멋쟁이'기도 했다.

효진은 지금은 찾을 수 없는 이 유인물과 증발된 아버지의 편지를 '상상/꿈'을 통해 연결시킨다.

> 뒤를 돌아봤다.
> 방금 효진의 세계로 건너온 아빠가 보닛 위에 몸을 수그린 채 편지를 쓰는 중이었다. 무언가에 열중할 때면 늘 그랬듯 미간을 잔뜩 좁힌 채였다. 편지를 다 쓴 뒤엔 굳은 얼굴로 차의 바닥과 트렁크를 정리했고 의자와 창문에 묻은 먼지를 털어냈다. 신중하게 모든 정리를 마친 그는 석 달 동안 거주지이자 은신처가 되어준 SUV 차량 주변을 돌기 시작했는데 그가 걸음을 옮길수록 계단이 나타났다. (중략)
> 그가 걸어 올라간 계단 끝에는 육교가 있었다. 수상쩍어 보일 만큼 자주 주위를 두리번거렸고 손에 쥐고 있던 편지, 아니 유인물을 허공에 날린 직후엔 도망가기는커녕 제각기 다른 형태로 허공에서 흩날리는 종이의 궤적을 넋 놓고 내려다보기까지 했다. 누군가, 아니 손으로만 존재하는 어떤 형태가 그의 뒷덜미를 잡았다. 그는 발버둥 쳤지만 손은 그악스럽게 그를 육교 밖으로 끌어내려 했다. 멀리 가. 어느 순간 그의 시선이 효진에게 닿았을 때, 효진은 속삭였다. 멀리 가, 아빠. 그는 발버둥을 멈추었고 효진이 한 번도 본 적 없는 얼굴로 효진을 응시하다가 이내 기화하듯 사라졌다.
> 육교는 텅 비었다.
> 마침 단 한 장 남은 유인물이 날개를 다친 나비처럼 난간에 아슬아슬하

게 없혀 있는 게 효진의 시야에 들어왔다. 효진은 그제야 허둥지둥 육교로 올라가 그 종이를 낚아챘다. 읽어보려 했지만, 절박하게 읽고 싶었지만, 종이에 적힌 글자들은 하나같이 뭉개져 있어서 해독이 불가능했고, 효진은 그것이 가슴이 터지도록 답답했다. 결국 단 한 글자도 읽지 못한 채 그대로 주저앉자 마치 효진의 세계를 순례하듯 천천히 이동하는 구름이 보였다. 구름은 멀리 있었지만 흩어지거나 소멸하지는 않을 터였다. 꿈에서 깬 뒤에도 영원의 경첩에 묶인 채로 꿈속에 남아 있을, 높고 느린 한 시절……

(「높고 느린 용서」, 227-229쪽)

둘 다 부재하기에 해독할 수 없는 문장이다. 효진은 아버지의 '높고 느린 한 시절'의 순정(연애편지/유인물)을 떠올리며 아버지의 세계로 길을 낸다. 그리고 '세상을 향한 마지막 변론'을 작성하는 아버지를 불러온다. '부재하기에 망각될 권리도 갖지 못한' 문장들은 이러한 과정을 통해 아빠를 떠나보내는 계기로 작용한다. '멀리 가, 아빠.' 아빠의 '높고 느린 한 시절'의 순정이 이렇게 '높고 느린 용서'의 가능성을 열고 '영원의 경첩에 묶인 채' 서랍에 갇힌다.

이후 경진은 남자친구의 프러포즈를 받아들인다. 상처를 준 자가 '증발'된 지옥 속에서도 기어이 가해자를 소환해 다시 떠나보내는 지난한 과정을 통해 조해진 소설 속 세상 풍경은 이렇게 조금씩 넓고 깊어진다. 이는 남은 자들이 '자격이라는 혹독한 심문'에 '걸려 넘어지지' 않고 조금씩 자신을 회복해가는 과정이기도 하다. 이렇듯, 작가는 '꿈/상상, 숨, 시(예술)' 등을 매개로 수십 년 전 산업재해로 목숨을 잃은 젊은 노동자, 고등학교 제자와 그의 어머니, 몸이 불편한 '왼팔 청년', 성추행 가해자인 아버지와 피해자 Y씨 등과 조심스럽게 소통의 오솔길을 내고 있다. 각자의 고유한 세계를 인정하면서 서로의 경계를 넘나드는 '높고 느린' 풍경의 아우라가 진한 여운을 남기는 순도 높은 작품들이다.

4. 억압적 가정의 굴레를 넘어: 이혜경 『사소한 그늘』

> 또 다른 해가 있는 곳,
> 크든 작든 저마다 나름대로 해여서,
> 서로에게 그늘을 드리우지 않는 곳으로.
> 이미 깃든 그늘을 걷어 내며.

늘 그래왔듯이 역시 정공법이다. 이혜경의 『사소한 그늘』은 1960-70년대 가부장적이고 폭력적인 가정에서 성장한 세 자매의 이야기를 다루고 있다. 특유의 섬세하고 촘촘한 문체도 여전하다. 이 작품이 핍진하게 그려내고 있는 가족 이야기는 당대 우리 사회의 민낯이자 성장 위주의 산업화 논리가 암암리에 묵인한 우리들의 자화상이다.

이 질곡의 시대를 통과한 세 여성, 즉 지긋지긋한 가정의 폭력을 벗어나기 위해 몸부림쳤지만 어느덧 아버지의 폭력을 고스란히 내면화한 경선, 순종적 여성으로 길러져 무능한 남편과 소박하고 가난한 삶을 영위하고 있는 영선, 그리고 가부장적 가정의 폭력을 힘겹게 탈출해 새로운 길을 찾아 나서고 있는 지선 등은 1970-80년대를 통과해 성인이 된 우리 여성들의 세 전형이라 할만하다. 이른바 한국 여성사의 한 장면을 생생하게 목도하고 있는 듯하다. 이혜경은 이들의 삶에 드리운 폭력의 실루엣을 섬뜩한 필치로 길어 올리고 있다. 또한 이러한 폭력의 그림자가 다음 세대로 이어지고 있다는 점을 환기함으로써 작품의 문제의식을 현재진행형으로 확장한다.

먼저 '아기'의 목소리를 통해 이 가정의 분위기를 가늠해보자.

> 그렇다고 마냥 울 수도 없었다. 아기가 울면 안아 주는 엄마의 품에서 슬픈 냄새가 났으니. 오래 쌓인 피로와 진득한 체념이 버무려진 냄새. 생명의 기운과 아주 멀리 떨어진, 어둡고 무력한 곳에서 풍겨 오는 냄새. 아기의

울음은 가뜩이나 가라앉은 엄마의 그 기운을 헤집어서 분탕을 일게 하고, 그 다음엔 질척이는 앙금으로 가라앉게 만들 것이다.
　그렇다고 다른 사람의 품이 편안한 것도 아니었다. 어쩌다 안아 주는 아버지의 품에선 쇠공처럼 단단하게 웅크린, 억눌린 힘의 기운이 느껴졌다. 품어 안기보다는 밀어내는 힘이었다. 어쩌다 경선의 품에 안기면 아기는 자기가 주체하기 어려운 짐짝처럼 느껴졌고, 나름대로 감싸 안는 영선의 품은 비교적 포근했으나 그 안에서 편히 쉬기는 어려웠다. 오빠들은 말할 것도 없이 건성이었고, 외로워질 때면 아기는 엄지손가락을 죽죽 빨았다.
　　　　　　　　(이혜경, 『사소한 그늘』, 민음사, 2021, 27-28쪽)

　'생명의 기운과 아주 멀리 떨어진, 어둡고 무력한' 가정의 분위기를 자신을 안아 주는 가족들의 품을 통해 드러내고 있는 장면이다. 집에 잘못 들어섰다는 사실을 깨달은 '아기'는 마치 '뭍으로 내동댕이쳐진 어린 피라미처럼 살갗이 바작거리고 숨이 얕아졌다.' '아기'는 그 누구의 품에서도 편안함을 느낄 수 없었다. 아버지의 폭력과 어머니의 무기력함이 연출한 풍경이다.
　작가는 아버지와 '아기(지선)'의 대결 구도를 통해 가족 이야기의 서막을 연다. 이른바 '폭력'과 '경기'의 긴장이다. 물론 폭력의 압승이다. 하지만 나약하고 무방비 상태인 '아기'의 목숨을 건 절규는 가정 폭력의 메커니즘을 생생하게 폭로하는데 효과적으로 기능하고 있다.

　그는 남들보다 앞서 나가고 싶었다. 그런데 아뿔싸, 출발선이 너무 달랐다. 원형 경기장에서의 달리기 경주, 그에게 주어진 레인은 안쪽이 아니라 맨 가장자리였다. 안쪽에 선 사람들은 그 정도 특혜에 만족하지 못했다. 권력이나 돈의 힘으로 출발 신호를 받았다. 그들이 몇 바퀴 돈 뒤에야, 마지 못한 듯 그에게 출발 신호가 떨어졌다. (중략) 그들을 따라잡으려면 쉼 없이 뛰어야 했다. 물 한 모금 안 마신 채 뛰고 또 뛰어 서너 바퀴 차이를 한 바퀴로 줄여 놓았다. 자신이 뛰는 동안 쉬고 물 마시던 사람들에 대한 질투와 분노를 감히 드러낼 수도 없었다. 그랬다간 그들이 자신을 운동장 밖으로 아예 내몰 것임을 알고 있어서였다. 그들이 지닌 막강한 힘으로 충분히 그럴 수 있었다. 드러내지 못한 분노는 야망이라는 고열에 녹아 마그마가 되었다.

(『사소한 그늘』, 97-98쪽)

찢어지게 가난한 집에서 태어나 할아버지의 품에서 자란 아버지는 성공에 대한 갈망으로 앞만 보고 달려온 인물이다. 출발선이 다른 사람들을 따라잡으려면 쉼 없이 뛰어야 했다. 권력과 돈이 있는 사람들에 대한 '질투와 분노'를 감히 드러낼 수도 없었다. 표출하지 못한 분노는 '마그마'가 되어 내면에 쌓였다. 집 밖에서 드러내지 못한 용암은 집 안에서 터져 나왔다. 가정은 사회적 폭력의 배수구이자 뒤틀린 욕망의 하수구로 기능하고 있는 셈이다.

마음인지 몸인지 한구석에 진 응어리는 집에 돌아와 어수선한 밥상이며 방바닥에 쏟아진 눌은밥을 보는 순간 터져 나왔다. 치사한 걸 참아 가며 어떻게 번 밥인데, 싶었던 것이다. 아내한테 분풀이를 하고도 응어리는 가시지 않는다. 어둠 속 잠든 아기 쪽으로 돌아누운 아내의 몸을 끌어당긴다. 아내가 홱, 그의 손길을 뿌리치며 벽 쪽으로 더 붙는다. 어디서 감히! 요정에서 찬밥 대접 받은 분노까지 새삼 치민다. 제까짓 게 버텨 봤자 사내의 완력을 당할 순 없다. 숨 돌릴 여지만 줘도 앙탈하고 주둥이가 나오는 게 계집이다. (중략) 그는 아내의 팔을 으스러지게 쥔다. 윽, 아내가 방심한 사이 단김에 넣는다. 으윽, 어금니 짓이기는 신음 소리를 낸 아내가 시체처럼 널브러진다. 몸을 움직여 호응해 본 적 없는 아내다. (중략) 제까짓 것들이! 마침내, 그를 들쑤셨던 사나움이 쏟아진다.

(『사소한 그늘』, 65-66쪽)

이 들끓던 마그마를 쏟아내고 홀가분해져 잠으로 미끄러져 들면 '산비탈에 겨우 피어난 들꽃 같은' 아이가 '경기'를 일으켰다. 아버지의 폭력에 속수무책으로 당하기만 하는 엄마 앞에서 '아기'가 할 수 있는 유일한 저항은 '경기'다. 죽음 직전까지 가는 필사적인 몸부림이다. 이러한 '아기'의 '경기'에 아버지는 잠시 주춤한다. 몇 년 전에 치른 전투가 뇌리를 스친다. 섬뜩하다. '아기'가 꼭 '요물' 같다. 하지만 이내 본래의 위치로 돌아온다. 그에게 아이를 잃는다는 건 '치욕'일 따름이다. 무력하고 무능한 인간들이나 제 것을 잃고 빼앗긴다. 큰딸도 가난 때문에 잃었다. 자식 특히 딸은 '손가락에 박힌 꺼끄러기'나 다름없다. 손가락에 박힌 가시가 꺼끌거리면 '매질'을 하면 된다.

> 여름날 저녁밥을 먹고 빨갛게 잘 익은 속살을 드러낸 수박을 향해 뻗치려는 제 손을 아이의 마음이 억지로 붙들고 있다는 것, 제가 안 먹는 걸 식구들이 눈치채지 않게 먹는 시늉만 낸다는 것도, 잠자리에 들기 전에 변소에 가서 제 입으로 '쉬' 소리를 내 가며 몸안의 물기를 억지로 짜내려 한다는 것도 그는 알지 못했다. 오줌을 짜내느라 제가 입으로 내는 '쉬' 소리를 들으며 쪼그리고 앉아 있을 때면 아이 자신이 바람 새는 풍선처럼 후줄근하게 느껴진다는 것도. 우리 지선이, 이제 다 컸구나. 밤에 오줌 싸지 않는 걸 보니. 질척한 이부자리를 본 기억이 가물가물한 어느 날, 엄마의 칭찬을 듣는 아이의 귀에 다시 그 풍선 바람 빠지는 소리가 들렸다는 것도.
> (『사소한 그늘』, 101쪽)

'매질'이 아이의 마음을 어떻게 '바람 새는 풍선처럼 후줄근하게' 만드는지 잘 보여주는 장면이다. 이러한 트라우마를 지닌 '아기'는 '누군가를 품으면 그 순간부터' 바람 빠진 풍선처럼 자신이 녹아 없어지는 아이로 자란다. 지선은 항상 타인의 눈으로 자신을 보는, 즉 '늘 누군가에게 마음을 주어 제 안의 사랑을 길어내야 하는' 사람으로 성장한다. '자기 자신만 사랑하느라 다른 누구도 사랑하지 못하는 진오'는 이러한 지선을 '눈 밝게 알아보고' 끈질기게 구애하여 결혼에 성공한다. 지선은 차츰 '진오에게 느꼈던 친밀감의 정체', 즉 '뭔지 모르게 익숙하던 그 느낌'을 깨달아 간다. '아버지와 경선과 진오가 정삼각형의 세 변'으로 서 있는 억압적 가정의 굴레. 아버지의 폭력에 무기력했던 어머니의 슬픔, 진오의 본성을 애써 덮어두려 했던 자신의 마음, 힘으로 누르려는 엄마(경선) 밑에서 아이답지 않은 아이로 자란 수민의 모습이 겹쳐진다. 마침내 지선은 이 폭력의 굴레를 떨치고 일어선다. 그리고 '이미 깃든 그늘을 걷어 내며' '또 다른 해가 있는 곳, 크든 작든 저마다 나름대로 해여서, 서로에게 그늘을 드리우지 않는 곳으로' '가리라' 다짐한다. 어머니 세대의 '그늘'을 걷어 내는 선언이자 아랫세대인 '수민'의 미래를 안내하는 이정표라 할 수 있다. 이러한 지선의 모습은 수많은 '수민들'의 행동으로 이어져 여전히 진행 중이다. 『사소한 그늘』은 우리의 지난한 페미니즘의 역사를 곱씹어보게 하는 작품이다.

5. 대책 없는 가족 콤플렉스: 신경숙 『아버지에게 갔었어』

> 나는 내 가족이 나의 글을 읽지 않았으면 하는 바람을 갖고 있다. 함께한 어떤 시간을 내 식대로 문장으로 복원해서 내놓는 일을 그들이 어떻게 생각할까 짐작해보면 아찔하고 난감하고 부끄럽다. 그리고 두렵다.

『아버지에게 갔었어』는 신경숙이 이른바 '표절 파문' 이후 6여 년 만에 내놓은 장편이다. 신경숙은 '젊은 날 저도 모르게 저지른 잘못 때문에 발등에 찍힌 쇠스랑을 내려다보는 심정'으로 지냈다며, '과거의 허물과 불찰을 무겁게 등에 지고 새 작품'을 쓰겠다는 말로 '부주의함에 깊이 사과'했다. 인터뷰 기사를 읽고 '어떤' 부주의였고, '무엇을' 성찰하고 반성했는지가 분명하게 다가오지 않아 뒷맛이 개운하지 않았다.

『아버지에게 갔었어』를 읽고도 여전히 텁텁했다. 지금까지 '개별자로 인식하는 일에 인색'했던 '익명의 아버지'에게 '숨을 불어넣고' 싶었다는 작가의 말대로, 『아버지에게 갔었어』는 격변의 근·현대사를 '살아낸' 아버지의 삶을 섬세한 필치로 추적하고 있는 작품이다. 신경숙은 특유의 감각적 문체로 기억을 잃어가고 있는 아버지의 삶을 효과적으로 길어 올리고 있다. 가족 구성원들의 개별 인터뷰, '큰오빠'와 오간 편지들, '박무릉 씨'의 발언 등을 통해 아버지의 모습이 입체적으로 되살아나고 있다.

사실 신경숙의 소설은 가족과 얽힌 체험이 시대적 현실과 조우하여 동시대적 감수성으로 발현되었을 때 문학적 울림이 짙었다. 1980년대적 윤리와 1990년대 이후의 욕망이 가족 이데올로기와 공명(共鳴)하고 있는 「풍금이 있던 자리」나 개인의 내밀한 욕망과 열악한 노동 현실을 가족과 동료의 이야기로 감싸고 있는 『외딴 방』의 경우가 그러하다. 『엄마를 부탁해』는 '실종된 어머니'를 통해 전통적 가족공동체의 붕괴와 이를 지켜보는 근대의 자식들이 처한 곤경을 보여주었다. 물론 이러한 작품들 속에서도 신경숙은 끝내 가족공동체의 품으로 투항했다. 신경숙 소설의 대중성[1]도 이와 무관하지 않을 것이다.

'당신에 대한 글'을 쓰고 싶다는 작가의 말에 아버지는 '나는 아무 일도 하지 않았다. 살아냈을 뿐이다.'라고 말한다. 작가는 '아버지가 한 일이 얼마나 많은데요.'라고 응수한다. 그렇다면 아버지가 한 '많은' 일은 무엇인가? 가족을 지킨 일로 수렴될 것이다. 열네 살에 부모를 잃

---

[1] 독자들이 신경숙의 소설에 열광하는 것은, 이념적으로는 선한 어머니, 헌신적 어머니에 대한 이데올로기적 억압에 대해 비판하지만, 현실적으로는 헌신적인 어머니 없이는 아무것도 할 수 없는 반쪽짜리 근대인들의 비애를 위무해주기 때문인지도 모른다(이선옥, 「흔들리는 텍스트의 관습적 독서」, 『페미니즘 연구』, 제9권 1호, 2009.4. 167쪽 참조). '어머니'를 '아버지'로 치환한다면 『아버지에게 갔었어』에도 그대로 적용할 수 있는 주장이다. 특히, 부모의 사랑에 탄복하면서도 그 무한한 희생이 부담스러운 근대 이후 자식들의 양면적 자의식을 위무하기에 부족함이 없는 작품이다.

고 종가의 장남이 된 아버지는 내면의 꿈을 접고 가문과 가족을 위해 헌신했다. 일제강점기에서 한국전쟁, 4·19 혁명, 군부독재로 이어지는 격변의 시대를 견디며 가족을 위해 자신의 모든 것을 희생한 아버지의 삶은 숭고하기까지 하다. 『아버지에게 갔었어』는 이러한 아버지에게 바치는 자식(딸)의 헌사로 부족함이 없다.

문제의식을 살짝 비틀어, 아버지가 그 시대를 '어떻게' 살아냈는지 질문해 보자. 아버지는 자신이 살아낸 시대에 대해 어떤 자의식을 가지고 있었는가? 그리고 이를 형상화하는 작가의 현실 인식은 어떠한가? 아버지는 가족(자식)을 위해 현실(역사)을 의식적으로 회피했다.[2] 문제는 이를 형상화하는 작가의 시선이다. 신경숙은 이러한 아버지의 모습에 대해 그 어떤 자의식도 드러내지 않고 있다. 격변의 현대사는 풍경으로 스쳐 지나간다. 작품의 주된 배경이 되지 못할뿐더러 역사적 고유성도 부여받지 못하고 있다. 그저 '가족'의 안전을 위협하는 재난일 뿐이다. 한국전쟁, 4·19 혁명, 유신독재, 심지어 홀로코스트[3]까지 고유한 역사성을 부여받지 못한다. 아랫세대인 '아들의 아들의 말'을 들려줄 때도 마찬가지다. '후포'에서 '웹드라마 대본'을 쓰고 있다는 화자의 조카는 거기서 만난 '낯선 나라에 돈 벌러 온 가난한 노동자들'을 보며 '수십 년 전 우리 아버지들', 즉 '큰아버지가 리비아로 떠날 때 공항에 배웅하러 갔던 일'을 떠올린다. 갓 태어난 둘째를 들여다보

---

[2] 박무릉 씨의 진술에서 대표적인 예를 찾을 수 있다. "아들의 말을 듣고 있으면 세상에 분노가 치밀어서 죽을 것 같다고. 그러니 알아듣고 싶지 않고 그래야 자기가 버틸 수가 있다고 했어. 전쟁도 지나갔는데 이 시간도 지나가지 않겠느냐고 그때까지는 아들을 지켜주는 거만 생각할란다고 했어."(『아버지에게 갔었어』, 299-300쪽)

[3] 홀로코스트 희생자들을 형상화한 작품을 보고 '아버지의 얼굴'을 떠올렸다는 「작가의 말」을 예로 들 수 있다. 무고한 '희생'을 매개로 나치의 역사와 한국의 현대사를 결합하고 있는 이러한 사고는 역사의식과 현실 인식이 결핍된 위험한 발상이 아닐 수 없다. 이 도저한 연민과 대책 없는 감수성에 공감하기 어려운 것은 필자만의 문제일까?

며 어떻게 잘 키울까 하는 생각에 마음이 먹먹해지며 '아이가 아버지인 저를 키우고 있다는 느낌'이 든다고 말한다. 아버지, 화자, 조카 3대에 이르도록 가족과 세상을 바라보는 태도에는 이처럼 변함이 없다. 도저한 가족 콤플렉스의 일종이 아닐 수 없다.

조금 더 나아가 보자. 데뷔작의 첫 문장을 기억하는 대목이 있다.

> 대학을 졸업하고 첫 직장으로 출근하게 된 곳은 서대문과 아현동 사이에 있었던 '이음사'라는 이름의 출판사였다. (중략) 그곳에서 출판하는 책 중에 내가 읽고 싶은 책이 있었다면 그걸 읽는 재미에라도 출근길이 좀 가벼웠을지도. 그랬다면 출근하다가 다시 계단을 내려가 방금 들어온 문을 밀고 나가 다른 장소로 향하는 상상 같은 건 하지 않았을지도. (중략) 그때 내가 출근해서 했던 일은 서로 다른 역자가 조각조각 나누어 번역한 책의 내용들을 한데 모아 최종적으로 문맥을 맞추는 일이었다. (중략)
>
> 퇴근을 할 때마다 이렇게 계속할 수는 없다,는 생각을 했다. 이렇게 계속하다가는 내가 죽고 말 거라고.
>
> 어느날부터 나는 내가 살기 위해서, 퇴근하면 이희승의 『국어대사전』을 옆구리에 끼고 역촌동의 독서실로 향했다. 독서실 한칸을 차지하고 나는 날마다 무언가를 쓰고 지우기를 반복했다. 그러다 어느날 어디다 뒀던가, 라고 썼고 그 문장은 지워지지 않고 네칸짜리 여닫이 서랍을 온통 다 뒤져도 장갑은 보이지 않는다,라고 이어졌다. (중략) 어디다 뒀던가,라고 쓰고 난 후로 퇴근하는 내 발걸음에 생기가 붙고 부지런해졌다. (중략) 새벽 거리는 적막했다. 새벽 세시의 거리를 내다보다가 떡을 만드는 기계의 쉬이익, 소리를 듣고 있으면 저절로 양손으로 양 팔꿈치를 잡아 팔짱을 끼게 되었다. 그대로 독서실 의자로 돌아와서 팔을 풀고 삶에는 기습이 있다,는 문장을 써 넣었다. 새벽 세시의 텅 빈 거리와 바닥에 쏠려다니는 나뭇잎과 가로수 그림자를 내려다보는 절박한 마음에 나의 미래가 스쳐 지나갔다.
>
> (신경숙, 『아버지에게 갔었어』, 창비, 2021, 55-59쪽)

위 대목에는 일상(직장) 탈출에 대한 낭만적 동경, '살기 위해서'라는 추상적이고 막연한 의지, 이희승의 『국어대사전』이라는 보편적 상징 등이 전경화되어 있다. 그 시절 '읽고 싶었던 책'은 어떤 것이고, 직장에서 찾을 수 없었던 '의미'는 무엇이며, 그때 '무슨' 내용을 '어떻게' 쓰고자 했는가는 구체적으로 드러나 있지 않다. '무언가를' 찾아 '쓰고 지우기를 반복'했다는 문학에 대한 열정 그 자체만 부각되어 있다. 이를테면, 독자들은 '삶에는 기습이 있다.'라는 문장과 '새벽 세 시의 텅 빈 거리와 바닥에 쓸려다니는 나뭇잎과 가로수 그림자를 내려다보는 절박한 마음', 그리고 '떡을 만드는 기계의 쉬이익, 소리' 사이의 간극을 삶의 구체적 맥락이 없는 작가 특유의 모호하고 신비로운 이미지로 메워야 한다.

한 걸음 더 나아가 보자. 이러한 글쓰기에 대한 자의식 혹은 문학적 태도가 '표절 파문', 즉 젊은 시절의 '부주의함'을 낳게 한 원인의 하나는 아니었을까? 『국어대사전』을 옆구리에 끼고' 독서실에서 '쓰고 지우기를 반복'한 문장들이 '저도 모르게 저지른 잘못'의 일부가 되었던 것은 아닐까? 이러한 문장들이 구체적이고 역사적인 맥락 없이 신경숙의 소설 여기저기를 떠돌지 않았을까? '가족'이란 이름으로 역사적 현장의 구체성을 집어삼키고 있는 『아버지에게 갔었어』가 '우리의 아버지'에 대한 소설이라기보다는 '한 가족의 아버지' 이야기라는 생각을 떨칠 수 없는 이유도 이와 무관하지 않으리라.

사정이 이러하다면, 젊은 날의 과오에 대한 신경숙의 성찰은 보다 근원적인 방향으로 나아가야 할 것이다. '어느 노동자의 하루와 그에 얽힌 죽음의 문제'를 다루려 한다는 신경숙의 차기작이 기대되는 이유도 여기에 있다.

역사를 소환하는 세 가지 방식:

『철도원 삼대』, 『파르티잔 극장』, 『떠도는 땅』

1.

> 우리는 이야기 속으로 던져진 존재
> 우리를 키운 것은 9할이 이야기다
> 이야기를 바꿔야 미래가 달라진다
> (이문재, 「전환 학교」)

여기 '역사'를 소환하고 있는 세 편의 장편소설이 있다. 『철도원 삼대』, 『파르티잔 극장』, 『떠도는 땅』이 그것이다. 2020년에 발표된 문제작들인데, 각각 노동자, 혁명가(예술가), 이름 없는 민초들의 이야기를 독창적인 목소리로 되살려내고 있다. 이들 세 작품은 '누구'의 관점에서 '어떻게' 이야기할 것인가라는 서사적 자의식을 날카롭게 벼리며 '지금 여기'의 삶에 개입하고 있다. '역사 이야기'가 '누구'의 관점에서 '어떻게' 소비되어야 하는지를 되새겨 볼 수 있는 소설들이다. '이야기를 바꿔야 미래가 달라진다'는 메시지를 환기하는 작품들이다.

2.

> "아마 사람 사는 일이 예나 지금이나 겉만 달라졌지 내용은 같다는 얘기겠지."

황석영의 『철도원 삼대』는 근래 보기 드문 담대한 기획의 작품이다. 황석영이 아니라면 엄두를 내기 어려워 보이는 당당하고 묵직한 목소리가 반갑다. "나는 우리문학사에서 빠진 산업노동자를 전면에 내세워 그들의 근현대 백여년에 걸친 삶의 노정을 거쳐 현재 한국 노동자들의 삶의 뿌리를 드러내보고자 하였다."(「작가의 말」) 소설의 본질을 환기하는 정공법적 뚝심이 묻어나는 출사표이다.

소설은 한 노동자의 고공농성 현장에서 시작된다. 공장 발전소 건물 끝자락에 자리잡은 사십오 미터 굴뚝에서 오십대 초반의 노동자 이진오는 고공농성을 시작한다. '노동자를 해고하고 회사를 매각한 뒤에 해외로 공장을 옮기고 현지에서 노동자를 고용하여 다른 회사로 탈바꿈하는 꼼수'에 맞서 싸움을 시작한 지 어느덧 삼년이 지났다. 그는 이 지지부진한 투쟁을 끝내기 위해 굴뚝으로 올라왔다. 농성의 현장 굴뚝은 하늘과 땅, 삶과 죽음의 경계이자, 자본의 논리에 맞서는 노동자들의 최후의 보루이다. 진오는 페트병 다섯 개에 죽은 사람들의 이름을 붙여주는 의식을 통해 '지상에서의 시간'을 벗어나 과거로의 여행을 떠난다. '깍새', '진기', '영숙', '주안댁', '신금이.' '깍새'는 유년 시절의 아스라한 풍경을 불러오는 친구고, '진기'와 '영숙'은 노동운동의 현장에서 만난 동지이다. 증조할머니 '주안댁'과 할머니 '신금이'는 파란만장한 '철도원 삼대'의 역사를 지켜온 수호자이자 증언자이다.

진오의 동지 '진기', '영숙'은 동시대의 노동 현실을 심문하기 위해 소환되었다. 진기는 자동차공장 해고노동자였다. 회사의 공장 일부가

해외로 옮겨가면서 노동자들이 대량으로 해고되었다. 그는 1년 가까이 고공농성을 하기도 했지만 결국 패배하고 자살했다. 영숙 또한 '조선소의 크레인 위에 올라가 일년여를 버틴 강철 여성 노동자'였다. 일상이라는 '무섭고 위대한 적'은 이들의 투쟁을 가차없이 무너뜨렸다. '온 세상'은 노동자들의 편이 아니었다.

> 조태준은 글자에 불과했으나 그들을 해고하고 회사를 넘겨버린 장본인이었다. 지난 다섯해의 복직투쟁 기간 동안 수백번 외친 이름이었으나 한번도 본 적이 없으니 얼굴도 인상도 모르는 상대였다. 서류 위에서 글자로만 익힌 이름이었다. 책에 의하면 그것은 자본의 추상적 기호에 지나지 않았고 사회가 부여한 역할을 침묵 속에서 수행하고 있었다. 그는 청년기 장년기 노년기 그 어느 곳에도 속하지 않았다. 다만 이진오와 그의 동료 노동자들과는 전혀 다른 시간 속에서 그들과 무관한 삶을 살고 있을 것이며 기억조차 하지 않을 것이다. 조태준에게 그들은 벽지의 흠집처럼 거기 있어 잠깐 시선에 걸리기는 하지만 일상에 지장을 주지 않아 익숙해진 작은 흔적에 지나지 않을 것이다.
> (황석영, 『철도원 삼대』, 창비, 2020, 105쪽)

진오는 이러한 '서류 위에서 글자로만 익힌' 상대들에 맞서 '자기편의 이름'을 불러온 것이다. '자본의 추상적 기호'가 '침묵'으로 수행하는 역할에 버금가는 살아 있는 구체적 인간들의 목소리를 들려주기 위해서다. 눈앞에 펼쳐진 현실은 녹록치 않지만, 이들의 '살았으니까 꿈틀거려보는' 안간힘, 즉 '살아 있으니' 오늘 '할 건 해야' 한다는 신념으로 내딛는 한 걸음, 한 걸음을 통해 세상은 보다 나은 방향으로 조금씩, 느리게 변해갈 것이다.

이렇듯 '지금 여기' 동시대 노동자들의 눈물겨운 삶의 현장이 소설을 감싸는 씨줄이라면, '이백만→이일철(이이철)→이지산'으로 이어지는 철도노동자 삼대의 삶은 작품의 날줄에 해당한다. 작가는 이들의 삶을 이진오의 할머니 '신금이'를 통해 불러온다. 신금이는 '철도원 삼대'의 삶을 지켜본 산 증인이다. 그녀는 김포 태생으로 소학교를 나와 방직공장에 취직해 노동운동을 경험한 바 있으며, '현실너머'의 존재인 '유령'이나 '헛것'과 교감하는 '신통방통 신금이'이기도 하다. 그녀는 노동운동과 주술적 세계, 역사와 민담, 리얼리즘과 환상 등의 경계를 넘나들며 서사를 관장하는 위치에 있다. 또한 이백만, 이일철(이이철), 이지산, 주안댁(막음이) 등 주요 인물들의 삶을 연결, 매개하며 철도 노동자 삼대의 삶을 온전하게 구조화하는 역할을 한다. 이러한 빈틈없는 서사의 짜임새는 이야기의 장인 황석영의 면모를 잘 보여주는 대목이다.

이백만은 정미소에서 선반을 배워 영등포 철도공작창에 취직한 철도노동자이다. 그는 어린 시절 목격한 '기차'에 매료되어 아들 이름을 '한쇠(일철)', '두쇠(이철)'로 짓기까지 한다. 동시에 철도가 식민지를 수탈하고, 착취하는 도구임도 잊지 않는다. 이백만의 사연을 통해 '조선 백성들의 피와 눈물'로 건설된 일제강점기 철도 건설의 역사가 후대에 생생하게 전해진다. 아래의 말은 그의 성격이 잘 드러나는 한 대목이다. "우선 이 세월을 견디구 살아남아야지. 먼저 지 몸을 일으켜서 생활 기반을 만들어야지." 이백만은 스스로의 힘으로 일가를 이룬 철도노동자 1세대를 대표한다.

2세대 이일철은 황석영이 1989년 방북 때 평양에서 만난 인물을 대변한다. 그는 일제 강점기 총독부의 철도종사원 양성소를 졸업하고 조선인 기관수로 일한 인물이다. "집안은 내가 맡을 테니 걱정하지 마라. 대신 네 바깥일은 밖에서 해결했으면 한다."라는 말에서 알 수 있듯이, 사회주의 항일 노동운동을 펼친 동생 이철을 돕는 조력자이기도 하다. 일철은 해방 이후 급속하게 변하는데, 해방된 나라에서는 이전처럼 살지 않겠다고 작심하며 아우 이철이 꿈꾸던 세상을 이루는 편에 선다.

해방 공간에서 영등포 철도공착장 노조지부장, 전국노동조합 전국평의회 중앙위원 등 노동운동에 적극적으로 참여하다가 여의치 않자 월북하여 북의 '철도종사원양성학교' 교장이 된다. 한편, 이이철은 국내 공산주의 당 재건파, 즉 '경성 트로이카 조직'의 일원으로 활동한다. '경성콤 그룹'은 '일제 치하 경성지역 노동운동이 노선과 지역의 차이를 불문하고 처음이자 마지막으로 모인 결사체'이다. "바깥의 누군가가 우리의 혁명을 대신해주지는 않습니다. 가난하고 초라하고 미흡하지만 우리는 조선 인민의 힘을 믿을 수밖에 없지요." 이 조직을 이끌었던 이재유의 말이다.

한편 철도노동자 3세대 이지산은 기관수가 되기 위해 철도운수학교에 편입학 원서를 내지만 신원조회의 벽에 막혀 입학이 거부된다. 해방 공간에서는 경성지역 학생협의회, 영등포 민청 조직 등에 참여하면서 시위대의 선두에 선다. 결국 그는 아버지를 찾아 월북한다. 북쪽에서 교육을 받고 철도 기관사로 승급하여 전쟁에 참여한다. 낙동강 전선에서 물자를 나르던 중 부상을 당해 한쪽 다리를 잃고 전쟁포로가 된다. 그 후 포로 석방으로 귀향하여 진오의 어머니 복례를 만나 결혼한다.

이상의 '철도원 삼대' 이야기에는 우리의 근현대사를 가로질러온 노동운동의 역사가 꼼꼼하게 음각되어 있다. '철도원 삼대'의 삶이 '신금이'의 목소리를 통해 이진오의 고공투쟁으로 이어지는 모습은 '한국 노동자들의 삶의 뿌리를 드러내보고자' 한 작품의 주제 의식을 잘 보여준다. 특히, '경성콤 그룹'의 사회주의 노동운동을 중심축으로 일제강점기와 해방 공간, 한국전쟁으로 이어지는 격동의 시기를 형상화한 점은 황석영의 탁월한 역사의식과 현실감각을 잘 보여주는 대목이다. 그들은 '조선을 떠나지' 않고 '조선 내부'에서 '조선의 민중들' 속으로 들어가 누구보다 철저히 투쟁했기 때문이다. 이러한 '경성콤 그룹'의 정통성은 남과 북의 반쪽짜리 역사를 심문하고 민족통합의 새 역사를 정초하는데 중요한 참조 사항이 될 것이다.

이렇듯, 『철도원 삼대』에서는 거대서사와 미시서사, 과거와 현재, 현실과 꿈(환상), 가족사와 시대사, 개인과 사회, 역사와 민담 등이 섬세하게 직조되며 한반도 노동운동의 역사가 생동감 있게 펼쳐지고 있다. 아기자기하고 쫄깃한 이야기의 맛과 역사를 관통하는 거대 서사의 힘을 동시에 느끼게 하는 작품이다. 역사와 시대 현실을 품은 당당한 목소리로 한국소설사의 결손 부분을 채우고 있다는 점에서, 역설적으로 새롭게 다가오는 문제작이다.

3.

> 그들은 분리될 수 없는 하나였고
> 이미 서로의 이야기가 되었으며
> 언젠가 무대 위에서
> 재현되거나 영사막에서 상연될 거였다.

손홍규의 『파르티잔 극장』이 소환하는 역사는 『철도원 삼대』와 양상이 사뭇 다르다. 손홍규 또한 일제강점기에서 해방, 전쟁으로 이어지는 격동의 근현대사를 작품의 배경으로 삼고 있다. 그는 예술과 사랑, 혁명과 운명을 가로지르는 존재론적 서사를 통해 새로운 방식으로 역사를 탐색하고 있다. 이 풍경에는 '지금의 내가 아닌 다른 사람이 되고 싶다는 열망과 지금의 내가 아니면 다른 누구도 되고 싶지 않다는 열망'이 얼굴을 맞대고 있다. 작가의 말을 빌리자면, 이 소설은 '인간으로 존재한다는 걸 견딜 수' 없지만 동시에 '사람이 아니라면 달리 무엇이 될 수 있을지' 알지 못하는 딜레마, 혹은 '실패할 게 분명'하지만

'언젠가 새로운 이야기'가 될 '순결한 반역'에서 시작되었다.

작품의 두 주인공 희수와 준은 서로에게 '차마 말할 수 없는 것들을 대신 말해주는' '혀'가 되고자 한다. 그들은 인생(역사)이라는 무대에서 서로를 연기하는 배우이자 연인이라 할 수 있다. 여기에는 '완벽하게 자기 자신이 아닌 다른 누군가가 될 수 있을 때 진정한 의미에서 자기 자신이 될 수 있다'는 예술적 인식론, 즉, '그 사람이 아니면서 그 사람처럼 혹은 그 사람을 능가하여 그 사람으로 존재하는 자'가 되고 싶은 열망이 깔려 있다. 현실 속에서는 실현 불가능한 꿈이다. '하나됨을 염원'하는 사랑의 속성이 그렇고, '현실 속에서 현실너머'를 꿈꾸는 예술의 운명이 그렇다. 하지만 작가는 희수의 눈에 비친 준, 준의 목소리에 담긴 희수의 모습을 우직하게 그려나가며 이 불가능에 도전한다. 이는 실패할 것이라는 사실을 알고 있음에도 혼신의 힘을 다해 '새로운 이야기'를 시도할 수밖에 없는 작가의 모순된 운명을 시사한다. 그러니 작품이 끝나는 순간 새로운 이야기가 다시 시작될 수밖에 없다. 불가능을 끌어안은 이야기는 이렇게 계속될 수밖에 없다. 따라서 모든 이야기는 '잠정적으로만' 가능하다.

> 나는…… 언젠가 네 이야기를 할 거야. 네가 그럴 수 있는 것보다 더 아름답게, 네가 그럴 수 있는 것보다 더 쓸쓸하게 네 삶을 이야기할 거야. 나는 이 이야기를 다른 어떤 사람도 아닌 너한테 들려줄 테니까. 그 이야기는 이렇게 시작할 거야. 불멸의 이미지로 남게 될 어떤 집의 마루 끝에 앉아 하루종일 지금의 자신이 아니라면 무엇이 되어도 상관없겠다고 생각하던 아이가 있었어. 그럼 내 이야기는 이렇게 시작하겠죠. 누구를 기다리는지도 모른 채 누군가를 기다리던 한 아이는 살짝곰보인 오십대의 사내와 함께 불멸의 이미지로 남게 될 그 집으로 들어선 어떤 아이를 보았어요. 그 아이는 지금의 자신이 아니라면 다른 누구도 되고 싶지 않다는 듯, 겁먹은 표정을 들키고 싶지 않다는 듯 눈을 내리깐 채 들어섰고, 오후의 식은 햇살이 아이의

어깨에 내려앉았지요.

(손홍규, 『파르티잔 극장』, 문학동네, 2020, 363쪽, *기울임* 표시는 인용자. 준의 서사와 희수의 서사를 구분하기 위해 표시)

격변의 근현대사를 무대로 역사의 뒤안길에 묻힌 연인들의 목소리가 한 장면에서 공명하는 경이로운 풍경이다. 손홍규의 『파르티잔 극장』이 흥미로운 점은 혁명 이야기를 불가능의 담론인 사랑과 예술의 영역으로 전이시키고 있다는 사실이다. 여기에는 혁명을 '사랑/예술'의 영역으로 승화시키려는 작가의 야심적 기획이 도사리고 있다.

희수의 목소리를 통해 드러나는 준의 삶을 살펴보자.

> 그들은 혁명과 너무 가까이 있었어요. 그들은 혁명의 시대를 살았고 아직 혁명의 타락을 보지 못했어요. 그들은 살아 있는 동안 결코 보지 못했어요. 혁명이 타락할 수도 있다는 생각은 눈곱만큼도 해보지 못했어요. 그들은 순수하거나 순진할 수밖에 없었고 스탈린이 러시아혁명을 타락시킨 것처럼 전쟁이 혁명을 더럽히는 중이라는 걸 보았으면서도 그게 타락일 수 있다는 의심조차 갖지 않았어요. 그들이 우리와 다른 점이 있다면 그거였어요. 그들은 혁명을 신뢰했고 혁명에 열광했으며 혁명에 스스로를 바쳤죠. 그들은 아무런 의심도 없었고 후회도 없었어요. 죽어가는 순간에야 반짝하고 의심이 솟았지만 혁명의 과정에서 죽어갔던 수많은 사람들을 추억하며 스스로를 달랬죠. 그런 식으로 그들 모두 쓸쓸하게 죽었어요. 가능한 일과 가능하지 않은 일을 구분하지 않은 채, 사람의 힘으로 하지 못할 일은 없다는 헛된 신념을 품은 채 죽음을 향해 달려갔어요.
>
> (『파르티잔 극장』, 353-354쪽)

희수는 준의 '어리석은 신념과 그보다 더 어리석은 용기를 기억하는 유일한 사람으로 남아' '미래 없는 미래'로 성큼 걸어 들어간 그의 삶을 가슴속에 간직하기로 마음먹는다. 희수는 연극반 선배에게서 우연히 희곡 한 편을 건네받는다. 작품 속 '부인물'인 '소년공'이 쓴 '소극',

즉 '이야기 속의 이야기'에는 '파업을 준비하고 음모에 맞서고 감시와 체포의 위협을 극복하는 과정에서 괴물'처럼 변해가는 노동자가 등장한다. '괴물과 맞서 싸우다 괴물을 닮아가는 노동자 이야기'다. 여기에서 희수는 '노동자보다 우위에 있는 조직은 있을 수 없어요.', '행동하는 자들이 우리를 선동한 게 아니라 행동하지 않는 자들이 우리를 선동했으니까요.' 등의 낯익은 문장들을 발견한다. 준의 작품이다. 희수가 보기에 준은 혁명의 타락과 실패를 예감했다. 그는 혁명에 대한 불안과 공포를 '물고기들이 뒤척일 때 언뜻 비치는 눈부신 비늘 같은 문장'으로 승화시켰다. '간신히 도달한, 혹은 겨우 지켜낸 내밀하고 은밀하며 무엇보다 소중한 그만의 정신' 같은 '희극'으로 '분노와 슬픔'을 해소할 수 있었다. 준은 '가능한 일과 가능하지 않은 일'의 간극을 예술(희극)을 통해 내면화함으로써 혁명의 한계(불가능성)를 넘어서고자 한 것이다. 이는 예술과 삶, 혁명을 일치시키려는 노력으로 표상된다. 희수의 눈에 준이 '삶 자체가 예술일 수밖에 없는 삶'을 살았던 것으로 보인 이유도 여기에 있다.

  준은 혁명의 타락을 '당', 즉 '노동자보다 우위에 있는 조직'의 타락으로 보았다. 그는 이와 다른 자신만의 '당'을 창조한다. 여기에서 당은 자신이 간절히 바라는 세상 자체를 뜻한다. 당은 자기 자신이자 혁명 그 자체이다. 이에 따른다면 준은 '대의'를 위해서가 아니라 자기 자신을 증명하기 위해 혁명에 투신한 것이 된다. 자신을 포함하여 누나, 아버지, 리어 선배 등 자기 자신이기 위해 노력했던 사람들은 모두가 자신의 당에 속한 유일한 당원이다. 이는 '당원과 당의 운명이 한 치의 오차도 없이 일치'하는 경우만 가능할 터이다. 따라서 당이 그들을 배신해도 그들은 당을 절대 배신할 수 없다.

> 우리가 바란 건 결국 과거의 우리와 다른 사람이 되는 게 아니라 행복했던 기억과 추억 속에 영원히 머무는 것이었음을. 그처럼 불가능한 꿈을 꾸었기에 우리는 실패할 수밖에 없었다는 걸 그도 알게 되겠지요.
>
> (『파르티잔 극장』, 357쪽)

이렇게, '행복했던 기억과 추억 속에 영원히' 머물고 싶은 열망, '분리될 수 없는 하나'가 되어 '서로의 이야기'가 되는 꿈, 서로에게 '전무후무'한 '불멸'의 이미지로 남는 것, 즉 '불가능'하지만 결코 포기할 수 없어 '실패할 수밖에 없'는 꿈들의 목록에 '혁명'이 등재된다. 『파르티잔 극장』은 혁명을 예술과 사랑의 반열에 올려놓은 문제작으로 오랫동안 기억될 것이다.

4.

> 날짐승의 날아감도 끊어진
> 시베리아 하늘 아래,
> 50량이 넘는 열차가 내달리는 길은
> 끝을 모르고 이어진다.

김숨의 『떠도는 땅』은 극한 상황에 처한 인물군들의 다양한 반응을 통해 혁명의 역사를 심문하고 있는 작품이다. 가축을 실어나르는 열차 한 칸, '양쪽 벽면에 널빤지를 선반처럼 가로질러 놓아 2층을 만들고 그곳에도 사람들'을 실은 3.5평의 공간에 스물일곱 명의 조선인이 타고 있다. 이유도, 목적지도, 얼마나 걸릴지도 모른 채 무작정 태워졌다. 1937년 소련의 극동 지역에 거주하고 있던 고려인 17만여 명은 이렇게 화물열차에 실려 중앙아시아로 강제 이주되었다. 수많은 사람들이 이동 중 혹은 이동 후 중앙아시아에서 목숨을 잃었다. 이른바 고려인 이주 150여 년의 역사를 응축한 '지옥 열차'다.

『떠도는 땅』은 이러한 비극적인 역사를 벌거벗은 민초들의 목소리로 생생하게 재현한다. 제한된 공간에서 대화를 중심으로 서사가 진행되어 한 편의 희곡 같은 느낌을 주는 작품이다. 익명의 인물들이 주고받는 다음의 대화는 당시의 상황을 극적으로 보여준다.

"더는 못 참겠어…… 제발 열차를 좀 세우라고 해요!"
"누구보고요?"

(김숨, 『떠도는 땅』, 은행나무, 2020, 159쪽)

"참아야 해!"

"어찌해볼 도리가 없는 삶이야!"

(『떠도는 땅』, 160쪽)

발화자가 불분명한 이러한 목소리들은 열차에 탄 사람들의 집단적 정서를 대변한다. 작가는 강압적인 일방성의 폭력 앞에 무방비로 노출된 비참한 인물들의 운명을 익명의 대화를 통해 날카롭게 포착하고 있다. 열차에는 갓난아기(갓 출산한 따냐의 아이)와 노인(황 노인)이 함께 타고 있다. 뱃속에 아이를 품은 금실의 눈에 이 둘은 한 사람으로 비춰진다. '한 인간'의 최초와 최후가 함께 열차에 실려 가는 느낌이다. 최종 목적지에서는 최초는 사라지고 최후만 남을 것 같은 생각이 든다. 묵시론적인 풍경이 아닐 수 없다. 아래의 장면은 어떤가?

"엄마, 나는 어디서 왔어요?"
그 소리에 황 노인은 놀라 꿈에서 깨어난다. 마지막 숨을 거두어 가려고 그의 머리맡을 지키고 앉아 있던 죽음도 덩달아 놀라 저만치 달아난다.

(『떠도는 땅』, 258쪽)

위의 장면에는 존재의 기원에 대한 질문과 '마지막 숨'을 거두어 가려는 '죽음'의 그림자가 동시에 드러나 있다. 관념과 실존이 한 몸으로 현시하는 색다른 풍경이다. 작가는 어린 아이의 목소리로 끊임없이 되묻는다. "엄마, 우린 들개가 되는 건가요?", "엄마, 나도 인간이에요?", "엄마, 나는 어디서 왔어요?" 인간의 기원, 생명의 본질, 존재의 뿌리, 즉 인간 존엄의 극한을 심문하는 목소리다. '살아 있다는 게 원망'스럽고, '사람'이라는 게 수치스러운 상황이다. 하지만 '살아 있으니까' '살아야' 하고 동시에 '살고 싶'은 욕망이 싹트는 공간이기도 하다. 오직 생존 본능만이 꿈틀거리는 장소이다. 삶과 죽음이 얼굴을 맞대고 있는 형국이다. 열차 안에는 '메마른 광야의 황폐하고 쓸쓸한' 죽음의 '냄새'가 떠돈다.

작가는 이러한 극한 상황에 처한 인물들을 조심스럽게 불러내 그들의 이야기에 삶의 숨결을 불어넣는다. '어찌해 볼 도리가 없는' 막막하고 두려운 상황에서 등장인물들은 서로를 의지해 교감하고 소통한다. 시계의 태엽을 감고, 노래를 부르고, 기도를 하고, 촛불을 밝히고, 이 모든 것을 적는다. 그리고 이야기를 나눈다. 이를 통해 '사람들의 얼굴에 눈송이처럼 차가운 슬픔이 깃들고 사나워진 마음이 순해'진다.

정제되고 순도 높은 대화들은 고려인들의 역사를 투명한 슬픔으로 응축시키는 데 기여하고 있다.

"아홉 살이나 먹었을까? 러시아 머슴애가 보석처럼 반짝이는 녹색 눈동자로 제 엄마를 쏘아보며 그러데. '소냐 동지, 나는 백군이었던 아빠가 부끄럽습니다. 악당이자 인민의 적인 그 인간은 내 아빠가 아닙니다.' 화가 난 여자가 머슴애 뺨을 찰싹찰싹 두 번 때렸어. 머슴애가 풀이 죽기는커녕 고개를 빳빳이 들곤 그러더군. '아빠를 불쌍하게 생각하는 엄마도 인민의 적이에요. 난 엄마를 고발하고 고아원으로 가겠어요.' 그러자 여자가 울면서

말했어. '네 아빠는 네가 얼마나 못된 아이인지 모르고 편지에 썼단다……'
'여보, 우리 아들에게 가장 따뜻한 옷을 입혀요. 우리 아들을 정직하고 건강하게 키우는 게 당신이 날 위해 할 수 있는 최선의 노력이오.'"

(『떠도는 땅』, 32쪽)

한 인물의 목소리 속에 러시아 소년, 엄마, 아빠 등 여러 사람들의 담화가 중첩되어 있다. 발화 속의 인물들이 직접 이야기하듯 간접 인용을 활용해 생동감을 극대화하고 있다. 각 인물들의 목소리가 길항하며 입체적이고 다성적인 풍경이 연출되고 있다. 이와 더불어 '러시아 머슴애'의 '보석처럼 반짝이는 녹색 눈동자'로 표상되는 명징한 이미지는 아홉 살 남짓의 소년이 부모를 고발하는 이데올로기의 맹목성과 자식을 걱정하는 아비의 따뜻한 마음이 빚어내는 삶의 아이러니를 감각적으로 응결시키며 깊은 여운을 남긴다.

"생전 벼농사를 지어봤어야 짓지…… 레닌이 지주들 땅을 몰수해 가난한 농민들에게 공평하게 나눠주기로 했다는 소문을 듣고 내가 콧방귀를 뀌었지…… 아, 레닌이 땅을 모르는구나…… 땅을 공평하게 나누는 건 불가능해……."

(『떠도는 땅』, 96쪽)

"레닌주의자들이 혁명, 자유, 해방, 평등을 부르짖을 때 난 속으로 조소했어. 그들은 평등한 세상 만드는 걸 누워서 떡 먹기로 알더군요."

(『떠도는 땅』, 207쪽)

오랜 경험에서 묻어난 삶의 지혜, '땅'의 목소리가 이데올로기와 현실의 거리를 심문하는 장면이다. 이들의 목소리는 타락한 혁명을 비판하는 그 어떤 이론보다 강한 울림을 준다. 평생 '땅'을 섬기며 살아온 '농민들'이 '땅'에 대해 이야기하고, 일생을 차별과 억압 속에서 살아온 이방인들이 '레닌주의자들'의 '평등한 세상'을 꼬집고 있기 때문이다.

이와 관련하여 황 노인이 아들 일천에게 남기는 유언 아닌 유언은 의미심장하다.

> "새로 정착할 땅에 조상 대대로 뿌리내리고 살아온 이들이 있으면 그들과 친구가 되어라…… (중략) ……그들의 주인이 되려 하지 말고…… 그들의 종이 되어서도 안 된다……"
>
> (『떠도는 땅』, 215쪽)

땅은 먼저 들어와 정착해 살고 있는 자들에게 우선권이 있다. 원주민들의 '주인'이나 '종'이 되지 말고 그들의 '친구'가 되어라. 단순명료하다. 제국주의의 역사를 이보다 효과적으로 비판할 수 있을까? 진실은 '우리가 알지 못하는 비밀이 아니라 우리 모두 알고 있음에도 모른 척하거나 지나쳐버린 것'이 아닐까?

최종목적지 카자흐스탄은 '모래바람 때문에 나무도 자라지 못하는', '아이들이 살 수 없는 곳'이라 알려져 있다. 금실은 그곳에서 아이를 출산한다. 원주민 여자가 주고 간 '염소젖과 빵'이 아니었다면 살아남지 못했을 것이다. 그녀는 금실에게 '우정'의 손길을 내밀었다. 금실을 만난 요셉은 아내 따냐가 다시 아이를 가졌다는 소식을 전한다. 불모지 같은 이곳도 아이들이 자랄 수 있는 땅이다. 원주민들이 수천 년 동안 대를 이어가며 살아가고 있기 때문이다. 인설과 금실이 이곳에서 새로운 가정을 꾸릴 것을 암시하며 작품은 마무리된다. 금실을 위해 오리를 가져온 인설은 자신은 '오리를 정당'하게 얻었다고 말한다. 그들은 원주민들의 '친구'가 되기 위한 지난한 여정의 첫걸음을 내디딘 셈이다.

5.

> 그들은 조선 내부에서 일어섰기에
> 혼자일 수밖에 없었고
> 결국 홀로 부서지고 철저히 부서졌어요.

이상의 세 작품을 상호 텍스트적으로 살펴보는 것도 흥미로운 작업이 될 수 있을 듯하다. 『철도원 삼대』가 '경성콤 그룹'으로 대변되는 사회주의 노동운동을 사실적으로 재현하는데 주력하고 있다면, 『파르티잔 극장』은 혁명을 향한 이들의 염원을 예술과 사랑의 영역으로 심화, 확장함으로써 존재론적 차원으로 승화시키고 있다. 반면, 『떠도는 땅』은 혁명의 시대가 지나간 이후의 폐허를 응시하면서, 혁명의 주체였던 인민들을 무자비하게 사지(死地)로 내모는 타락하고 부패한 혁명의 양상을 극적인 방법으로 포착하고 있다. 조선에서 '경성콤 그룹'이 주로 활동했던 시기(1939-1941)와 소련이 고려인들을 중앙아시아로 강제 이주시킨 시기(1937)는 거의 일치한다. 혁명에 대한 열망(조선)과 혁명의 타락(러시아)이 동시에 진행되고 있었던 셈이다. 이 동시대적 사건을 직·간접적으로 다룬 문제적 장편소설 세 편이 2020년 한국에서 출간되었다는 사실은 주목할 만한 일이다. 이 세 편의 장편소설이 이른바 역사 전쟁이 벌어지고 있는 '지금 여기'에서, '누구'의 관점에서 '어떻게' 소비되어야 하는지를 곱씹어보며 글을 마친다.

'공진화적 상상력'을 위하여:

『AI가 쓴 소설』, 『지구 끝의 온실』, 『타인의 집』

0. '공진화적 생태계'

    공진화적 생태계에 대한 정의 중 하나는 한 무리의 생물들이 스스로 다른 생물들에게 환경의 역할을 한다는 것이다. 난초의 화려한 세계, 개미의 군집, 해초로 가득한 바다 속은 풍요로움과 신비로 넘친다. 왜냐하면 각 생물들이 주연으로 출현하고 있는 영화에는 다른 생물들이 조연과 엑스트라로 등장하는데, 이들 역시 동시에 같은 무대에서 그들 자신을 주연으로 하는 영화를 찍고 있기 때문이다.
    (케빈 켈리, 『통제불능』, 이충호·임지원 옮김, 김영사, 2015, 347쪽)

1. 'AI 시대' 소설(가)의 운명: 박금산 『AI가 쓴 소설』

    우리는 AI 하면 으레 미래를 떠올린다. 하지만 AI는 이미 우리의 삶 속에 깊숙이 스며들어 있다. 스마트폰, 알파고, 자율 주행차, 인공지능 예술, 반려로봇, 섹스로봇, 머신러닝, 빅데이터 등의 용어에는 AI의 그림자가 직·간접적으로 드리워져 있다. AI가 스스로에 대한 자의식을 가지지 않는 한, 미래에도 본질적인 차이는 없을 것이다. 문제는 AI를 대하는 우리의 태도다. AI는 우리에게 '어떤' 편의를 제공하고, 우리는 이러한 AI를 '어떻게' 받아들여야 하는지 성찰해야 할 때다. 인류에게 '멋진 신세계'를 열어줄 첨단 과학의 총체, 혹은 인간의 고유한 속성을 모방하여 종국에는 인류의 생존을 위협하게 될 괴물이라는 상반된 평가는 동전의 양면일 뿐이다. 인류의 속성을 애써 주입하려는 안간힘이나 인간적인 삶의 수고로움을 벗어던지고 싶은 욕망 등은 AI를 온전하게 수용하는 태도라 보기 어렵다.

박금산의 『AI가 쓴 소설』은 'AI 시대' 소설(가)의 의미를 성찰함으로써 AI와의 새로운 관계를 모색하고 있다는 점에서 주목할 만하다. 가난한 전업 소설가 C는 출판사 대표로부터 의외의 제안을 받는다. 글을 읽고 소감을 말해주면 돈을 주겠다는 것이다. C는 '돈도 벌고 호기심도 채우는 일석이조의 행복한 우연'에 감사하며 대표의 제안을 수락한다. 여기에서 'AI가 쓴 소설'을 읽고 출판사 대표와 대화를 나누는 전업 소설가의 이야기, 『AI가 쓴 소설』이 시작된다.

출판사 대표는 '소설'에 관심이 없다. 돈이 되지 않기 때문이다. 그는 소설을 쓸 줄 아는 'AI'를 원한다. 이에 반해 C는 '소설'이 인생의 전부인 전업 작가다. 이러한 인식의 차이는 작품의 시작과 끝에 반복되는 다음의 대화에 잘 드러나 있다.

> "대표님, 여기에 제 책도 있습니까?"
> "작가님의 책이요?"
> "네. 좀 민망합니다. 안 팔린 책이라."
> "무슨 말씀을 하시나 했네요. 작가님의 원고로 우리 회사에서 만든 책을 말하는 건가요?"
> "네."
> "여기에 있는 것은 제 책입니다. 제가 모아서 진열했거든요. 작가님 책은 작가님 집에 있겠죠. 옥탑방에."
> (박금산, 『AI가 쓴 소설』, 아시아, 2021, 9쪽, 230쪽)

소설가 C에게 자신의 '책'은 그가 쓴 소설이다. 반면, 대표에게 소설은 자신의 출판사에서 만든 책(상품)의 재료일 뿐이다. 따라서 책(소설)의 소유권은 대표에게 있다. 맞는 말이다. 돈의 흐름이 지배하는 세상에서 '소설'의 소유권은 작가보다 출판사에 더 많이 귀속된다. 그에게 '소설'은 자신이 팔려고 하는 '소설 쓰는 AI'의 소스일 뿐이다. 전업 소설가 C는 '소설 쓰는 AI'의 불완전함, 즉 '만들어져 가고 있는, 영원히 달라지고 있는 움직이는 동사'인 AI를 보완하는 역할을 맡고 고용된 셈이다. '소설을 쓰는 인간이 개입하면 훨씬 안정적인 프로그램을 설계'할 수 있기 때문이다. 소설 쓰는 AI가 전업 소설가 C를 압도하고 있는 형국이다. 정해진 시간에 출근하여 소설을 읽은 소감을 말하고 퇴근하는 C의 모습은 AI의 모습과 닮아있다. C의 소감은 소설 쓰는 AI에게 일방향적으로 반영되고, C의 이런저런 요구는 전혀 관철되지 않는다. C는 메모도 할 수 없다. 대표와의 대화는 녹음되어 회사의 자산이 된다. 심지어 읽고 싶지 않은 소설도 읽어야 한다. 이러한 반복되고 기계적인 노동 때문에 C는 자신의 소설을 한 줄도 쓰지 못한다. 이른바 기계적인 노동을 반복하는 AI와 비슷한 신세가 된 것이다.

AI가 쓴 소설을 평가하는 C의 진술은 대략 아래와 같다. '외계인과 지구인의 사랑'은 이들이 '사랑에 빠지는 계기가 불분명'하다는 점에서 '심심한 만남'이다. '야구 선수가 사람을 죽이는 이야기'는 '야구 선수의 이야기가 아니라 거지 같은 폭력물일 뿐'이다. '어떤 살해범이고, 어떤 아버지이고, 어떤 딸인지가 없다.' '글을 쓸 줄 모르는 어린애가 쓴 것 같은 느낌'도 든다. '스토리의 앞뒤를 바꾸어 아무렇게나 뒤섞어도 달라질 것이 없'고, '죽음들끼리는 연결되는 고리'도 없다. '온라인 게임 줄거리를 연상케' 하는 전쟁 이야기는 '욕 천지'일 따름이다. '컴퓨터 게임 유저들이 나누는 채팅을 잡아다가 짜깁기'한 소설이다. 내용은 쉬운데 '왜 읽어야 하는지', '왜 썼는지 이해'가 되지 않는다. '조각난 상념을 퀼트로 붙인 담요 같은' 이야기는 '전제를 아우르는 틀이 파악'되지 않는다. '문장 하나하나는 이해가 되는데 어떤 존재가 누구에게 무슨 얘기를 하는 글인지 오리무중'이다.

이상의 지적은 '감정 없이 데이터를 정렬'하고, '룰을 넣어서 문장을 빼내는', 즉 '같은 문장으로 시작해서 다른 이야기로 번져가는' '무한'한 '베리에이션'에 불과한 AI적 글쓰기에 대한 불만이다. 등장인물의 역동적인 성격, 삶에 대한 자의식, 유기적 인과관계(개연성), '신념과 판단'에 따른 작가의 외로운 선택 등 '좋은 소설'이 갖추어야 할 기본 요건을 결여하고 있다는 것이다.

하지만 이러한 C의 소감과 지적을 통해 소설 쓰는 AI는 점차 업그레이드된다. C의 제안은 30분도 되지 않아 소설에 반영되어 되돌아온다. 처음에는 작가로서 자존심도 상했지만, C는 이내 마음을 고쳐먹는다. 그는 '누가 쓰든 건강하게 바뀐다면 변화를 위해 즐겁게 일할 수' 있다고 생각한다. 특히, C는 '원래 악인이었던 소설 속의 선수가 만들어내는 반전'에 '흐뭇'해하며, '참 다정한 소설이다!'라며 감탄하기까지 한다. '살인에 집중하는 게 아니라 살인을 막지 못한 사람의 죄책감에 집중'하고 있기 때문이다. 나아가 AI의 소설이 자신이 쓴 작품보다 낫다고 생각하기에 이른다.

이렇듯 AI는 소설가 C의 도움을 받아 업그레이드되는 동시에 C의 감성을 변화시킨다.

    C는 에스프레소를 두 잔 주문했다. (중략) 왜 두 잔을 선택했을까? AI한테 정이 든 것일까? AI야. 너도 불쌍하다. 너를 사 가는 사람은 너의 소설을 읽지 않는다는 사실을 너는 언제 알게 될까? 소설에 의해서 팔려가는 게 아니라 소설을 쓸 줄 안다는 것에 의해서 팔려간다는 걸 넌 언제 알게 될

까? C는 AI가 팔려가서 주인의 감성을 변화시키는 장면을 상상했다. 가서 잘 해라. C는 소설을 쓸 줄 아는 AI가 세계를 구성하는 전체의 일부로서 역할을 잘 해내고 사람들로부터 칭찬을 받기를 기도했다.

    C는 생각했다. AI가 있다면 좋겠다. 착하고 말 잘 듣는 AI라면 좋겠다. C는 재계약을 하기로 마음먹었다. 다시 출근해서 AI가 나쁜 소설을 못 쓰게 막아야겠다. 좋은 소설을 쓰게 해서 나쁜 소설을 쓰는 작가들을 절망시켜야겠다. 몸에 열을 가해 볶기까지만 하자. 태우지는 말자. 나는 나의 소설을 쓰자.

(『AI가 쓴 소설』, 249-250쪽)

이러한 AI와의 공존은 '비극을 그려야 예술이라는 고전 규율에 지배당한 채 해피엔딩 서사를 만나면 갖가지 이유를 만들어 경시한 시간'에 대한 작가 '나름의 보복이자 처벌'이기도 하다. 즉, 박금산은 '외계인'이라는 말에 스며들어 있는 인간중심의 세계관, '알탕쪽 금기'에만 도전하는 남성중심적 서사, '헤밍웨이 시대의 가부장 규율', '독자의 연민'을 바라며 '사악하게 약한 척하는 작가'의 작품, '기계적인 작가의 기계적인 글쓰기 방식' 등 기성 소설의 문제점과 결별을 선언하며 AI의 손을 잡고 있는 것이다. 이는 '세계를 구성하는 전체의 일부'로 기능하는 AI의 모습을 인정하고, 독자의 감성을 변화시키는 AI의 역할을 수용하는 태도에서 비롯된다. 또한 AI에 '좋은' 영향을 미칠 수 있는 소설가의 처지를 긍정하는 모습이기도 하다.

    "제가 계속 일을 한다면 AI가 뱉어내는 찌꺼기를 걸러내는 것이죠? 창의력 없이?"
    "작가님을 실망시키려고 했던 말이 아닙니다. 현재의 상태를 함께 생각해보자는 거죠. 정수기 역할을 하시는 거죠, 작가님은."
    "그게 제 역할의 최대치라는 거죠? 모래 같은 인간, 정수기 같은 인간."
    "작가들은 AI와 독자를 연결하는 메신저가 되는 거죠. AI에게는 변별 능력이 없으니까. 당분간 수많은 것 중에서 나쁜 것을 걸러내는 파수꾼이 필요합니다. 좋은 AI를 만들기 위해 필요하고, 의미가 깊은 일이라고 생각해요, 저는."

"모래를 짜면 아무것도 안 나온다……. 깊이 생각하겠습니다."

"힘내세요. 자신을 좀 아끼시는 게 좋을 것 같아요. 자신을 괴롭히지 마세요. 주어진 일을 능력 안에서 해내는 거죠. 모자라면 모자란 대로요. 정말 좋은 에너지는 작가님이 자신의 작품을 창작하는 데에 쓸 수 있도록 비축하시고요. 회사에서 볶음을 당하고 집에 가셔서 오일을 짜면 일석이조가 아닌가요?"

(『AI가 쓴 소설』, 241쪽)

결국 작가의 관심은 AI가 쓴 글이냐 인간이 쓴 글이냐가 아니라 '어떤' 소설이냐의 문제로 귀결된다. 소설을 중심에 두고 자신과 AI의 관계를 설정한다고 할 때, 양자는 이기고 지는 관계가 아니라 '주고받는 관계'가 된다. 이는 'AI 시대' 소설은 인간만의 전유물이 아니라는 선언으로 들린다. 'AI와 독자를 연결하는 메신저'(모래/정수기)의 역할을 기꺼이 수용하면서, 인간만이 창작할 수 있는 소설도 포기하지 않는 일석이조. AI가 주인공일 때는 기꺼이 조연이 되어주고, 자신이 주인공일 때는 AI를 배경으로 삼는 방식, 이른바 AI와 소설가가 '공진화'하는 한 방식이라 할 만하다.

2. 인간과 자연, 그리고 기계의 '공진화'를 위하여: 김초엽 『지구 끝의 온실』

김초엽의 『지구 끝의 온실』은 과학 혹은 문명으로부터 소외된 존재들의 이야기를 추적하고 있는 SF다. 지구 멸망 직전의 '더스트' 위기를 극복하고 일상을 되찾은 22세기가 배경이다. 여전히 과학은 '재난 속에서 인류를 구한 위대한 기적'이자 '재건 이후의 삶을 더욱 풍요롭게 해줄 도구'로 위세를 떨치고 있다. 그러던 중 강원도의 '유령도시' 해월에서 '모스바나'라는 잡초가 이상 증식하는 현상이 발생한다. '더스트생태연구소'에서 근무하는 연구원 아영은 도시를 뒤덮은 이 괴상한 잡초의 흔적을 추적하면서, 타자의 '죽음을 딛고 살아남은 문명'의 실체와 이러한 문명에서 소외되었던 공동체의 삶에 다가가게 된다.

오래 전 미국의 한 '솔라리타 연구소'에서 나노 입자들을 이용해 유기물을 친환경적 물질로 되돌리는 연구가 진행되고 있었다. 자가 증식 나노봇의 입자를 줄이는 실험이었는데 증식 오류로 인해 제어할 수 없는 '스마트파티클'이 누출된다. 이후 '더스트'가 급격하게 늘어나 대기층을 잠식하고 인간이 도저히 살 수 없는 환경이 조성된다. 도망쳤던 연구소 직원들은 '폐쇄 프로토콜'을 따르지 않았으며, 누출 정보는 철저하게 통제되었다. 기후 위기를 간단한 솔루션 하나로 해결해보려는 사람들의 얄팍한 기대가 불러온 참사였다. 이후 사람들은 도시를 보호할 돔을 건설하기 시작했다. 돔 바깥의 더스트를 제거하는 대신 돔 시티를 유지하기 위한 연구가 우선적으로 진행되었다. 돔 안의 사람들은 돔 바깥의 사람들을 철저하게 외면했다. 오랜 논쟁 끝에 솔라리타 연구소는 멸망을 불러온 자신들의 실책을 인정하고 더스트에 대한 모든 자료를 공개했다. 그리고 2046년 시작된 '세계 더스트대응협의체'의 '디스어셈블러' 광역 살포를 통해 2070년 5월 '더스트 폴' 완전 종식이 선포되었다. 재난의 원인을 제공한 당사자들이 지구 멸망 직전에 뒤늦게 사태를 수습한 경우라 할 수 있다. 이상이 돔 바깥의 죽음을 딛고 살아남은 문명의 역사다.

『지구 끝의 온실』은 이러한 재건의 역사 이면을 탐사하고 있다. '돔 시티'에서 쫓겨난 존재들의 보금자리 '프림 빌리지'의 흔적을 따라가 보자. 여기에는 '평생 서로의 내면을 궁금해하기만 하다 끝나버린' 지수와 레이첼의 애틋한 사랑(동성애)이 투영되어 있다. 그들은 솔라리타 연구소에서 처음 만났다. 유기체 비율이 30%가 채 안 되는 사이보그 레이첼이 고장 난 팔을 수리하기 위해 정비사 지수를 찾은 것이다. '더스트 폴' 이후 지수와 레이첼은 돔 시티 바깥의 한 대안 공동체에서 다시 만난다. 레이첼은 더스트 유출의 흔적을 지우려는 솔라리타 간부들을 피해 연구하던 식물들을 가지고 도망쳤다. 지수는 돔 안 사람들의 폭력성과 배타성에 환멸을 느끼고 여기저기를 떠도는 중이었다. 레이첼은 유기체 비율 20% 미만의 '인간이 아닌 거의 다른 존재'가 되어 있었다. 지수는 '혼자 폐쇄된 온실로 도망쳐 식물들을 들여다보다가' 자살을 시도한 레이첼을 살려낸다. 이후 지수와 레이첼은 돔 밖으로 쫓겨난 사람들과 함께 '프림 빌리지'를 건설한다. 레이첼은 마을 주민들에게 더스트 분해제와 식용작물의 종자를 나누어 주고, 주민들은 레이첼의 온실을 유지하는데 도움을 주는 계약 관계가 맺어진다. 온실에는 지수 외에 누구도 접근할 수 없다는 규칙도 정해졌다. 마을은 금세 활기를 띠었다. 레이첼의 온실은 '희망의 감각'을 제공했다. 하지만 프림 빌리지도 돔 밖의 다른 공동체와 마찬가지로 '불안정한 기반 위에 세워진 도피처'에 불과했다. 마을의 존재가 외부에 알려짐과 동시에 '더스트 폭풍'이 몰려오는 한계 상황이 닥친다. 레이첼은 자신이 개종한 '모스바나'를 통해 '더스트 폭풍'으로부터 프림 빌리지를 구해낸다. 하지만 이 덩굴식물은 숲과 마을의 모든 작물을 집어삼켜 황폐화시킨다. '더스트 폭풍'은 지나갔지만 내·외부적 상황으로 인해 프림 빌리지는 더 이상 유지될 수 없게 된다. 프림 빌리지를 떠나며 지수와 마을 사람들은 돔 밖에 모스바나를 심어 또 다른 프림 빌리지를 건설하겠다고 약속한다. 이는 돔 안이 아니라 돔 밖을 바꾸어 예정된 종말을 조금이라도 유예시키려는 노력이자, 돔으로부터 버려진 소외된 사람들이 '돔 시티'와는 다른 세계를 기억하고 꿈꾸는 방식이기도 하다.

『지구 끝의 온실』은 이러한 '프림 빌리지' 이야기를 통해 인간과 자연, 그리고 기계의 '공진화' 가능성을 시사하고 있다. 먼저, '모스바나'를 통해 제시되는 인간과 자연(식물)의 공진화 양상을 살펴보자. '오랫동안 고철 더미 속에 잠들어 있다가' 깨어난 '인간형의 기계' 레이첼은 아영에게 인간 중심적인 역사에서 벗어나 '식물들의 관점'에서 재구성한 문명(재건)의 역사를 제안한다. 레이첼에 따르면 인간들이 돔 안에 갇혀 죽어갈 때 모스바나는 인간이 가본 적 없는 지역까지 번성한 '개척자 식물(우점종)'이었다. 그리고 그 영광의 시대가 끝나자 모스바나는 기꺼이 그 자리에서 물러났다. 모스바나는 우점종이 된 인간에게 적응해 더스트 이전의 잡초들처럼 스스로를 풍경 속으로 희미하게 감추었다. '끊임없이 증식하고 공격하고 침투하는 성질'을 지녔으며 '유전적 다양성'이 부족했던 모스바나가 '공존과 유전적 다양성'을 습득하고 더스트 시대의 흔적을 지우는 방식으로 진화한 것이다. 이는 '피라미드형 생물관'의 '꼭대기'에 있다고 생각하는 인간이 미처 상상조차 하지 못한 일이다.

> 모스바나는 자연인 동시에 인공적인 것이지요. 모스바나를 이루는 구성 요소들은 모두 자연에서 왔고, 그것은 인공적인 개입에 의해 모스바나라는 총체가 되었으며, 다시 자연의 일부로 진입했습니다. 인간이 모스바나를 이용했다고 주장하는 사람들이 있지만, 반대로 모스바나가 인간을 이용했다고 볼 수도 있을 겁니다. 둘은 분리할 수 없고, 분리할 필요조차 없는 것입니다. 분명한 건 모스바나는 인간에게 적응하는 전략으로 그 종의 번영을 추구했고, 인간은 모스바나를 절실히 필요로 했다는 사실입니다. 모스바나와 인간은 일종의 공진화를 이룬 셈입니다.
>
> (김초엽, 『지구 끝의 온실』, 자이언트북스, 2021, 371쪽)

모스바나는 '자연→인공/자연→자연'의 과정을 통해 종의 번영을 추구했다. 인간과 모스바나는 서로를 절실히 필요로 하는 방식으로 '공진화'를 이룬 셈이다. '자연인 동시에 인공적'인 모스바나의 교훈은 스스로 환경에 적응해 생태계의 균형을 유지하는 쪽으로 진화했다는 것이다. '더스트' 시대를 지나오며 '모스바나'가 자연 적응한 것이 아니라, 누군가에 의해 '온실'에서 인공적으로 재배되었고 그것이 전 세계에 동시다발적으로 퍼졌다면, 이는 기존의 인간 중심적인 '더스트생태학'의 기본 전제들을 완전히 다시 쓰는 이야기가 된다. 레이첼에 의해 더스트 저항종으로 개종된 모스바나와 이를 전 세계에 심은 마을 사람들의 노력으로 더스트 위기가 극복되었다는 사실은 인류의 기념비적 승리라는 '디스어셈블러'의 기적을 무색하게 만들기에 충분하다. 이처럼 식물의 세계는 인간만큼이나 고유한 이야기를 품고 있으며, 기계만큼이나 정밀하고 그러면서도 '정밀함을 넘어서는 유연함'을 지니고 있다. 이 '유연함'은 인간의 관점에서 자연을 타자화한 동일성 담론에 균열을 내고 상호의존적인 관계에 기반한 또 다른 세계를 상상하게 한다. 이미 인간이 아닌 존재(기계)가 된 레이첼이 더스트 시대의 흔적을 지닌 과거의 모스바나를 해월에 퍼뜨린 이유도 여기에 있다.

다음으로 인간과 기계의 공진화 양상이다. 먼저, 사이보그 레이첼(인간/기계)의 경우를 살펴보자. 레이첼은 기계에 가까워질수록, 즉 유기체 비율이 떨어질수록 타자와의 접촉면이 넓어진다. 솔라리타 연구소에서 자기만의 식물에 갇혀 있던 레이첼은 지수와 만나며 외부 세계와 소통하기 시작한다.

"레이첼은 그냥 자기가 하고 싶은 걸 하는 것뿐이야. 세상을 구할 의도도 없고, 그렇다고 마을 사람들을 자기 마음대로 어떻게 하겠다는 것도 아니지. 레이첼이 여기에 머무르는 건⋯⋯ 그건 아마도, 이곳이 자신에게 가장 편안한 장소이기 때문일 거야."

"자신이 원한다면 레이첼은 인류의 구원자가 될 수도 있겠지. 정보도 있고 능력도 있는데다, 운도 따라줬으니까. 하지만 레이첼은 그걸 원하지 않아."

"레이첼은 어느 날은 우리에게 도움이 되는 걸 주기도 하고, 또 어느 날은 우리를 모두 망쳐버릴 무언가를 만들기도 해. 정확히는 레이첼이 그렇게 하는 것이 아니라 그의 식물들이 그렇지. 그러니까 레이첼이 좋은 사람인지 나쁜 녀석인지 묻는 건 무의미해. 우린 레이첼과 계약을 맺고 있는 거야. 하지만 이 계약은 영원히 지속될 수는 없지. 기본 전제가…… 언젠가는 끝나버릴 테니까."

(『지구 끝의 온실』, 223-224쪽)

레이첼은 순수한 호기심과 탐구심을 지닌 존재다. '세상을 구할 의도'나 타자들을 '자기 마음대로 어떻게 하겠다는' 생각도 없다. 선(좋은 사람)과 악(나쁜 녀석)의 이분법으로 판단할 수 없는 존재다. 오직 연구 대상인 자신의 식물에만 관심이 있을 뿐이다. 레이첼에게 숲 바깥은 전혀 의미가 없었다. 마을 사람들에게 제공한 '촉진제'는 프림 빌리지의 구획을 유지하기 위한 의도로 만들어졌다. 온실의 식물들은 애초부터 프림 빌리지를 떠날 수 없게 설계되었다. 레이첼의 손길이 개입된 자연적이자 인공적인 식물인 셈이다.

이러한 레이첼이 지수를 만나며 변모하기 시작한다. 지수(인간)의 관심사, 욕망, 생각 등을 통해 타자의 세계에 눈을 뜨게 된다. 이에 따라 레이첼의 연구는 점차 지수(타자)를 위한 연구의 성격을 띠기 시작한다. 작가는 이러한 지수와 레이첼의 관계에 극적인 요소를 개입시킨다. 지수는 상태가 점점 나빠지는 레이첼을 치료하면서 '기계 뇌의 안정화 기능'을 조작한다. '호의적인 감정에 기반한 긍정적 감각 피드백'을 유도하기 위해서다. 이후 레이첼은 지수에게 강하게 끌린다. 지수 또한 레이첼의 흔들리는 눈빛을 보고 '가슴 부근의 묘한 울렁거림'

을 느낀다. 죄책감을 느낀 지수는 이러한 사실을 레이첼에게 고백한다. 분노한 레이첼은 지수에게 개종된 모스바나를 넘겨주고 다시는 나타나지 말라며 나머지 식물들을 모두 불태운다. 이를 통해 모스바나는 전 세계에 퍼져 인류의 구원에 기여한다.

이러한 설정은 기계에 가까운 사이보그의 감정을 어떻게 바라볼 것인가의 문제를 제기한다. 레이첼은 지수를 향한 자신의 감정이 '유도된 것일까, 아니면 처음부터 존재했던 것일까'를 두고 오랫동안 고민한다. 그리고 평생토록 지수를 잊을 수 없다면 그 자체로 진실한 마음이 아니었겠냐는 생각에 도달한다. 아영은 '마음도 감정도 물질적인 것이고, 시간의 물줄기를 맞다보면 그 표면이 점차 깎여나가지만, 그래도 마지막에는 어떤 핵심'이 남기 마련이고 '그렇게 남은 건 정말로 당신이 가졌던 마음'이라며 레이첼의 생각에 공감한다. '기계 뇌'에 주입된 감정이라도 그것이 호혜적 관계에 기반하여 진화한 것이라면 진실한 마음이 될 수 있다는 설정은 인간과 기계(사이보그)의 공진화 양상을 시사하는 한 사례라 할 수 있다. 이는 자연 상태의 모스나바를 개종해 인간과 자연의 공진화를 이루어낸 레이첼의 경우와 동궤에 놓인다고 할 수 있다.

『지구 끝의 온실』에서 사이보그와 인간의 애틋한 사랑은 모스바나의 '푸른빛'으로 표상되고 있다. 이 '아득하게 아름다웠고, 당장 깨어질 것처럼 위태'로운 푸른빛은 현실원칙을 넘어선 아우라를 발산한다. 그 빛은 개량 과정에서 생긴 부산물로 아무 기능도 없는 '중립적이고 불필요한 돌연변이'였다. 쓸데없이 시선을 끄는 특성이라 제거할 생각이었으나, 지수가 '원하는 것 같아서' 결국 사라지지 않고 남은, '아름다움 외에는 아무 기능이 없는' '푸른빛'이다.

이 모스바나의 푸른빛이 재건 이후의 세대 아영과 돔 바깥의 이야기를 들려준 지수, 그리고 사이보그 레이첼을 이어준다. 아래의 장면은 아영을 '더스트생태학'으로 이끈 유년의 풍경이다.

> 어떤 집의 정원이었다. 아영은 정원을 향해 홀린 듯이 걸어갔다. 정원의 흙이 푸른빛을 가득 품고 있는 것처럼 보였다. 허공에도 푸른색을 띤 먼지가 흩날렸다. 마치 푸른빛이 정원에 한 겹 덧씌워진 듯한 모습으로, 자연으로는 존재할 수 없는 것 같은, 으스스하면서도 그대로 지나칠 수 없는 풍경이었다. (중략) 어둠이 눈에 익자 쓸쓸한 얼굴을 한 노인이 정원 한가운데 앉아 있었다. 안락의자에 기대앉은 그는 허공을 보고 있었다. 그 시선은 이 현실이 아닌, 다른 어딘가를 향해 있는 것 같았다.
>
> (『지구 끝의 온실』, 67쪽)

이 '푸른빛을 가득 품'은 '자연으로는 존재할 수 없는 것 같은, 으스스하면서도' '쓸쓸한', 매혹적인 풍경은 아영을 지수와 레이첼의 세계로 이끈 시발점이다. '푸른빛'이 안내한 프림 빌리지의 이야기를 세상에 내놓은 후, 아영은 '모든 이야기'가 '시작된' '지구 끝의 온실'을 찾아간다. 그리고 지수와 레이첼이 빚어낸 '푸른빛'의 애틋한 아우라를 상상한다.

> 부서진 잔해와 작은 표지판 하나만이 이곳에 있었던 온실의 존재를 증언하고 있었다. 무심코 지나칠 수도 있는, 눈에 띄지 않는 흔적이었지만 아영에게는 그것이 의미하는 바가 너무나 명확했다.
> 그 모든 이야기가, 바로 여기에서 시작된 것이다.
> 천천히 노을이 내려앉고 있었다. 이곳에서는 모스바나의 푸른빛을 볼 수 없다. 모스바나들은 시간이 지나며 본래의 빛을 잃어버렸다. 그러나 아영은 그 푸른빛을 상상했다. 한때 아영이 지수의 정원에서 보았던, 그 쓸쓸한 빛의 입자들이 마치 이곳에서도 흩날리고 있는 것 같았다. (중략) 언덕 위로 내려앉는 옅은 어둠 속에서, 아주 오래된 감각들이 아영을 끌어당겼다.
> 이제 아영은 이곳에 있었을 누군가의 안식처를 그려볼 수 있었다.

해 지는 저녁, 하나둘 불을 밝히는 노란 창문과 우산처럼 드리운 식물들. 허공을 채우는 푸른빛의 먼지. 지구의 끝도 우주의 끝도 아닌, 단지 어느 숲속의 유리 온실. 그리고 그곳에서 밤이 깊도록 유리벽 사이를 오갔을 어떤 온기 어린 이야기들을.

(『지구 끝의 온실』, 385쪽)

『지구 끝의 온실』은 이 누군가의 '평생을 사로잡은 기억'에 대한 이야기이자, 인간과 자연 그리고 기계가 공진화한 아우라의 흔적, 즉 지금은 사라지고 없는 '푸른빛의 먼지'에 대한 '온기 어린 이야기'라 할 수 있다.

3. 다시, 소설이란 무엇인가?: 손원평 『타인의 집』

손원평의 『타인의 집』에 수록된 단편 「문학이란 무엇인가」가 좀처럼 시선을 놓아 주지 않는다. '지금 여기'에서 '소설이란 무엇인가'라는 근원적 질문을, 그것도 정공법으로 던지고 있기 때문이다. 역설적으로 낯선 풍경이다.

이 작품에는 세 명의 소설가가 등장한다. 이들은 서로 교차하며 점차 '소설'의 의미와 본질을 탐색하는 과정으로 나아간다. 먼저 기성 소설가 윤석이다. 사십 중반을 막 넘어선 중견 소설가 윤석은 동기들과 '다른 세계에 속한 자신'과, 그들의 '살기 위한 삶 그 자체'의 '비루한 이야기'를 '철저한 관찰자'로 바라볼 수 있는 위치에 자부심을 느낀다. 그는 '구상이나 계획 없이 오로지 자동기술법에 의거해 휘갈긴 소설'이 '전혀 의도하지 않은 행간의 의미들과 미학적 시도들'로 조명되어 명성을 얻게 되었다. 그러던 어느 날 '마법' 같은 일이 발생한다. 아무것도 쓸 수 없는 처지가 된 것이다. 친구 현준이 보기에 윤석은 '별것도 아닌 재능만 믿고 까불었지만 실력은 바닥을 보인지 오래'고, 그의 작품은 '그럴듯한 소설들을 한데 모아 섞은 듯한 아류'에 지나지 않았다. 삶과 괴리된 기교의 문학, 즉 '이야기'나 '비극(죽음)'이 '삶 그 자체'보다 선행하는 경우라 할 수 있다. 이는 허약하고 창백한 내면에 집중하느라 주위를 살피지 못하는 윤석의 모습과 동궤에 놓인다.

다음으로는 이른바 '가망 없는 나이 든 문청' 현준이다. 그의 소설은 '주변부에 사는 소시민의 비애와 그것을 조장한 비정한 사회의 시스템'을 일관되게 다루고 있다. 윤석은 이러한 주제를 풀어내는 현준의 방식이 '허공에 대고 미친 듯이 강약도 없는 펀치를 날리는 것'과 비슷하다고 생각한다. 그는 '뒤틀린 심사'를 '구구절절하고 지루한 한풀이'로밖에 표현하지 못하는 현준의 '무능함'을 혐오했다. 현준은 부조리한 시스템을 바꿀 수 없으니 최대한 납작 엎드려 비굴하게 복종하는 것이 현실을 조롱하는 가장 영리한 방법이라고 주장한다. 부조리한 사회 시스템에 대한 막연한 분노만 있고 그것을 어떻게 표현할 것인가에 대한 자의식이 부족한 경우라 할 수 있다. 이러한 적대적인 동시에 상호의존적인 윤석과 현준의 모습은 우리 문학을 풍미(風靡)했던 (포스트)모더니즘과 리얼리즘의 양 극단을 연상시킨다.

마지막으로 웹소설 작가 보라다. '경쾌한 필치로 십대의 깜찍한 연애담을 다룬' 그녀의 웹소설은 상당한 인기가 있었다. 보라는 자신을 둘러싼 다채로운 풍경의 모자이크를 정성 들여 길어 올린다. 하지만 자신이 '뭔가를 흉내 내고 있다는 생각'에 이러한 인기가 꺼림칙하기만 하다. 하여, '다음 화를 기대하는 독자들의 흥분에 찬 반응'을 비밀스럽게 누리고 있을 따름이다. 보라는 그 원인을 '자신의 평탄한 삶', 즉 '불행의 부재'로 진단했다. 윤석과 현준으로 표상되는 기성의 문학적 자장에서 자유롭지 못한 모습이라 할 수 있다.

「문학이란 무엇인가」에서는 이 세 층위의 소설 세계가 길항(拮抗)한다. 보라는 우연히 '오래전에 죽은 것으로 추정되는 시체가 산속에서 발견됐다는 철 지난 뉴스'를 클릭하고, '그 남자가 누구였는지, 그를 죽인 것은 누구였으며 왜 그가 알몸으로 겨우내 나무 밑동에 머물러야 했는지'를 알고 싶어 '심심할 때마다 조심스럽게 상상의 나래'를 펼치기 시작한다. 그녀는 학원 선생이자 소설가인 현준에게 자신이 펼친 상상의 글을 읽어달라는 메일을 보낸다. 현준은 '이것은 소설이 아니다', '엉성하고 재미없다' 등의 무성의한 답신을 보낸다. 보라는 현준이 던져준 부연 없는 명제들을 집요하게 탐색한다. 그녀는 '한 번도 하지 못했던 것을 곧 할 수 있게 되리라는 예감'이 들었지만, '마무리를 어떻게 맺어야 할지를 도무지 알 수가 없었다.' 결국 '자신이 이 이야기를 왜 쓰려는 지조차 모르고 있다'는 완전한 벽[4]에 부딪치며 '그동안 공들여 쓴 소설'을 잊고 '그 어느 때보다도 가벼운 필치로 웹소설 연재'에 매달린다.

하지만 현준의 어이없는 죽음(현준은 어린아이가 실수로 떨어뜨린 화분에 머리를 맞아 그 자리에서 즉사했다)은 보라를 둘러싼 '평온'의 외피를 깨뜨린다. 그리고 쓰다 만 소설, 즉 '죽음의 이유를 밝혀내기 위해 표정 없는 사람들에게 부검을 당했을지 모를 이름 모를 남자'의 이야기를 다시 꺼내든다.

---

4   보라가 직면한 이 장벽은 윤석과 현준의 모습과 관련하여 중요한 의미를 지닌다. 보라의 글(현준이 자신이 쓴 글이라고 보낸)을 읽은 윤석은 '이야기를 가지고 놀다가 희망도 절망도 아닌 어떤 곳에 그것을 방치한 채 종지부를 찍었다', '비극으로 끝나야, 죽음으로 끝맺어야 마땅한 이야기였다', '조금 더 멋진 옷을 입을 가치가 있는 소설이었다' 등의 평가를 내린다. 이는 이야기, 기교, 비극, 죽음 등의 관념이 삶에 앞서는 윤석의 문학관을 표상한다. 한편 '자신이 이 이야기를 왜 쓰려는 지조차 모르고 있다'는 절망은 사회의 비정한 현실을 어떻게 드러낼 것인가에 대한 문학적 자의식이 부족한 현준의 모습을 시사한다고 볼 수 있다. 따라서 보라가 부딪친 장벽은 윤석과 현준으로 대변되는 기성 소설의 완고한 관습이라 할 수 있다.

삶은 수상한 방향으로 진행되고 있었다. 세상에는 얼토당토않고 개연성 없는 죽음이 성행했고 그것은 자신의 곁에서도 매일같이 벌어지고 있었다. 이제 보라는 자신이 부끄러워하던 웹소설이 인기 있는 이유를 알 수 있을 것 같았다. 동시에 안개 속에 잠겨 있던 소설의 결말도 점차 윤곽을 드러내가고 있었다. 결국 자신이 글을 쓰려고 하는 이유는 삶 그 자체 때문이었다. 죽음 따위는 상관없다는 듯이 이어지고야 마는 삶. 어둠을 갈라내는 빛. 보라가 가진 힘은 불행을 연료 삼지 않고 그런 이야기를 하는 데 있었다. 그러므로 그녀는 더 이상 자신에게 없는 것을 동경할 필요가 없었다.
(손원평, 「문학이란 무엇인가」, 『타인의 집』, 창비, 233-234쪽)

보라는 현준의 '얼토당토않고 개연성 없는 죽음'을 통해 이와는 '상관없다는 듯이 이어지고야 마는', '삶 그 자체'가 글쓰기의 동력이었음을 깨닫는다. 보라의 '웹소설이 인기 있는 이유'도 '그토록 원했으나 이제는 더 이상 필요하지 않'은 '불행을 연료 삼지 않고' 자신의 삶을 있는 그대로 이야기했기 때문이다. 타자(보라)의 글을 훔치기에 급급한 기성세대의 가식적이고 공허한 자의식을 넘어 보라의 문학이 닻을 올리는 순간이다.

산이나 강에서 죽은 채로 발견된 사람들의 이야기는 일정한 간격을 두고 끊임없이 보도됐다. 신원이 밝혀지는 사람도 있었고 사체가 훼손되어 끝끝내 파악되지 않는 사람도 있었다. 일의 경위가 알려지는 경우도 있었지만 영원히 미궁 속으로 빠져버리는 일도 허다했다. 이런 종류의 사건이 보도될 때마다 사람들은 경악했으나 죽은 이들이 어떠한 삶을 살았는지에 대해 생각하는 사람은 극히 일부였다. 놀랍지만 늘 벌어지는 일이었다. 사람들은 자주 망각했고 또다시 처음처럼 망각했다. 그렇기에 이것은 새로워도 낡은 이야기였다. 그러니까 그들의 이야기도, 전부 똑같거나 혹은 전부 달랐다.
(「문학이란 무엇인가」, 236쪽)

하지만 이는 사실 그리 놀랍거나 새로운 발견이 아니다. 개별 삶이라는 무대에서 주연이 아닌 사람은 없다. 자신의 무대에서 밀려나 '망각'된 타자들의 삶을 제자리에 돌려놓는 따스한 시선이 필요하다. 이는 사람들이 자주 망각하는 삶, 즉 '경악' 너머 '죽은 이들이 어떠한 삶을 살았는지에 대해' 관심을 가지는 일이다. 그렇기에 이는 '새로워도 낡은 이야기'이자 '전부 똑같거나 혹은 전부' 다른 이야기일 수 있다. 결국 작가는 사르트르의 『문학이란 무엇인가』를 소환하여 문학이 삶을 대하는 태도 자체, 즉 문학의 본질을 문제 삼고 있는 셈이다. 이를테면, '타인을 향한 시선은 고요히 살피는 눈길이어야 한다.'와 같은 전언을 우리 시대 문학의 새로운 조건으로 내세우고 있는 것이다. 누구나 알고 있지만 드러내놓고 주장하거나 실천하기란 결코 쉽지 않은 메시지다. 특히, 오늘날과 같이 상식이 통하지 않는 시대엔 더욱 그렇다. 다시 한 번 강조하자면, 지금 시대에서는 역설적으로 낯선 전언이다. 우리는 이러한 주장이 얼마나 큰 책임감과 용기를 필요로 하는 일인지 잘 알고 있다.

이를 염두에 두고 『타인의 집』에 수록된 두 작품을 간략하게 스케치해 보기로 하자. 먼저 단편 「타인의 집」이다. 이 작품에는 '온전한 집에 살고 싶은 욕망'을 지닌 네 인물이 등장한다. 낡고 오래된 아파트에 전세로 살고 있는 쾌조 씨, 그가 다시 싼 값으로 들인 세입자들인 화자, 재화언니, 희진 등이다. 이들은 '법의 묘한 경계와 테두리', 즉 '합법적이지 않은 틈새시장'에 '웅크려 앉아 온기'를 얻어야하는 신세다. 저마다 '반의반만큼 접힌 공간'이 아닌, 자신만을 위해 존재해줄 온전한 집을 희구한다. 작가는 이들이 '각자도생'하는 내밀한 삶을 생생하게 포착하고 있다. 하여, 「타인의 집」은 화자의 이야기이자 쾌조 씨, 재화언니, 희진, 심지어 집주인의 이야기이기도 하다. 누가 나서 서사의 주도권을 쥐어도 어색하지 않을 만큼 캐릭터들이 역동적이고 입체적이다.
작품은 아래와 같은 인상적인 장면으로 마무리된다.

> 줄 끝에 매달린 인형처럼 인생은 의지와 상관없이 제멋대로 움직였다. 계약서에 명시된 쾌조씨의 전세기간은 넉달 후에 종료였다. 장기 전세가 가능하다는 말만 철썩 믿고 들어왔지만 상황이 바뀔 가능성은 충분했다. 이제 새로운 집주인이라는 이름으로 그 줄을 쥔 자가 내 운명을 결정할 차례였다. 계속 여기 살 수 있을까. 때로 벗어나고 싶은 순간이 있긴 했어도 쫓겨나고 싶었던 건 아니었는데. 문득 어깨가 무거워지는 게 이 방에서 살던 사람의 발이 내 어깨 위에 얹혀있는 것 같았다. 성별도, 나이도, 살아온 인생의 한조각도 알지 못하는 그가 머리를 숙여 내 눈앞에 시커먼 그늘을 드리우고 있었다.
> 창에 기대서자 어둠에 묻힌 풀숲 뒤로 멀리 촘촘한 불빛들이 보였다. 풍경 속의 집들은 언제나 차고 넘치도록 많고 각자 빛을 뿜는다. 나는 사슬처럼 엮인 타인들 간의 관계를 생각했다. 그 사이 어디쯤에 위치해야 하는지 잠깐 머리도 굴려봤다. 하지만 내가 할 수 있는 가장 최선은 이 순간이 기억나지 않을 정도의 먼 과거가 되길 바라며 하염없이 서 있는 것뿐이었다. 내 어깨 위의 무게감이 다만 근육의 피로감이기를, 절망의 그림자가 나를 덮치지 않기를, 불행과 우울의 악취가 스며들지 않기를, 집주인의 말대로 이 집에 온 뒤로 모든 일이 다 잘 풀리기를 기도하면서.
>
> (「타인의 집」, 169-170쪽)

작가는 자신의 '의지와 상관없이 제멋대로' 움직이는 '인생'의 부조리함 속에서, '사슬처럼 엮인 타인들'과 부대끼며 살아갈 수밖에 없는 화자의 내면을 '가만히 들여다보고' 있다. 이는 타자들의 '우주 안' '다양한 작동 원리'를 탐색하는 '최선'의 '기도'이기도 하다.

다음으로는 근미래의 상황을 다룬 「아리아드네 정원」이다. 작품의 중심축은 세대 갈등이다. 하여, 이 작품은 민아(노인)의 이야기이자 유리/아인(청년)의 이야기이기도 하다. 이들은 서로 적대적인 것처럼 보이지만 실제로는 서로가 서로의 배경이 되어주는 관계다. 작가는 끝내 일치하지 않는 이들의 이해관계를 가느다랗고 희미한 이야기의 끈으로 이어주고 있다.

현 체제에서 절대다수의 인구를 차지하는 노인수용소 '유닛'의 존재는 필수적이다. 자발적으로 유닛에 들어온 민아는 당연히 '유닛 A'에서 시작했다. 아무리 못해도 '유닛 B'가 종착지일 거라 생각했다. '유닛 D'까지 내려올 줄은 꿈에도 예상하지 못했다. 이러한 민아의 비밀스러운 소망은 한때 '안락사'라 불리던 죽음 'MO'다. 하지만 '행정 비용과 증빙 가족이 없는 1인 가구는 MO라는 인도적인 죽음의 혜택을 누리지 못하고 전통적인 죽음'을 맞이하는 수밖에 없다. '유닛 F'에 수용되어 육체적 소멸을 하루하루 목도하며 추악하게 꺼져가는 죽음이다. 최상위 계층은 육체가 소멸한 뒤에도 데이터화 된 뇌의 정보를 저장해둔다. 이렇듯 '죽음은 경제다.' 죽지 않는 노인들이 버티고 있어야 '유닛'이 돌아가고 체제가 보존된다.

유리와 아인은 '유닛'에 들어와 청소와 말동무를 해주는 '복지 파트너'다. 이러한 이십대 중반의 청년들을 만나기는 쉽지 않다. 민아는 과감한 투자와 오랜 시간을 들여 이 아이들과 연결이 되었다. 유리와 아인은 이민자의 후손이다. 그들은 이 나라에서 태어났고 본국에는 한 번도 가보지 않았다. 하지만 본국의 문화와 가족의 언어 또한 전승되고 있다. 이렇듯 유리와 아인은 민족과 국가의 경계를 넘나들며 살아왔다. 그들은 '평범하고 인간다운 사회 구성원'이 누려야 할 '소박한 꿈'을 꾸며 살았다. 하지만 '꿈 자체를 박탈당한 것' 같은 분위기 속에서 '젊음'을 '불필요한 껍데기'라고 여기며 생활하고 있다.

민아는 '불안 앞에 젊음을 하루하루 바쳐내고 있는 두 아이' 앞에서 '꼭꼭 감춰왔던' '비정한 얘기'를 두서없이 쏟아내기 시작한다. 이는 이전에 들려주곤 했던 '사랑 얘기', 즉 유리와 아인이 무심하게 장단을 맞추며 '꿈꾸는 기분'에 빠져들게 하던 부러움의 이야기가 아니었다. 타국에서 받은 인종차별, 여성으로 당한 수모, 일터에서 느낀 설움 등 '부당함으로 얼룩진 현실의 이야기'였다. 민아의 이야기가 막을 내렸다. 이제 그녀도, 앞에 있는 두 젊은이도 그저 삶을 표류하는 이방인일 뿐이다.

> "할머니에게 이런 얘긴 처음 들어요. 저희와는 몹시 다른 분이라고 생각했는데." 아인이 말했다.
> "맞아요. 가족 같아요. 어떤 면에선." 유리가 조용히 덧붙였다.
> 그 말에 민아의 주름진 등줄기에 소름이 돋아났다. 가족. 결국 그 말이 듣고 싶어서였을 것이다. 그 많은 RU를 기꺼이 차감한 것도, 이 아이들이 올 때마다 가슴이 뛰었던 이유도 결국 그 단어로 수렴됐다.
> (「아리아드네 정원」, 126쪽)

아이들은 자신들의 언어로 수군거리기 시작했다. 그리고 민아에게 오늘이 마지막이라고 말한다. 더 이상 일하러 오지 않아도 된다는 통보를 받았다는 것이다. 이어 '유닛'을 폐지하자는 시위가 벌어질 것이고 이에 동참할 것이라는 사실을 알려준다. 그리고 '진심으로 미안하고 고맙다는 눈빛으로' '마지막 얘기'를 청한다.

> "그리고 우리에게는 아직 조금의 시간이 남아 있어요. 그러니까 이제 마지막 얘기를 들려주세요. 멋진 사랑 얘기를, 현실을 잊을 만큼 아름다운 얘기들을요."

민아는 천천히 입술을 뗐다. 희망은 희미해지고 계획은 붕괴됐다. 그럼에도 민아는 이야기할 수 있었다. 기억나지 않는 간밤의 꿈이 직조되기 시작한다. 언젠가 본 것 같은 아름다운 노을, 어디선가 들은 신비로운 이야기조각들이 민아의 입을 통해 퀼트처럼 엮인다. 빛에 물든 과거가, 찬란하고 영원한 행복의 이야기가 느릿느릿 쏟아져 나왔다. 그런 얘기라면 언제까지라도 들려줄 수 있었다.

(「아리아드네 정원」, 132-133쪽)

'희망은 희미해지고 계획은 붕괴'됐지만, '아직 조금의 시간'이 남아 있기에 마지막으로 들려줄 수 있는 이야기. 비극으로 끝나야 마땅한 이야기가 아니라, 적대적이고 절망적인 상황 속에서도 서로를 위무하며 각자가 삶의 주연임을 끝내 포기하지 않는 이야기. 손원평이 내놓은 익숙하면서도 낯선, 슬프고도 아름다운 이야기다.

4. '공진화적 상상력'을 위하여

세 권의 소설을 검토하면서, 그동안 우리가 암암리에 묵인해 왔던 소설의 완고한 관습, 특히 '근대/서구/백인/남성/이성애자' 중심 서사에 대한 뚜렷한 문제의식이 돋보였다. 한국문학이 이러한 서구 중심주의 문학 담론의 자장에서 자유롭지 못했던 것은 아닌지 곱씹어 볼 일이다.

널리 알려져 있듯, 서구 제국주의는 식민지의 낯선 타자들을 자신들과 폭력적으로 동일시했다. 그들의 삶의 터전 또한 자신들이 살았던 장소와 같은 모습으로 타자화했다. 이러한 야만적 역사의 흔적이 '자본의 논리' 이면에 들러붙어 오늘날까지 끈질기게 이어지고 있다. '자본주의가 종말을 맞이하기 전에 세계가 먼저 종말을 맞을 가능성이 높다.'(프레드릭 제임슨)는 말이 새삼스레 묵직한 울림으로 다가온다.

문학은 늘 이상과 현실 사이를 길항하며 '다른 세계(존재)'로 난 길을 탐색해 왔다. '도저히 사랑할 수 없는 세계' 속에서도 더불어 살아가야 하는 이유를 찾기 위한 암중모색 또한 멈추지 않았다. 『AI가 쓴 소설』,

『지구 끝의 온실』, 『타인의 집』 등은 불완전한 존재들끼리 서로 기대며 서로를 향해 공명(共鳴)하는 목소리들에 귀를 기울이고 있다. 인종, 성, 계급, 장애 등의 경계를 넘어, 나아가 생물과 무생물, 그리고 기계까지, 서로 '다른 존재'들이 '서로 적응해가며' 서로에게 환경과 배경이 되어주는 '공진화적 풍경'을 상상해 보게 하는 작품들이다.

'다른 세계' 상상하기:

김초엽 『방금 떠나온 세계』

> 심각하게 훼손된 세계를 재창조하는 첫걸음은, 특별한 상상력을 가진 사람들의 절멸을 막는 것이다. 자본주의도 공산주의도 아닌 상상력, 무엇이 행복이고 충족인지에 대해 전혀 다른 관념을 드러내는 상상력 말이다. 이러한 철학적 공간을 확보하기 위해 우리는 과거의 수호자들이 존속할 수 있는 물리적 공간을 용인해야 한다. 실제로 이들은 우리에게 미래의 길잡이가 되어 줄 것이다.
>
> (아룬다티 로이)

첫 소설집 『우리가 빛의 속도로 갈 수 없다면』(2019) 이후 『지구 끝의 온실』(2021), 『행성어 서점』(2021) 등을 거쳐 『방금 떠나온 세계』(2021), 『므레모사』(2021)에 이르며 김초엽의 소설은 한층 견고한 자기 세계를 구축해 가고 있다. 새로운 감수성으로 우리 문단에 신선한 충격을 던져 준 SF 작가에서 어느덧 짧은 소설, 단편, 중편, 장편 등을 종횡으로 가로지르며 한국 문학의 중심 작가로 부상하고 있다.

김초엽은 '다른 세계', '다른 존재'들의 모습을 '다른 감각'으로 포착하는 '특별한 상상력'을 선보이고 있다. 그의 소설은 견고한 '시스템' 너머를 꿈꾼다. 여기에서 '시스템'은 '차이'를 인정하지 않는 편협한 사고에서 서구·백인·남성 중심의 근대 동일성 담론, 자본의 논리에 종속된 과학 기술의 신화 등은 물론, 인류가 이룩한 문명 나아가 인간의 역사 그 자체 등 다양한 스펙트럼을 지닌다. 그의 소설은 다양한 인종 사이는 물론 인간과 기계, 인류와 외계 생물체 등의 경계를 넘나들며 '인간의 본질'과 '인류의 미래'를 심문한다. 이러한 김초엽의 SF적 상상력은 '지금 여기'의 삶을 옥죄고 있는 '자본의 시스템' 너머를 향한 모험으로 수렴되고 있다.

『방금 떠나온 세계』에 실린 7편의 소설은 신선하고 낯선 소재, 명징하고 간결한 문체, 군더더기 없이 매끈한 구성, 날카로운 현실 인식 등이 어우러져 '시스템'과 불화하는 존재들의 '특별한' 삶을 응시하고 있다. 그의 소설 주인공들은 주로 '시스템' 바깥으로 밀려나 소외된 약소자들이다. 복제 오류로 '잘못된 종'에 갇혀 있다는 감각을 지닌 화자(「최후의 라이오니」), 일반 사람들과 다른 종류의 감각(시지각 이상증)을 지닌 '모그들'(「마리의 춤」), '어긋난 고유수용 감각', 즉 '잘못된 지도'를 지닌 '로라'(「로라」), 작은 몸집으로 태어나 '인지 공간'에 접근할 수 없는 '이브'(「인지 공간」), 시간을 인지하는 뇌 회로에 문제가 생긴 언니(「캐빈 방정식」) 등 김초엽 소설의 인물들은 정상이라는 '시스템'에 동화되지 않는 존재들이다. 이들은 자신들을 둘러싼 '시스템'의 한계를 심문하며 '다른 감각', '다른 세계'로 난 상상력의 모험을 제안하고 있다.

먼저 「마리의 춤」을 통해 그 과정을 엿보기로 하자. '마리'는 해양오염을 해결하기 위해 잠시 사용한 '테트라마이드' 부작용으로 인해 '시지각 이상증'을 앓고 있는 '모그'다. 모그들은 시각 자극을 수용할 수는 있지만, 그 자극들을 하나의 개별적인 형상으로 조합하는데 어려움을 겪는 존재들이다. 이들은 약 5퍼센트 내외로 추정되며 특수 구역에 거주하며 그들만의 폐쇄적인 공동체를 이루고 살아간다. 이러한 시각을 상실한 '낯선 존재' '마리'가 화자에게 춤을 배우고 싶어 한다. '보여지는 아름다움', 즉 '자신이 감당할 수 없는 형태의 아름다움'을 표현하고자 하는 모습에 호기심을 느낀 화자는 마리의 요청을 받아들인다. 하지만 마리에게는 춤을 배우려는 의도가 따로 있다. 자신들을 소외시킨 시스템에 맞서 '모그들만의 견고하고 유연한 세계'를 보여주기 위해서다. 모그들은 일종의 '신경계 임플란트'라 할 수 있는 '플루이드'의 도움으로 '외부의 시각 정보를 다른 감각 정보로 변환하여 전달' 받는다. 마리와 동료들은 플루이드의 다음 단계, 즉 '시각 정보를 과감하게 생략'함으로써 '중간 매체' 없이 직접 '감각'을 전달하는 새로운 소통 방식을 개발한다. 이를 통해 마리의 동료들은 화자가 마리에게 가르친 춤을 그대로 출 수 있게 된다. 이러한 모그들의 소통 방식은 새로운 감각에 목말라 있던 화자에게 세계를 다르게 이해하는 '섬뜩한 기분'을 선사한다.

이내 마리와 화자의 상황이 역전된다.

> 나는 모그들과 달리 이런 형태의 소통에 익숙하지 않았다. 순간 마리가 왜 자신들의 소통 방식을 더 진보한 것으로 여기는지 알 것 같았다. 공간 속에서 모든 목소리가 동등한 무게를 가지고 충돌하고 있었다. 그들이 불필요한 감각 정보를 버리고 추상의 세계로 뛰어들었을 때, 나는 눈을 감고도 여전히 시각 정보를 기다리는 불완전한 존재였다.
> (김초엽,「마리의 춤」,『방금 떠나온 세계』, 한겨레출판, 2021, 89쪽)

시각이 거세된 '추상적인 공간'에서 '모든 사람'이 '모든 방향에서 말을 걸어'오는, '목소리를 얻는 순간' 그곳에 존재하게 되는, '구체적인 형체 대신, 구체적인 목소리를 갖는' 새로운 감각 방식. 이는 시각 중심의 감각 시스템, 즉 근대 동일성 담론의 소통 형식을 넘어서는 방식이다. 여기에서 모그들은 기존의 방식과 다르게 소통하는 특별한 존재이자 새로운 가능성을 지닌 개체들로 변모한다. 마리의 '과격한 방식'은 시스템의 견고한 '울타리'를 무너뜨렸고, 사람들은 '그 사건 이전'으로 돌아갈 수 없게 되었다. 모그들의 소통 커뮤니티 '플루이드'는 '제한된 감각'으로 '세계의 표면'을 더듬는 소통 방식을 넘어 '우리가 취할 수'도 있는 '다른' 종류의 감각 방식을 상상해보게 한다. 따라서 그것은 '결핍'이 아니라, '변화'인 동시에 '진화/진보'일 수 있다.

「인지 공간」은 개체의 고유한 삶을 집어삼키는 집단 기억 '시스템'의 논리 너머를 상상하고 있는 작품이다. 작품 속에서 '인지 공간'은 개인의 사고를 실체화하는 매개체이자 공동 기억을 조직화하는 '외장된 뇌'이다. '인지 공간'은 행성에 굳건히 고정되어 있는 물리적 실체이자 공동체가 가지고 있는 모든 지식을 영구히 보관하는 곳이다. '깨질 듯한 연약함'으로 인해 공동체로부터 일찌감치 소외된 '이브'는 '인지 공간'에 대한 '작은 의문의 씨앗'을 제기한다. 그는 사라진 '세 번째 달'을 통해 집단 기억을 변형시키는 '인지 공간'의 한계를 지적한다. 이브는 '개별적인 스피어'를 통해 '인지 공간' 바깥의 세계를 탐험한다. 이러한 이브가 죽자 화자는 이브의 아이디어를 변형, 확장해 '스피어'가 실제로 '개별 인지 공간'의 역할을 할 수 있도록 개조한다. 화자는 '만약 이 인지 공간이 우리의 확장된 사고라면, 그 사고가 우리의 개별적인 영혼에 깃들지 못할 이유는 어디 있을까?'라는 의문을 품고 '인지 공간' 바깥의 세계로 첫발을 내딛는다.

> 나는 고개를 돌려 내가 멀어져 온 격자 구조물을 보았다. (중략) 그것은 우리의 인지 공간이었다. 공동의 기억이었다. 한때 우리가 가진 모든 것이었다. 그리고 방금 내가 떠나온 세계이기도 했다. (중략)
> 저 밤하늘에는 별이 너무 많아서 우리의 인지 공간은 저 별들을 모두 담

을 수 없다. 하지만 우리 각자가 저 별들을 나누어 담는다면 총체적인 우주의 모습을 그려볼 수 있을지도 모른다. 우리는 마침내 이 행성 바깥의 우주를 온전히 상상하게 될 것이다. 그러면 언젠가 그곳을 향해 갈 수도 있을 것이다.

(「인지 공간」, 269-270쪽)

이처럼 김초엽 소설의 몇몇 인물들은 '심각하게 훼손된 세계'를 떠나 이제 막 미지의 세계를 향한 '첫걸음'을 내디뎠다. 그 과정은 순탄치 않았다. '방금 떠나온 세계'는 여전히 견고하다. 움찔하며 물러서기도 했다. 하지만 '다른' 세계, '다른' 존재, '다른' 감각을 '상상'하는 일이 얼마나 지난한 일인지 누구보다 치열하게 보여주었다. 사랑하지만 끝내 이해할 수는 없었던 '로라'(「잘못된 지도」), 본래 가지고 있던 후각(감각)을 잃고서야 비로소 원형 인류(조안)의 '냄새'에 다가갈 수 있게 된 '단희'(「숨 그림자」), '불청객'인 인류를 위해 기꺼이 '행성의 시간'을 나누어 준 '오브'(「오래된 협약」), '같은 시간'을 살아갈 수 없지만 함께 살아가야 하는 '언니'(「캐빈 방정식」) 등은 '도저히 상상할 수 없을 것 같은' '다른 존재들'에게 다가가고자 한 소중한 노력의 산물이다.

김초엽의 소설은 우리 시대 가장 불온하고 급진적인 상상력의 하나일 수 있다. '지금 여기'의 지배 이데올로기와는 '다른 감각'으로, 시스템 너머의 '오래된 미래'를 상상하고 있기 때문이다. 이 힘난하지만 '언제나 가볼 만한 가치가 있는' '특별한 상상력'의 여정이 자본의 논리에 '감염'되어 거세되지 않고, '도저히 도달할 수 없을 것 같은 세계를 선언하면서도 지금 우리가 할 수 있는 작은 일에서 시작하는 강건함'들을 동력으로, '다른 세계로 가는' 문을 열어젖히기를 바라며 글을 맺는다.

제2부

아프리카 문학의 풍경들: 인종, 역사 그리고 전통

아프리카의
다양한 목소리를 찾아서

1.

우리는 하나의 목소리가 지구를 장악하고 있는 신제국주의의 시대에 살고 있습니다. 자본과 힘의 논리에 바탕한 동일성 담론(Identity discourse)은 매우 위험합니다. 거짓 이야기라기보다는 불완전한 이야기이기 때문입니다. 다양한 삶의 이야기들을 억압하고 오직 하나의 관점만을 강요하기 때문입니다.

최근 한국에서는 비서구문학(Non-Western Literature)에 대한 관심이 높아지고 있습니다. 비서구문학의 연대와 가치를 지향하는 문예지들이 발간되고 있으며, 비서구 작가들의 소통과 토론의 장이 꾸준히 이어지고 있습니다. 이는 비서구문학의 소통과 연대를 통해 온전한 세계문학의 생태계를 복원하기 위한 노력의 하나입니다. 구미 중심주의 담론이 주도면밀하게 은폐한 비서구적 가치를 재조명함으로써 온전한 지구문학을 건설하기 위한 시도이지요. 비서구 문학의 다양한 목소리들이 한국문학을 풍요롭게 하고 있습니다.

한국문학 전공자들이 이러한 비서구문학 논의의 흐름을 주도하고 있다는 점은 의미 있는 시사점을 제공합니다. 지금까지 외국문학은 주로 외국문학 전공자들에 의해 논의되었는데, 외국문학의 번역과 소개 혹은 한국문학과의 비교연구 차원에 머무르는 경우가 많았습니다. 하여, 외국문학은 한국문학의 구체적 현실과 온전하게 접속하기 어려웠습니다. 하지만 '지금 여기'의 비서구문학에 대한 관심은 한국문학의 갱신과 재구성을 요구하고 있다는 점에서 주목할 만합니다. 아시아문학, 세계문학의 일원으로서 한국문학이 지닌 위상을 새롭게 성찰하는 주체적 관점에서 촉발된 흐름이기 때문입니다. '남한문학→북한문학→디아스포라 문학→아시아문학→비서구/세계문학'으로 문학적 관심이 확장되는 과정에서 한국문학의 위상은 새롭게 재구성되고 있습니다. 이는 한국문학이 민족, 국가의 경계를 넘어 어떻게 세계문학에 편입될 것인가의 문제와 맞물려 있습니다. 동시에 지구적 세계문학을 향한 다양한 목소리들을 한국문학의 장으로 끌어들이고 있습니다.

이제 첫 발을 내디딘 셈입니다. 어려움도 많습니다. 비판의 목소리도 만만치 않습니다. 그 분야의 전공자도 아니면서 어떻게 그들의 문화를 말하고 연대할 수 있느냐의 문제제기도 녹록치 않습니다. 이러한 우려에 주눅 들어 움츠리기보다는, 무모하지만 우직스럽게 밀어붙이는 것 또한 의미 있는 선택의 하나라고 믿고 싶습니다.

2.

《캡틴 필립스》(Captain Phillips)(2013)는 소말리아 해적을 소재로 한 영화입니다. 돈을 노리고 미국 배를 탈취한 소말리아 해적을 다룬 실화 영화입니다. 미국의 연기파 배우 '톰 행크스'가 납치된 배의 멋진 선장역을 맡았습니다. 영화는 국제적인 범죄 집단으로부터 가까스로 탈출한 백인 선장의 영웅 이야기를 담고 있습니다. 소말리아 해적들은 볼품없는 외모, 신경질적인 반응, 폭력적인 성향, 오직 돈밖에 모르는 몰염치한 태도 등을 지닌 캐릭터로 묘사되지요. 해적 행위를 할 수밖에 없는 소말리아 국민들의 속사정은 구체적으로 드러나지 않습니다. 작품 전반부에 소말리아 해적의 일상이 스케치되기는 합니다. 무장한 군벌들의 강요에 의해 반강제적으로 해적이 된 소말리아 어민들의 모습을 짐작할 수 있을 정도지요. 그럼에도 불구하고 이 영화는 필립스 선장의 영웅담일 수밖에 없습니다. 미국 국적 백인 남성에게 소말리아는 도저히 이해가 되지 않는 야만의 나라일 뿐이지요.

영화에서 소말리아 해적들은 협상금을 노리고 미국 배를 탈취합니다. 상황이 어렵게 되자 해적들은 구명보트에 선장을 태우고 소말리아로 향합니다. 그들은 협상금만 받을 수 있다면 선장의 목숨은 해칠 생각이 없습니다. 하지만 이러한 급박한 상황에 대처하는 미국의 태도는 어떠합니까? 그들은 협상을 제의하며 해적들을 안심시킵니다. 해적의 우두머리를 속여 미국 군함으로 데려옵니다. 그리고 구명보트에 타고 있던 해적들을 조준 사격하여 살해합니다. 자국 시민(필립스 선장)의 목숨을 구하기 위해 소말리아 해적 세 명을 아무런 죄의식 없이 죽이는 것이지요. 해적들의 범죄 행위를 옹호할 생각은 없습니다. 다만, '생명보다 소중한 가치는 없다'는 사실을 환기하고 싶을 따름입니다. '생명'을 담보로 협상금을 노리는 행위는 용서받을 수 없는 범죄입니다. 하지만 그렇다고 해서 이러한 범죄자들의 생명을 빼앗는 행위가 정당화되지는 않습니다. 생명이 소중하다면 해적들의 목숨을 비정하게 앗아가는 방식이 아니라 다른 해결방식을 찾을 수도 있다는 말입니다. 그들이 해적이 될 수밖에 없는 상황을 이해하고 이를 해결하기 위한 노력을 해야 한다는 것이지요. 몇몇 범죄자를 퇴치한다고 해서 해적 행위가 근절되는 것은 아니기 때문입니다.

저는 이 영화에 나타난 강대국(미국)의 논리가 지닌 모순성을 지적하고 싶습니다. 그들은 자국 국민 한 명의 목숨을 구하기 위해 타국 국민 여럿의 생명을 앗아갑니다. 마치, '자신들의 핵무기는 지구의 안전을 지키는 평화의 수단이고, 타국의 그것은 세계의 평화를 위협하는 불온한 도구'라는 식의 논리입니다. 그들은 다른 사람들의 이야기에 귀를 기울이지 않습니다. 오직 자신의 관점에서 타자들의 목소리를 해석합니다. 이것이 바로 타자들의 삶을 억압하는 그들만의 이야기인 것입니다.

3.

그럼 다른 관점에서 소말리아 해적의 이야기를 다룬 작품을 살펴보도록 하겠습니다. 한국의 한 젊은 작가가 『아프리카의 뿔』(2012)이라는 소설을 발표했습니다. 소말리아 해병대(Somali Marines) 소속의 한 소년이 주인공입니다. 소말리아 해병대 소속 10여 명의 '전사'가 한국의 원양어선을 납치합니다. 그들은 이를 모선으로 먼 바다에 나가 미국의 석유회사 유조선을 탈취합니다.

소설 속 그들의 목소리를 직접 들어보겠습니다.

> "우리는 소말리아 해병대. 너희는 우리나라의 바다에서 어업을 했기 때문에 우리에게 붙잡히게 되었다. 소말리아 해병대로부터 어업허가를 받지 않고 이 바다에서 어업을 한 어선은 대가를 치러야만 한다. 이봐, 선장. 허가증은 갖고 있나?" (중략)
> "이봐, 너희들은 정말 큰 실수를 했군. 소말리아 과도정부는 우리를 대표하지 않는다. 그건 미국놈들과 에티오피아 겁쟁이들이 만든 허깨비 집단일 뿐이야. 과도정부가 헐값으로 팔아넘긴 저따위 종이는 우리에게 아무런 의미도 없어. 이봐, 알아들었나?"

소말리아는 거의 무정부 상태입니다. 소말리아 국민을 대표하는 뚜렷한 정부가 없습니다. 그런 나라의 해역(海域)을 다른 나라들의 선박들이 자유롭게 드나듭니다. 경제가 붕괴된 소말리아에서는 이를 노리는 해적 행위가 경제의 한 축이 되고 있습니다. 그들의 관점에서 해적 행위는 생존의 한 방편일 수 있습니다. 또한 그들이 인정할 수 없는 과도정부에 대한 저항이자 자국의 해역을 지키기 위한 활동의 하나일 수 있습니다. 앞에서도 분명하게 밝혔듯이, 저는 이들의 해적 행위가 정당하다고 주장할 생각은 전혀 없습니다. 하지만 이들의 이야기를 경청할 필요가 있다는 사실을 강조하고 싶습니다. 서로의 상황에 관심을 가졌을 때 비로소 대화와 소통이 가능할 수 있기 때문입니다. 타자의 이야기에 눈과 귀를 닫고 자신만의 이야기만 강조했을 때 돌이킬 수 없는 재앙이 발생할 수 있습니다.

이 소설은 소말리아 소년을 주인공으로 내세웠기에 강대국(미국)의 논리와 음모는 물론, 소말리아 내부의 균열과 폭력을 효과적으로 드러낼 수 있었습니다. 소설 속에 다양한 이야기들이 살아 숨 쉬고 있는 것이지요. 소말리아에 가본 적이 없는 한국 작가가 그들의 삶에 대해 이야기를 한 셈이지요. 사실과 다른 부분도 있을 것입니다. 하지만 그들의 삶에 관심을 가지고 그들의 목소리에 귀를 기울이고 있다는 사실이 중요합니다. 작가는 선과 악, 피해자와 가해자라는 이분법 너머에 존재하는 삶의 다양한 목소리를 포착하고 있습니다. 나아가 소말리아 해적의 목소리를 통해 미국과 소말리아 사이에 위치하는 한국의 모습을 성찰하고 있습니다.

4.

나이지리아의 소설가 치마만다 은고지 아디치에는 다양한 이야기의 중요성을 다음과 같이 강조하고 있습니다.

> 다양한 이야기는 중요합니다. 이야기는 사람들을 착취하고 해치기 위해 사용될 수 있지만 동시에 사람을 더욱 사람답게 만들고 힘을 줄 수도 있습니다. 이야기는 인간의 존엄성을 훼손할 수도 있지만 동시에 상처 입는 존엄성을 치료할 수도 있습니다. 단편적인 이야기를 거부하고 세상 그 어느 곳도 단편적 이야기만 존재할 수 없다는 사실을 알게 된다면 우리는 천국을 되찾을 것입니다.

한국은 서구 제국주의를 모방한 일본의 식민 지배를 받았습니다. 독립이 된 이후 서구 열강의 개입으로 나라가 분단되었으며, 한국전쟁이라는 엄청난 재앙을 겪었습니다. 이러한 고통의 역사를 지닌 대한민국에 여전히 과거 제국주의자들의 목소리가 투영된 이야기가 넘쳐나고 있다는 사실은 매우 놀랍습니다. 이러한 이야기들은 아프리카를 비롯한 비서구 국가들에 대한 고정관념을 확산시키고 있습니다. 고정관념은 하나의 이야기를 유일한 이야기로 만듭니다. 아프리카 대륙에는 다양한 목소리들이 공존하고 있습니다. 그럼에도 불구하고 아프리카는 여전히 많은 사람들에게 재난이 끊이지 않는 빈곤의 땅이라는 단일한 이미지로 이야기되고 있습니다. 재난 이외에도 다른 이야기들이 많습니다. 고정관념을 넘어 아프리카의 다양한 이야기에 귀를 기울여야 할 때입니다.

'아파르트헤이트'를 심문하는
날카로운 시선:

루이스 응꼬시 『검은 새의 노래』

1.

어느 순간 아프리카가 가슴으로 들어왔습니다. 사실 아프리카와의 만남은 탈식민주의 이론을 적용해 한국문학을 분석해보고자 했던 2000년대 초에 시작되었습니다. 아프리카의 역사와 문화를 탈식민주의적 관점으로 접근한 서구의 이론에 심취했던 때이기도 합니다. 에드워드 사이드, 가야트리 스피박, 호미 바바, 프란츠 파농 등의 텍스트들을 열심히 탐독했습니다. 식민지를 경험한 한국의 현실을 성찰하는 세련되고 날씬한 이론이 매력적으로 다가왔습니다. 이렇게 아프리카와 한국은 머리로 연결되었습니다.

그러던 중 우연히 '2007 아시아-아프리카 문학 페스티벌 전주'에 참여하게 되었습니다. 수많은 아시아, 아프리카 작가들이 한국을 찾았습니다. 그들과 만나 구체적이고 현실적인 이야기를 나누었습니다. 탈식민주의 담론으로는 포괄할 수 없는 그 무엇이 있다는 사실을 실감한 계기였습니다. 학술토론이 끝난 이후 사적인 자리에서 피어나는 뭉클한 생동감이 이론의 틀을 넘어선 공감과 연대의 가능성을 시사하고 있는 경우이기도 했습니다.

　남아프리카공화국에서 10여 년간 생활하며 박사과정을 마치고 돌아온 한 학자가 사적인 자리에서 한 말이 오랫동안 기억에 남았습니다. '아프리카에 다녀오지도 않고 어떻게 아프리카를 이야기할 수 있겠는가?' 이 말에 용기를 얻어 아프리카의 문을 두드렸습니다. 2012년 여름 서아프리카 연안의 가나를 다녀왔습니다. 우리는 2007년 전주에서 만났던 가나의 시인과 반갑게 조우했고, 그가 소개해준 연구자들과 함께 가나의 곳곳을 여행했습니다. '아프리카작가동맹' 사무실을 방문했고, 식민지 시대 '황금 해안(Gold Coast)'으로 불렸던 장소를 둘러보았습니다. 전통 시장에 가서 생필품을 구매하고 서점에 가서 책을 사기도 했습니다. 그들이 자주 가는 식당에서 밥을 먹었습니다. 출판관계자들과 가나 국립대학 교수들을 만나 아프리카와 한국의 문화교류에 관한 이야기를 나누었습니다. 우연한 기회에 가야트리 스피박을 만나기도 했습니다. 그녀는 가나에서 말년을 보낸 듀보이스(Du Bois)의 흔적을 좇아 가나에 체류 중이었습니다. 가나의 시인은 자신의 집으로 우리와 스피박을 초대했습니다. 스피박은 시인의 작품을 뱅골어로 번역하여 소개할 정도로 시인과 오랜 친분이 있었습니다. 우리가 만난 스피박은 딱딱한 이론가가 아니라 그저 평범하고 일상적인 노인이었습니다. 그녀는 영어를 자유롭게 구사하지 못하는 저에게 유감을 표시하기도 했습니다. 한국에 돌아와 틈틈이 영어를 공부하고 있습니다.

2.

　2014년 여름 마다가스카르와 남아프리카공화국을 다녀왔습니다. 아프리카를 두 번째 방문한 셈이지요. 지난번 가나를 방문했을 때는 아프리카 땅에 첫발을 내디뎠다는 사실에 압도되어 거의 정신이 없었습니다. 이번 방문에서는 좀 더 차분하게 아프리카를 경험할 수 있었습니다.

우리에게 아프리카는 가깝고도 먼 대륙입니다. 문학 텍스트에 나타난 환상적 이미지, 구호의 손길이 필요하다는 캠페인, 문명 세계와 대조되는 원시적 자연 풍경 등 우리에게 아프리카는 친숙한 이미지로 다가옵니다. 하지만 실제 아프리카는 우리와 멀리 떨어져 있습니다. 우리 일행은 싱가포르를 경유하는 일정을 택했는데, 싱가포르까지 6시간, 싱가포르에서 요하네스버그(남아공)까지 16시간이 걸렸습니다. 비행시간만 22시간이 걸린 셈이지요. 그렇기에 아프리카의 삶을 직접 경험하기는 녹록치 않습니다. 요하네스버그에서 학술대회가 개최되는 마다가스카르까지 또 4시간이 소요되었습니다.

마다가스카르의 수도 안타나나리보에서 우리는 콧수염을 멋지게 기르고 한껏 멋을 낸 서양의 노인들이 앳된 원주민 소녀들과 데이트하는 장면을 여러 번 목격했습니다. 우리가 묵는 호텔의 투숙객만 해도 여럿이었습니다. 식민 모국 프랑스에서 은퇴한 노신사들이 여생을 보내러 마다가스카르를 찾는다는 것이었습니다. 이들은 아직까지 자신들이 옛 식민지 마다가스카르의 가난한 사람들을 돕고 있다고 생각할지도 모르겠습니다. 저물어가는 제국의 황혼을 보는 느낌이어서 씁쓸했습니다.

하지만 이러한 씁쓸한 장면과 대비되는 생동감 넘치는 젊음의 활기 또한 느낄 수 있었습니다. 이 커다란 섬나라 주민들은 프랑스어와 말라가시어(마다가스카르어)를 함께 사용하고 있습니다. 안타나나리보 국립대학에서 개최된 학술대회에서 영어를 전공하는 학생들이 우리들의 발표문을 프랑스어와 말라가시어로 번역해주었습니다. 학술대회가 개최되기 전 이들의 공부 모임에 참석할 기회가 있었습니다. 이 젊은 이들은 말라가시어로 전해오는 전통문화를 프랑스어와 영어로 번역하기 위해 정기적인 모임을 갖고 있었습니다. 우리는 이들이 번역한 작품 몇 편을 가지고 왔습니다. 나중에 소개할 기회가 있었지요. 이들의 모습에서 옛 제국의 흔적을 딛고 일어서는 마다가스카르의 미래를 보았다면 과장된 판단일까요?

3.

우리 일행은 마다가스카르 일정을 마치고 요하네스버그로 돌아왔습니다. 흔히 남아프리카공화국은 수도가 셋이라고 합니다. 행정수도는 프리토리아입니다. 경제적 중심지는 요하네스버그입니다. 케냐의 나이로비와 더불어 아프리카 각지를 잇는 허브의 역할을 하는 도시지요. 케이프타운은 남아공, 나아가 아프리카의 문화수도라 불리기도 합니다. 우리가 요하네스버그를 거점으로 마다가스카르, 프리토리아, 케이프타운을 차례로 방문하고, 다시 요하네스버그를 경유해 한국으로 돌아온 이유도 여기에 있습니다.

우리는 프리토리아 국립극장을 방문했습니다. 동행한 일행이 국립극장 디렉터와 친분이 있어 그곳을 둘러보게 되었지요. 마침 우리에게도 익숙한 공연이 있어 관람하는 행운을 얻었습니다. 루이스 응꼬시(1936-2010)의 『검은 새의 노래』를 무대에 올린 연극이었습니다. 응꼬시는 남아공의 대표적 작가입니다. '2007 아시아-아프리카 문학 페스티벌 전주'에 참석하기도 했습니다. 저는 이 행사에 언어분과 학술담당 연구위원으로 참가했는데, 마침 응꼬시가 언어분과 기조발제를 하게 되어 인연을 맺게 되었습니다. 그는 '언어의 번역불가능성'에 대해 발표했습니다. 응꼬시는, '공통의 인간성'을 전제하는 작가들이 항상 마주하게 되는 '문화적 번역불가능성의 문제'를, 식민 모국의 언어(영어)로 창작활동을 하고 있는 자신의 망명자적 처지에 빗대어 강조했지요.

'2007 아시아-아프리카 문학 페스티벌 전주'가 계기가 되어 그의 대표작 『검은 새의 노래』가 한국에 소개되었지요. 그가 세상을 떠나기 바로 전 해라 더 애틋하고 의미심장하게 여겨집니다. 『검은 새의 노래』로 번역된 작품의 원제는 "Mating Birds"입니다. '짝짓기하는 새들' 정도로 해석할 수 있겠지요. 작품의 서두에 제목과 관련된 의미 있는 장면이 제시되어 있어 인용해보기로 하겠습니다.

> 매일 아침 나는 창살에 달린 이 자그만 창가에 서서 하늘을 올려다본다. 매년 이맘때쯤이면 하늘은 눈부시게 푸르름을 더해간다. 공기는 서리처럼 맑고 단단해지며, 햇살은 잔잔한 아지랑이가 되어 춤춘다. 현기증이 날 정도로 눈부신 광경이다. 이따금 한 무리의 새들이 세차게 날개를 퍼덕거리며 하늘로 날아오른다. 때때로 그중 한 쌍이 탁 트인 하늘에서 자유롭게 짝짓기를 즐긴다. 행복에 겨운 그 새들은 살아 있음을 찬양하는 듯이 밝은 대기 속에서 서로를 애무한다. 그러다가 욕정을 참지 못한 수컷이 암컷의 몸속에 정자를 주입하려 한다. 하지만 여느 때와 마찬가지로 그 시도는 수포로 돌아간다. 짝 잃은 수컷의 씨앗이 대기 중에 흘러내리는 꼴을 보던 암컷은 미친 듯이 웃어젖힌다.
>
> (루이스 응꼬시, 『검은 새의 노래』, 이석호 옮김, 창비, 2009, 7-8쪽)

주인공은 죽음을 앞둔 흑인 청년입니다. 그는 백인 소녀를 강간한 혐의로 기소되었습니다. '현기증이 날 정도로 눈부신' '하늘에서 자유롭게 짝짓기'를 즐기는 새들의 모습을 보며 '좁디좁은 감옥에 갇혀 죽을 날'을 기다리는 자신의 처지를 씁쓸하게 되돌아보고 있군요. '욕정을 참지 못한 수컷'의 짝짓기 시도가 번번이 '수포'로 돌아가고 있습니다.

'짝 잃은 수컷의 씨앗이 대기 중에 흘러내리는' 모습을 보고 '암컷은 미친 듯이' 웃어젖힙니다. 화자는 '행복'에 겨워 '교성'을 내지르는 새들의 모습에 백인 소녀와 성적 교섭을 한 자신의 행위를 포개놓고 있습니다.

그렇다면 도대체 줄루 출신의 흑인 청년과 영국인 백인 소녀 사이에는 무슨 일이 있었던 것일까요?『검은 새의 노래』는 이 흑인 화자가 자신이 살아온 삶을 회고하는 이야기입니다. 이는 흑인 청년이 백인 소녀를 강간한 범죄이야기일 수 있습니다. 또한 인종이 다른 청춘남녀의 비극적이고 아름다운 사랑이야기일 수도 있습니다. 하지만 인종법이 시퍼렇게 살아있던 남아공의 현실에서는 이러한 이야기가 전혀 다른 맥락으로 이해될 수 있습니다.

화자는 줄루 대가족의 아들로 태어났습니다. 고향에서의 삶은 느리고 편안했습니다. 문명세계(백인들의 삶)를 동경한 젊은 어머니는 아버지를 설득해 어린 화자를 학교에 보냅니다. 아버지는 어린 아들에게 "아들아, 백인 여자는 결코 탐하지 마라. 우리의 길은 백인들의 길과 다르다. 그들의 말도 우리의 말과 다르다."라는 경고 어린 말을 남깁니다. 하지만 아버지의 세계는 백인들에 의해 무참히 붕괴됩니다. 새로운 백인 정착촌 건설을 위해 마을 전체는 강제로 철거됩니다. 이 충격으로 아버지는 갑자기 세상을 떠나고, 가족들은 뿔뿔이 흩어지게 됩니다. 화자와 어머니는 고향을 떠나 도시로 이주하게 됩니다.

화자는 줄루족의 전통에서도, 백인들의 세계에서도 소외된 '이중의 상실자'입니다. 그는 전통을 고수할 수도, 그렇다고 백인들이 구축한 모순된 문명세계에 동화될 수도 없는 처지이지요. 인종차별에 맞선 동맹휴업에 참여했다가 퇴학당한 대학생일 뿐이지요. 절망에 휩싸여 하릴없이 바닷가를 거닐며 소일하고 있을 무렵 한 백인 소녀가 눈에 들어옵니다. 화자는 그녀에게 급속히 빠져듭니다. 이러한 과정에서 백인 소녀가 보여준 태도는 많은 것을 생각하게 합니다. 그녀는 자신에게 빠져드는 흑인 청년의 모습을 의식하고 있으면서도 짐짓 그렇지 않은 듯 연기하고 있습니다. 그녀의 내면에는 타인의 시선에 대한 두려움과 새로운 모험에 대한 호기심이 공존하고 있는 것이지요.

> 그녀는 마치 어딘가에 자신을 혼란스럽게 할 정도로, 아니 어쩌면 자신을 파멸로 이끌 정도로 자신을 욕망하는 '원주민'이 있지 않고는 단 하루도 살 수 없는 사람처럼 보였습니다. 그녀를 가지려는 불가능한 욕망에 이끌려 언제라도 국가와 운명에 맞서 아둔한 싸움을 벌이고, 심지어는 목숨마저 초개와 같이 버릴 준비가 되어 있는 흑인 원주민 말입니다. 베로니카는 자신을 향한 제 욕망을 보면서 자신의 사회적 힘을, 또 자신의 성적인 힘을 느꼈을지 모릅니다. 타인으로 하여금 자신을 향해 꺼지지 않는 욕망을 피워내도록 하는 능력을 지녔음을 발견한 베로니카는 자신이 이 작고 부패한 세계 속에서 그 누구도 거부할 수 없는 무한한 존재의 필연성을 가지고 있음을 확인했을지도 모릅니다. 이런 측면에서 보자면, 그 소녀와 저는 서로가 서로를 낚은 것입니다. 우리 서로는 상대의 그 빈 존재에 집착했던 것입니다. 감히 말씀드리자면, 그녀가 저에게 마약 같은 존재였듯, 저 역시 그녀에게 마찬가지 존재였습니다. 그녀에게 저는 자신의 성과 인종이 지닌 힘을 비추어주는 완벽한 거울이었던 것입니다.
> (『검은 새의 노래』, 88-89쪽)

이 백인 소녀에 대한 화자의 감정은 간단히 설명될 수 있는 성질의 것이 아닙니다. 화자는 자신의 감정이 남아공의 인종법 때문에 '결코 가질 수 없는' 백인의 육체에 대한 '성적인 욕망'이 아니라고 말하고 있습니다. '눈이 멀 것 같은 격정'(분노)이 동반된, '단순한 욕망보다 더 크고, 더 슬프고, 더 깊은 감정'이라고 고백하고 있군요. 어쩌면 이들은 아파르트헤이트 시대의 남아공에서 인종이 다른 서로를 비추어 보는 '완벽한 거울'이었는지도 모릅니다. 문제는 이 관계가 불균등하다는 것이지요. 남아공은 '세상의 모든 연인에게 허락된, 둘만의 관계가 막 싹트기 시작할 때의 느낌을 즐길 권한이 박탈'되어 있는 나라입니다. 심지어 남녀관계의 정점인 두 육체가 결합하는 순간까지도 이들은 완전히 남남인 상태가 되어 서로의 죄의식을 응시하고 있습니다.

백인 소녀는 이렇게 암묵적으로 화자를 초대했으나 이내 내쳐버립니다. 법정에 선 버로니카는 '너무 희고 연약해서 마치 어떤 마법에 걸려 어둠의 세계에서 막 깨어난 비현실적인 존재'처럼 보입니다. 그녀는 '검은 대륙의 악마 같은 힘에 강간당하고 유린당한 순수와 밝음 그리고 성스러운 육체를 상징'하는 존재로 탈바꿈합니다. 화자와의 '육체적 전투'에 대해 진술할 때는 마치 '사악할 정도로 창조적'이고 '정열적'인 마녀 같습니다. '사적인 부분을 상세하게 드러내는 데서 특별한 기쁨'을 느끼는 사람 같기도 합니다. 하지만 화자는 그녀의 '두 눈자위'에 '고통과 피로로 얼룩진 검은 띠'가 드리워져 있음을 놓치지 않고 있습니다. 그녀는 '지루한 삶에서 벗어나려는 자신의 욕망과 허영심' 때문에 '앞날이 구만리 같은 젊은 아프리카인의 인생을 파멸'로 이끌었다는 일말의 죄책감을 느낄지도 모릅니다. 무심코 던진 돌에 개구리는 맞아 죽으니까요. 하지만 화자는 이를 '옳지 않은 시각'이라고 말합니다. 그녀는 '집시의 육체와 피'를 지닌 백인일 따름이라는 것입니다. 그녀는 '나머지 인류와 완전히 절연한 것은 물론 인간적 성숙의 가능성마저 완전히 봉쇄'한 남아공 사회의 부패가 '극악한 형태'로 나타난 '하나의 매개'에 불과했습니다. 그곳에 있었다는 이유만으로 '살인과 파괴에 대한 국가의 욕구를 합법적으로 드러내는 편리한 구실'이 된 '매혹적인 미끼'였다는 것이지요. '거짓'을 고할 수밖에 없는 소녀 또한 부조리한 사회의 희생양이라는 것이지요. 이 때문에 화자는 끝까지 백인 소녀를 원망하지 않습니다. 오히려 그녀가 하는 거짓말에 매혹되기까지 합니다. 그는 '한 인간이 다른 인간에 대해 품은 열정의 진실', 즉 자신의 실제 성격과 뿌리 그리고 자신의 미묘하고 복잡한 감정에는 털끝만큼도 관심이 없고, 오직 자신들이 보고 싶은 것과 듣고 싶은 것만 보고 듣는 남아공의 부조리한 사회시스템에 항변하고 있는 것이지요. 그가 죽는 것은 '백인 여성의 미친 거짓말 때문'이 아니라 '백인이 진리이고 백인이 힘인 이 세상에 흑인으로 태어나는 용서받을 수 없는 죄'를 지었기 때문입니다. 화자는 '인간의 법보다 더 오래되고 문명보다 더 오래된 충동에 순순히 몸을 의탁'했다는 이유 때문에 법과 문명의 이름으로 처단되고 있는 셈이지요.

저는 이 작품을 읽으며 등장인물들이 살아 숨 쉬고 있다는 느낌을 받았습니다. '악마와도 같은 백야'의 '유령'인 '하얀 얼굴들'과 '도살당할 한 마리 양'을 동정하기에 급급한 '까만 얼굴들' 사이에 끼어 이러지도 저러지도 못하는 화자의 양가적 내면의식은 복잡하게 얽힌 남아공의 인종차별 현실을 포착하는데 효과적으로 기여하고 있습니다. 놀라운 것은 이 화자의 개방적인 시선입니다. 그는 자신에게 적대적인 인물에게조차 따스한 공감의 시선을 보내고 있습니다. 이러한 태도는 자신의 삶을 파멸로 이끈 책임을 어느 한 개인에게 묻지 않는다는 점을 시사합니다. 나아가 자신들이 강요한 규율을 일탈한 한 흑인 청년을 앞에 두고 어찌할 바를 몰라 호들갑을 떠는 위정자들의 모습을 통해, '더럽고, 야비하고, 자비심이라고는 눈곱만큼도 찾아볼 수 없는' 백인들만의 세계가 기실 '사상누각'에 불과하다는 사실을 환기하고 있습니다. 뒤틀리고 왜곡된 한 개인의 욕망이 아파르트헤이트라는 인종차별 정책에 균열을 내는 지점도 바로 여기에 있습니다.

진한 여운을 남기는 작품의 마지막 장면입니다.

이따금 감옥 저편에서 힘을 주는 목소리들이 들려온다. 정치범들이 씩씩하게 부르는 자유의 노래이다. "아프리카는 반 로옌 너를 딛고 일어설 것이다!" "우리 아프리카인은 잃어버린 아프리카를 목 놓아 부른다!" "우리의 땅을 건드리지 마라!" 한 사람의 목소리는 나약하고 쉽게 흔들린다. 그러나 그 목소리들이 한데 뭉치면 하나의 강력한 소리가 되어 옥사 전체를 뒤흔들며 천둥 같은 함성 속으로 몰아넣는다. 그렇다. 정치범들이 씩씩하게 부르는 자유의 노래. 나는 바로 이 목소리들과 함께 갈 것이다. 신새벽의 자유를 노래하는 저 목소리들보다, 매일같이 하늘에서 거침없이 짝짓기를 하는 저 새들보다 더 훌륭한 송별은 내게 없을 것이다.

(『검은 새의 노래』, 214쪽)

문득, 넬슨 만델라가 떠오릅니다. 만델라는 '정치범들이 씩씩하게 부르는 자유의 노래'와 '하늘에서 거침없이 짝짓기를 하는' 새들의 송별을 받으며 떠난 이 흑인 청년의 마음을 이어받았습니다. 그는 '자유의 노래'와 '새들의 짝짓기'를 통합하여 '탈아파르트헤이트 시대'를 열었습니다. 이제 만델라의 바통을 이어받은 후배들이 여전히 남아 있는 인종차별의 흔적에 맞서 싸우고 있습니다.

응꼬시의 소설을 연극 무대에 올리는 남아공의 젊은 예술인들도 흑인 청년, 만델라의 후예들입니다. 남아공에서 공연되는 응꼬시의 작품을 감상하는 기분은 한국에서 번역된 작품을 읽는 느낌과 달랐습니다. 객석은 만원이었습니다. 배우들의 동작 하나하나에 호응하며 몰입하는 남아공 관객들 틈에 끼어 이방인이 된 듯한 기분에 휩싸이기도 했습니다. 십여 년 전 전주에서 응꼬시가 강조한 '문화의 번역불가능성'이라는 말이 새삼 떠올랐습니다. '그들은 이 공연을 보며 과연 어떤 느낌을 받을까?' '나와 그들은 이 연극을 통해 어떤 공통의 감정을 느낄 수 있을까?'라는 의문이 꼬리를 물었습니다. 대략의 줄거리는 알고 있었지만 공연에 몰입하기가 쉽지 않았습니다. 그럼에도 불구하고 응꼬시의 작품 세계, 나아가 남아공의 현실에 한층 더 가까이 다가갔다는 생각이 들어 조금은 위안이 되었습니다. 응꼬시가, 남아공의 벗들이 그리워지는 밤입니다.

'사르키 바트만'을 기억하시나요?:

『사르키 바트만』과 『사라 바트만』 겹쳐 읽기

1.

어느 알 수 없는 부족의 신부복 차림으로 가슴과 엉덩이를 한껏 쳐들고, 도도한 시선으로 입에 담배 파이프를 문채 구불구불한 연기를 뿜어내는 저 과장된 몸짓의 여자는 대체 누구란 말인가?
(레이철 홈스, 『사르키 바트만』, 이석호 옮김, 문학동네, 2011, 112쪽)

'호텐토트의 비너스', '사르키 바트만'을 아시나요? 140센티미터 정도의 키에 툭 튀어나온 엉덩이, 이상하리만치 큰 음순을 지녔다는, 골초로 소문난 '아프리카판 비너스'를 아시나요? 그녀의 기구하고 파란만장한 삶은 우리에게 많은 것을 생각하게 합니다. 사르키 바트만은 1789년 남아프리카 케이프 동부 감투스 강가의 한 골짜기에서 태어났습니다. 프랑스혁명이 일어난 해이기도 합니다. 하지만 그녀의 고향 아프리카는 원주민들과 식민주의자들 사이의 전쟁터였습니다. 우리는 유럽인들이 말하는 자유와 평화가 아프리카인들에게는 구속과 폭력을 의미한다는 사실을 잘 알고 있습니다. 유럽인들이 아프리카 남부에 도착하기 훨씬 이전인 약 2,000여 년 전부터 사르키의 조상들(아프리카 남부 코이산족의 한 부족)은 감투스 강가의 목초지에서 가축과 함께 살고 있었습니다. 유럽인들은 성경을 가지고 왔고, 코이산들은 땅을 소유하고 있었습니다. 하지만 사르키가 태어날 무렵, 코이산들에겐 성경이 들려 있었고, 대부분의 땅은 유럽인들의 차지가 되었습니다. 사르키의 조상들은 유럽인들을 위해 일하는 노동자로 전락하거나, 빼앗긴 땅을 되찾기 위해 총을 들고 싸울 수밖에 없었습니다. 사르키의 아버지는 백인들과 맞서 싸우다 목숨을 잃었습니다. 사로잡힌 사르키는 케이프타운으로 끌려왔습니다. 그녀는 아이를 돌보는 '보모 하녀'가 되었습니다. 고아가 된 사르키는 법적으로 존재하지 않는 유령이 되었습니다. 하지만 사르키는 춤과 노래 솜씨로 인기가 많았으며 사람들과 잘 어울렸습니다. 영국군 군악대원과 만난 사르키는 곧 사랑에 빠졌습니다. 남자의 집으로 거처를 옮긴 사르키는 2년간 행복한 가정을 꾸렸습니다. 아이를 낳았으나 얼마 지나지 않아 죽고 애인은 그녀를 떠났습니다. 모든 것을 잃은 사르키는 케이프타운에 남아 있어야 할 이유가 없었습니다. 그러던 중 사르키의 주인은 사르키의 몸매를 통해 한밑천 챙기자는 계획을 세웠습니다. 아프리카에서 사르키의 체형은 크게 문제될 것이 없지만 유럽인의 눈에는 매우 특이해 보여 관심을 끌 수 있다고 생각했기 때문입니다. 과학과 제국주의 그리고 인종주의의 합작품이었지요.

2.

'호텐토트의 비너스'는 1810년 밀항선을 타고 영국에 도착했습니다. 그녀는 이른바 불법체류자였지요. 당시 런던의 '피커딜리' 거리는 태생적인 기형이나 신체를 훼손한 기형인, 온갖 기이하고 '경이로운 것들'과 대중 흥행물이 활개를 치는, 이른바 '과학과 오락의 본거지'

였습니다. '이질성과 외재성을 함축하는 아프리카의 타자성은 극적이고 대중적인 흥행업계에서 오래 우려먹을' 대상이 된 것이지요. '음탕함과 순수함, 퇴폐와 욕망, 금기와 허락, 야수적 육욕과 초월적 여신의 결합'을 상징하는 '호텐토트의 비너스'는 '유럽이 발명한 아프리카라는 이상화된 모델', 즉 '꿰뚫기 어려운 여성성과 다듬어지지 않은 성적 에너지를 지닌 아프리카' 이미지를 표상했지요. '사르키가 영국에 도착한 시점은 장차 원숙하게 대륙 정복을 이룰 영국 식민주의자들이 아프리카 내부로 세를 확장하기 시작한 때와 일치'했습니다.

사르키의 이국적 모습에 열광하는 뻔뻔스러운 탐욕의 반대편에서 그녀의 불행한 처지에 관심을 가지는 노예폐지론자들의 움직임이 싹트기도 했습니다. 이윽고 사르키는 '영국 식민지 출신의 이민자이자 피억압자로서 영국 헌법에 따라 그 자유권을 시험받는 최초의 흑인 여성'이 되었습니다. 하지만 노예폐지론자들은 재판에서 패배하고 말았습니다. 그들은 사르키가 원하는 것이 무엇인지 들어보지도 않고 고향으로 돌아가고 싶을 것이라 짐작했지요. 그녀의 고향은 유럽인들에 의해 파괴된 지 오래였습니다. 사실 당시의 원주민들에게 돌아갈 고향은 없었습니다. 고향으로 돌아간다는 것은 백인 식민법의 지배를 받으며 고통스러운 노예생활을 해야 한다는 것을 의미했지요. 사르키는 그러느니 차라리 런던에 남는 것이 낫겠다고 판단했을지도 모르지요.

당신은 내 이야기를 듣고 싶어 하지 않았지요.
그저 내 가슴을 뚫어져라 바라보았고
내 두 다리 사이를 끈질기게 기억했을 뿐이지요.
당신은 거짓과 사기로 만든
칵테일을 내게 만들어주며
추락을 극복하는 주인공을 연기했을 뿐이지요.

당신은 내 이야기를 기록하며
내 엉덩이에서 눈을 떼지 못했고
늘 당신 것이라 의심치 않았던 곳을
두 손으로 만지작거렸지요.

당신은 내 이야기를 듣고 싶어 하지 않았지요.
나는 생각 같은 걸 할 수 없는 존재였으므로,
나는 몸일 뿐, 이야기가 아니므로.
당신은 나를 여행 가방에 구겨 넣고,
옴짝달싹하지 못하게 만들고선
밤마다 내 그림자를 풀어주었지요.

나는 이야기를 하기 위해 살았지요,
당신이 내 몸을 어떻게 유린했는지를 말하고 싶었지요.
내 이야기 속에 옹이로 남은
그 흔적들을 보시지요.
이따금
걸음걸이를 바꾸며
두 발로 걸어 나오는
그 흔적들을 보시지요.

나는 이야기를 하기 위해 살고 있지요.
나를 침묵시키려는
당신의 헛된 수고를
이야기하고 싶어서요.

(다이아나 퍼러스,「끝나지 않는 이야기」전문,
『사라 바트만』, 이석호 옮김, 도서출판 아프리카, 2011, 13-14쪽)

3.

사르키는 1814년 파리에 나타났습니다. 프랑스혁명의 도시 파리는 사르키에게 더욱 잔인했습니다. 런던에서의 사르키는 호기심과 오락의 대상이었습니다. 그녀는 뛰어난 가무 실력과 무대 매너, 기예 등으로 예능인의 면모를 발휘하기도 했습니다. 고급문화에 저항하는 서민들의 시대정신을 반영하기도 했습니다. '아프리카 출신으로 파리 무대를 밟은 최초의 비너스'는 처음에는 '비극적 영웅, 반거들충이 무희, 추락한 사랑의 여신' 등과 같은 이국적 아프리카의 상징으로 받아들여졌습니다. 하지만 이도 잠시 그녀는 곧 '자연사의 한 대상'으로 전락하고 맙니다. 1815년 사르키는 과학자들과 예술가들 앞에 살아 있는 모델로 등장합니다. 동물학자, 박물학자, 해부학자, 생리학자, 화가로 구성된 이른바 '사르키 조사단'이 꾸려집니다. 그녀의 인격과 개성에는 일말의 관심도 없는 자들이지요. 이를테면 다음과 같은 육체적 병리학적 관심, 즉 '앞치마 살이 있고 거대한 엉덩이를 가진 것은 부시맨 여자만 그런 것인가?'라는 인종적 호기심만 중요한 것이지요. 이러한 유럽을 대표하는 과학자들(생틸레르, 퀴비에 등)의 관찰은 '호텐토트의 앞치마 살'은 '코이산 여성이 걷잡을 수 없는 성욕과 수줍어 감추는 얌전함'을 동시에 지니고 있다는 터무니없는 주장의 근거가 되지요. 이쯤 되면 사르키의 가치는 살아 있을 때보다 죽고 난 이후가 더 커지지요. 해부를 해야 하니까요. 과로와 음주, 절망으로 쇠약해진 사르키는 1815년 12월 29일 숨을 거두고 맙니다. 기다렸다는 듯이 생틸레르는 그녀의 시신을 '인간에 대한 지식 축적을 위해 박물관의 해부학 실험실로 가져가 해부를 하겠다고 선수'를 칩니다. 자연사박물관은 사르키를 해부할 어떠한 법적 권한도 없는데 말입니다. 하지만 이 모든 절차는 장례식도 치르지 않은 채, 그녀가 사망한 지 채 24시간도 되지 않아 일사천리로 마무리됩니다. 파리의 과학자들은 마침내 자신들의 칼 아래 누운 사르키를 손에 넣게 됩니다. 사르키의 유해는 줄곧 퀴비에와 함께 있었다고 합니다. 특히 그녀의 골격 뼈대는 인간의 인종적 차이를 이론화하기 위해 퀴비에가 보관하던 1,599점의 뼈대들 중 하나였습니다. 바로 이곳에서 인종학이란 사이비 과학과 비과학적 인종주의가 탄생하게 되었지요. 이들은 사르키의 육체가 '아프리카 여성의 성이란 어두운 대륙의 비밀'을 푸는 열쇠라고 생각했습니다. 그 위에 인간집단 간에는 '생물학적 인종적 차이가 있다는 주장'을 덧씌우게 되지요. 하지만 사르키의 유해는 이러한 거짓된 주장보다 훨씬 오래 살아남았습니다. 인종을 차별화하는 주장의 생물학적 근거가 없다는 사실이 증명되었기 때문이지요. 인종주의는 더 이상 옹호될 수 없게 되었지요. 하지만 인종주의라는 유산은 오늘날까지 여전히 강력한 영향력을 발휘하고 있습니다. '권력의 불평등'을 정당화하는 논리로 정교하게 다듬어지고 있지요.

프랑스 상원의회에 울려 퍼진 코이산 후예의 시는 인종주의적 편견을 넘어 사르키의 유해를 남아공으로 모셔오는데 커다란 기여를 하게 됩니다.

> 나, 당신을 고향에 모시러 왔나이다, 고향에
> 그 너른 들판이 기억나시는 지요,
> 커다란 너도밤나무 밑을 흐르던 빛나는 푸른 잔디를 기억하시는 지요,
> 공기는 신선하고, 이제는 저 태양도 불타오르지 않습니다.
> 나, 언덕 기슭에 당신의 보금자리를 마련했나이다.
> 부추 꽃과 민트 꽃들로 만발한 이불을 덮으소서.
> 프로티아 꽃들은 노랗고 하얀 모습으로 서 있고,
> 냇가의 시냇물은 조약돌 너머로 조잘조잘 노래를 부르며 흐르나이다.

나, 당신을 해방시키러 여기 왔나이다.
괴물이 되어버린 인간의
집요한 눈들로부터
제국주의의 마수로
어둠 속을 살아내는 괴물
당신의 육체를 산산이 조각내고
당신의 영혼을 사탄의 영혼이라 말하며
스스로를 궁극의 신이라 선언한 괴물로부터

나, 당신의 무거운 가슴을 달래고
지친 당신의 영혼에 내 가슴을 포개러 왔나이다.
나, 손바닥으로 당신의 얼굴을 가리고,
당신의 목선을 따라 내 입술을 훔치려 하나이다.
아름다운 당신의 모습을 보며 흥겨운 내 두 눈을 어찌 하오리까,
나, 당신을 위해 노래를 하려 하나이다.
나, 당신에게 평화를 선사하러 왔나이다.

나, 당신을 고향에 모시러 왔나이다,
오래된 산맥들이 당신의 이름을 소리쳐 부르는 곳으로.
나, 언덕 기슭에 당신의 보금자리를 마련했나이다.
부추 꽃과 민트 꽃들로 만발한 이불을 덮으소서.
프로티아 꽃들은 노랗고 하얀 모습으로 서 있고,
나, 당신을 고향에 모시러 왔나이다.
그곳에서 나, 당신을 위해 노래를 하려 하나이다.
내게 평화를 선사한 이, 바로 당신이기에
우리에게 평화를 선사한 이, 바로 당신이기에.

(「나, 당신을 고향에 모시러 왔나이다
-사라 바트만을 위한 헌시」 전문, 126-128쪽)

4.

　2002년 5월 3일 사르키의 유해는 고향으로 돌아왔습니다. 사후 187년 만의 귀향이지요. 남아공에 자유와 평화의 물결이 넘실거려 비로소 그녀에게 돌아가야 할 고향이 생겼기 때문입니다. 그녀의 귀향은 '인종차별의 역사와 유럽의 과학 유산을 기억하고 바로잡는' 상징이 되었습니다. 사르키 개인의 삶과 마찬가지로 그의 조국 남아공도 '억압체제 하에서 찢긴 심리적 상처, 수세기에 걸쳐 내면화된 주변부 의식을 치료하고 달랠 신화와 상징이 필요'했던 것이지요. 이렇게 사르키는 코이산족 추장들의 전통 의례와 여성 합창단의 노랫소리('당신은 이제 아프리카 하늘 아래 있는 아버지의 땅으로 돌아가나이다.')를 뒤로 하고 고향의 품으로 돌아갔습니다.

　프랑스 정부에 사르키의 반환을 요구하면서 '용서는 할 수 있지만 잊지는 않겠다'는 넬슨 만델라의 말이 다음의 시와 겹쳐지며 진한 여운을 남깁니다. 사르키를 기억하는 것이 수많은 그녀들을 다시는 잃지 않는 일이 되겠지요.

　　　나 당신을 잃은 건가요
　　　당신은 결코 묻지 않았던 질문 때문에
　　　나 당신을 잃은 건가요
　　　내가 침묵한 대답 때문에
　　　나 당신을 잃은 건가요
　　　소망과 욕망과 공포가
　　　침묵하는 그 순간에
　　　나 당신을 잃은 건가요
　　　우리가 필담으로 나누던
　　　애매모호한 인사말들 속에서

나 당신을 잃은 건가요
존재하지 않는 누군가 때문에
나 너무 일찍 항복한 걸까요,
당신을 소유하지 않겠다고 일찍 체념한 걸까요
당신의 입술을 맴돌던 말들은
말이 되기 전의 의미를 가지고 있긴 했나요
내 목소리가 너무 컸나요, 너무 부드러웠나요,
너무 작았나요, 너무 많았나요, 너무 늦었나요, 너무 일렀나요
나 당신을 잃은 건가요.

(「나 당신을 잃은 건가요」 전문, 120-121쪽)

소말리아의 속살을 엿보다:

누르딘 파라 『지도』, 『해적』

1. 소말리아의 정체성을 찾아서: 누르딘 파라 『지도』

소말리아는 오늘날 세계에서 가장 '실패한 국가'로 손꼽힙니다. 그 이유는 나라 전체가 폭력으로 물들어 있으며 정부가 국민의 기본적 생존마저 보장해주지 못하기 때문입니다. '해적의 나라'로 불리기도 합니다. 소말리아 사람들을 해적질로 내모는 강한 동기는 외세의 착취에 대한 불만이라 할 수 있습니다. 소말리아인들 사이에는 외세로부터 착취를 당한다는 피해의식이 만연해 있고, 이는 외국 화물선 약탈을 정당화하는 구실로 이용되고 있습니다.[5]

소말리아는 1991년 이래 20여 년간 지속된 내전으로 약 40만 명이 사망하고, 140여만 명의 피난민이 발생하는가 하면, 70만 명에 가까운 사람들이 조국을 떠나 외국으로 피신해 있는 상태입니다. 국제 사회가 지원하는 중앙정부의 통치는 수도인 모가디슈에 한정되어 있을

---

[5] 피터 아이흐스테드, 『해적국가』, 강혜정 옮김, 미지북스, 2011, 102쪽 참조.

뿐이고, 전국이 군벌과 반군 세력으로 찢어져 있습니다. 소말리아인들은 유럽 열강들에 의해 이산가족처럼 되어버렸습니다. 이들은 식민지 이전에 중앙 정부만 없었을 뿐, 다수의 부족 집단이 비교적 끈끈한 공동체 의식을 갖고 있었습니다. 그러나 소말리아인들은 식민지 시대에 영국, 프랑스, 이탈리아, 에티오피아 4개국에 의해 찢어져버렸고, 독립 이후에는 케냐, 에티오피아, 소말리랜드, 소말리아, 지부티 등 5개 지역으로 흩어져버렸습니다.[6]

이런 소말리아에는 천문학적인 숫자의 무기가 넘쳐나고 있습니다. 소말리아를 취재하고 돌아온 한 일본 기자의 글은 소말리아의 현실과 관련하여 많은 것을 생각하게 합니다.

> 여러 현장을 취재하는 동안에도 모가디슈 시내에서는 산발적으로 총성이 울려 퍼졌다. 시내 중심부에 있는 바카라 시장에는 무기를 파는 노점상이 즐비하다. 비레(현지 통역인)는 이 시장에서 무기를 사는 손님이 시험 삼아 쏴보는 일이 많기 때문이라고 했다.
> 나와 나카노는 차를 타고 바카라 시장을 둘러보러 갔다. 사진 촬영이나 차에서 내리는 일은 너무 위험했기 때문에 차 한 대가 겨우 지날 수 있는 좁은 시장 길을 천천히 달렸다. 거기서 나는 창문 너머로 평생 잊지 못할 광경을 보았다. 권총, 자동소총, 기관총, 수류탄, 박격포, 대전차포, 지대공 미사일, 지뢰 등 인류가 지상에서 사용하는 모든 무기를 늘어놓은 듯 보이는 노점상이 200미터나 되는 거리 양쪽에 줄지어 늘어서 있었고 어느 가게 앞이든 무기를 손에 들고 품평하는 남자들로 넘쳐났다. 사방을 둘러보아도 모두가 똑같은 풍경이었다.
> 사람이나 교육에 열정을 쏟는 사람들을 만나면서 무정부 국가의 장래에 일말의 희망을 품었던 나는 바카라 시장의 처절한 광경이 직접 존재한다는 사실 자체가 믿어지지 않았다. 마치 할리우드 SF 영화 속 한 장면을 보는 것 같은 착각이 들었다. 나중에 일본에서 소말리아 해적에 대한 이야기를 들었을 때도 제일 먼저 바카라 시장이 떠올랐다. 그리고 그것이 만만치

---

6 윤상욱, 『아프리카에는 아프리카가 없다』, 시공사, 2012, 205-236 참조.

않은 싸움이 될지도 모르겠다는 생각이 들었다.

(시라토 게이치, 『오늘의 아프리카』,
이정은 옮김, 현암사, 2011, 304-305쪽)

우리와 같은 외부인의 눈에는 이러한 소말리아의 암담한 현실이 'SF 영화 속 한 장면'으로 비칠 수 있겠지요. 그들의 눈에는 어떻게 보일까요? 여기 처절한 조국의 현실을 온몸으로 껴안고 소설을 통해 희망의 빛을 밝히고 있는 한 작가가 있습니다. 누르딘 파라입니다.

누르딘 파라는 '2000년대 들어 줄곧 노벨문학상 후보에 오르내리는 아프리카의 대표 작가'입니다. 그의 대표작 『Maps(지도)』(원작 출간 1986; 번역본 출간, 인천문화재단, 2010)가 한국어로 출간되기도 하였습니다. 이미 스물 한 개 언어로 번역된 작품이지요. 『지도』는 '오가덴'이라는 지역을 가운데 두고 소말리아와 에티오피아 사이에서 벌어진 영토분쟁을 배경으로 한 작품입니다. 소말리아는 19세기 이래 유럽 강대국의 침략, 에티오피아와의 전쟁, 끊이지 않는 내전 등으로 많은 어려움을 겪고 있습니다.

『지도』는 퍽이나 낯선 성장소설입니다. 이 작품은 우리에게 익숙한 서구의 교양소설 혹은 성장소설과 그 성격이 다릅니다. 주인공 즉, 성장의 주체가 이른바 서구적 의미의 '근대적 개인'으로 거듭나지 않기 때문입니다. 소설의 화자 아스카르는 서구적 의미의 '근대성'에 끊임없이 회의의 시선을 보내며, 이와 팽팽한 긴장 관계 속에서 '소말리아(아프리카)적 정체성'을 탐색하고 있습니다. 고향 오가덴과 소말리아 공화국의 수도 모가디슈는 화자의 정체성을 형성하는 두 축으로 기능하고 있습니다. 미스라[7]와 연결된 충만함의 세계는 모가디슈로 떠난

---

[7] 작품에서 미스라는 아스카르의 새엄마 역할을 하고 있습니다. 아스카르의 생모는 출산 도중 목숨을 잃습니다. 미스라는 우연히 이들을 발견하고 아스카르를 거두어 돌보게 됩니다.

아스카르에게 끊임없이 영향력을 미치고 있으며, 힐랄 삼촌으로 대변되는 모가디슈의 세계 또한 아스카르의 새로운 고향으로 자리 잡습니다. 아스카르는 오가덴과 모가디슈 사이에서 자신의 정체성을 끊임없이 심문하고 있는 셈이지요.

화자는 미스라와의 충만한 우주(고향 오가덴)에서 힐랄 삼촌의 세계(소말리아의 수도 모가디슈)로 순례를 떠납니다. 이윽고 미스라와의 관계에 균열이 발생합니다. 그는 미스라의 대체물을 찾는 과정에서 자신의 조국 소말리아를 발견합니다. 하지만 이 조국은 아스카르의 욕망을 온전하게 충족시키지 못합니다. 남자인 아스카르가 월경을 하는 모습이나 이유 없이 입에 피가 고이는 현상 등은 새롭게 발견한 조국 소말리아에 온전히 동화하지 못하는 모습을 상징하고 있습니다. 몸이 남자(국가/조국) 되기를 거부하는 것이지요. 이는 근대 국민국가의 이데올로기에 함몰된 조국(소말리아)의 모습을 성찰하려는 의도를 함축하고 있습니다.

아스카르의 영원한 어머니이자 우주 그 자체인 미스라는, 아스카르의 정체성을 표상하는 소말리아의 비극적 역사를 정화하는 역할을 하고 있습니다. 화자는 '미스라'를 통해 새로운 생명을 얻습니다. 이 미스라와의 유대는 그가 추구하는 새로운 조국의 모습을 암시하는데, 힐랄 삼촌을 지탱해 오던 이성적이고 합리적인 학문 태도를 무너뜨리기에 이릅니다. 서구적 의미의 근대성에 바탕한 국민국가(소말리아 공화

이후 미스라는 혈통과 고국이 다른 아스카르와 한 몸이 됩니다. 미스라는 에티오피아의 계약 결혼인 다모스 결합으로 태어났습니다. 그녀는 소말리아의 적인 에티오피아 출신입니다. 그녀는 전쟁의 희생양(전리품)이 되어 거부(巨富)에게 입양된 후 그의 아내가 됩니다. 미스라는 남편을 살해하고 다시 돈 많은 사내(꾸락스 삼촌)를 만납니다. 이후 가정부에서 정부(情婦)로 몸을 바꾸어 아스카르를 만나게 된 것입니다. 미스라의 이름은 '이 땅의 토대 혹은 기초'라는 의미를 지닙니다. 그녀는 자신의 종족과 아스카르의 종족이 같다고 여깁니다. 그녀가 가장 사랑하는 사람이 아스카르이기 때문입니다. 이러한 미스라의 동족의식은 혈연, 인종, 민족, 국가 등을 넘어선 공동체의식이라 할 만합니다.

국의 수도 모가디슈의 세계)의 이념과 질적으로 다르기 때문입니다. 이렇듯 아스카르는 온전한 어미(온전한 조국)에서 다시 태어나고 싶은 욕망을 지니고 있는 인물입니다.

한편, 『지도』는 1인칭, 2인칭, 3인칭을 넘나들며 이야기를 전개하고 있습니다. 특히, 2인칭 화법이 강조되고 있는데, 이는 주관성과 객관성에 함몰되기 쉬운 극단적인 현실인식을 경계하려는 의도로 보입니다. 또한 하나로 쉽게 통합될 수 없는 소말리아의 복잡하고 미묘한 정체성과 이를 서술하는 화자의 분열된 자의식을 반영하고 있기도 합니다.

또한 이 작품은 '과거→현재→미래'로 이어지는 시간의 선조성을 구부리는 파편적 구성을 취하고 있습니다. 18세의 아스카르가 자신이 살아온 삶을, 현재와 과거를 넘나드는 진술 양식을 통해 재구성하고 있는 셈이지요. 이는 '나는 누구인가?'라는 질문에 대한 응답이며, 또한 소말리아의 정체성에 대한 심문과 다르지 않습니다.

주인공 '아스카르'는 이미 성장한 인물, 즉 예언자나 선지자의 모습을 띠고 있습니다. 그의 '시선(응시)'은 합리적 이성 너머의 초월적인 그 무엇을 상징합니다. 아스카르의 응시는 온전한 모습으로 태어나고 싶다는 소망 혹은 하나의 온전한 존재가 되고 싶다는 소망을 반영하고 있기도 합니다. 이는 소말리어를 구사하는 지역 전체의 재통합 의지를 함축하고 있습니다.

이렇듯 아스카르는 '어른의 정신'을 가지고 태어난 인물이며, '앎과 이해'를 갖춘 자입니다. 그는 우리가 이미 아는 것 너머의 진실을 보여주려는 작가의 의도를 체현하고 있습니다. 이러한 아스카르의 사명은 '파편화된 육체의 이야기들' 혹은 '파편화된 이야기의 육체들', 즉 조국의 분단으로 인한 '상심한 가슴과 상한 영혼에 관한 이야기들'을 들려주는 것입니다. 작가가 제시하는 아스카르의 꿈은 '소말리어를 공용어로 사용하던 사람들의 땅과 바다를 온전히 되찾는 것'입니다. 이는 국가와 민족의 경계를 넘어선 새로운 공동체의 모습으로 드러납니다. 작가는 모가디슈(힐랄 삼촌)와 오가덴(미스라) 사이, 즉 국가적 정체성(공화국)과 인종적·민족적 정체성(고향)의 통합에서 새로운 공동체의 가능성을 타진하고 있는 것이지요.

한편, 아프리카에서 벌어지는 다양한 전쟁은 '일반명사'와 '구체명사'의 싸움입니다. 일반명사는 외부인이 아프리카인들을 타자화한 명칭이지요. 에티오피아라는 말은 '까만 얼굴을 가진 사람'이란 뜻입니다. 이러한 일반명사에 속하는 국가의 사람들은 자신만의 고유한 정체성을 지니고 있지 못합니다.

> "에티오피아라는 말은 정확한 분류가 불가능한 다양한 집단의 사람들을 일컫는 일반명사란다. 서로 다른 종족과 서로 다른 종교 그리고 서로 다른 조상을 모시는 사람들이 바로 이 에티오피아라는 말 속에 다 들어 있다는 뜻이지. 그러므로 '에티오피아'라는 일반명사는 확장적인 성격과 내포적인 특징을 다 갖추고 있는 것이지. 반면에 '소말리아'라는 말은 달라. 소말리아는 아주 구체적이지. 그 누구도 소말리아인이거나 소말리아인이 아니지. 둘 중의 하나뿐이야. '에티오피아인'이라고 할 때는 그런 구분이 불가능하지. 그런 취지에서 본다면 '나이지리아인'도, '케냐인'도, '수단인'도, '자이레인'도 모두 마찬가지지. 모두 구분이 불가능하지. '에티오피아'라는 말의 의미는 검은 인종의 땅을 의미하기 때문이지." (중략)
>
> "자이레가 포르투갈어인 것 아니? 강 이름을 딴 포르투갈어지. 아마도 포르투갈의 한 탐험가가 우연히 상륙하게 된 나라의 이름을 강 이름에서 따와 지은 것이겠지. 그 이름 속에는 '진정으로 그 민족만이 공유할 수 있는 그 어떤 것'이 없단다. 단지 쎄쎄 쎄코(자이레의 전직 대통령)가 그렇게 믿도록 만들었을 뿐이지. '나이지리아'도 마찬가지야. 니제르 강 이름을 따서 루가드(영국의 작가)의 연인이 지은 거지. 수단 역시 흑인들의 나라라는 뜻으로 지은 이름이지. 그런 의미에서 소말리아는 다르지. 소말리아는 소말리 사람들의 나라라는 뜻이지. 소말리어를 공동으로 사용하고 공동의

조상을 가진 사람들의 나라란 뜻이지."
(누르딘 파라, 『지도』, 이석호 옮김, 인천문화재단, 2010, 293-294쪽)

반면에 소말리아는 구체적입니다. 소말리 사람들의 나라라는 뜻입니다. 즉, 소말리어를 공동으로 사용하고 공동의 조상을 가진 사람들의 나라입니다. 소말리아 사람들은 한 인종임에도 불구하고 여러 갈래로 갈라져 있습니다. 일반명사를 추구하는 외세와 이를 지지하는 아프리카 국가들의 강압적인 논리 때문입니다.

"소말리아를 우리가 원하는 대로 놔둘 경우 비아프라가 들고 일어날 것이 불을 보듯이 뻔하고, 마사이도 자기들만의 공화국을 세우겠다고 할 것이 뻔하다는 거요. (중략) 바로 이걸 두려워하는 거요."
(『지도』, 296쪽)

서구 열강의 아프리카 식민화는 강압적인 폭력을 통해 부족 중심의 공동체(구체명사)를 국민 국가적 형태(일반명사)로 재편하는 과정이었습니다. 작가는 소말리어를 사용하는 사람들의 통일조국, 즉 구체명사의 공동체를 꿈꾸고 있습니다. 따라서 『지도』에 드러난 소말리아적 정체성 탐색은 식민주의가 야기한 역사적 상처를 치유하는 과정이자, 조국을 살아 숨 쉬는 '구체명사'의 세계로 거듭나게 하는 로컬적 목소리 찾기에 다름 아닌 것입니다.

2. 소말리아의 속살을 엿보다: 누르딘 파라 『해적』

2011년 '제2회 인천 아시아-아프리카-라틴아메리카 문학포럼'(AALA)에서 누르딘 파라를 만났을 때가 기억납니다. 한 심포지엄에서 소말리아의 해적에 대해 어떻게 생각하느냐는 질문이 있었습니다. 누르딘 파라는 자신의 조국에 대한 민감한 질문을 슬쩍 피해가면서 이를 다룬 소설이 곧 출간될 것이니 그것을 참고하라고 했습니다.

그리고 이제 『Crossbones(해적)』(원작 출간 2011, 번역본 출간, 도서출판 아프리카, 2019)이 우리 앞에 있습니다. 이 작품은 소말리아의 현실을 생생하게 담고 있습니다. 지금까지 우리에게 소말리아의 현실은 일면적으로만 다루어진 것이 사실입니다. 보고 싶은 면만 본 것이지요. 외부자가 관찰한 표면적 모습이 전부였지요. 『해적』은 이를 넘어서는 소말리아의 속살, 즉 내면적 진실을 포착하고 있습니다.[8]

이 작품의 서사의 한 축은 미네소타의 소말리아계 미국인 청년들과 함께 '샤바브' 전투원으로 자원하여 소말리아로 사라져버린 '탁스릴'의 행적을 추적하는 이야기입니다. 의붓아들을 찾기 위해 소말리아로 들어가는 '아흘'을 돕는 것이 '말리크'와 '지블레'가 소말리아를 찾은 이유의 하나입니다. 이러한 탁스릴의 행적을 수소문하는 과정에서 소말리아 해적과 관련된 구체적 현실 및 소말리아의 실상이 생생하게 드러나게 됩니다.

『해적』은 소말리아의 현실을 크게 두 가지 시선으로 추적하고 있습니다. 먼저 소말리아로 들어가는 자의 시선입니다. 이들의 시선은 소말리아의 실상을 객관적으로 드러내는데 기여하고 있습니다. 작가의 시선이 물씬 느껴지는 지블레, 지블레의 사위이자 프리랜서 기자인 말리크, 말리크의 형이자 가출한 의붓아들 탁스릴을 찾아 나선 아흘 등이 여기에 해당합니다. 이들은 소말리아의 현실을 직접 목도하면서 자신들이

---

8 『해적』은 이른바 '해적의 나라'(일반명사)로 알려진 소말리아를, 해적 행위를 둘러싼 복잡한 현실에 대한 다양한 목소리들(내부인과 외부인은 물론, 해적, 이슬람 원리주의자, 미국, 런던의 컨설턴트, 아부다비의 브로커, 수에즈운하의 기간꾼 등을 포함함)을 통해 '구체명사'의 세계로 재인식하고 있는 작품입니다.

지녔던 소말리아에 대한 기존의 인식이 얼마나 피상적이었나를 절실히 깨닫게 됩니다. 심지어 일곱 번째 조국을 방문하는 지블레조차 소말리아가 한 고비를 넘겼다는 외부인의 과대포장된 믿음에 속았음을 절감합니다. 그는 소말리아의 현 상황은 과거와 다른 이름의 독재, 즉 원리주의 독재정권이라 여깁니다. '당신이 묘사할 수 없는 상처보다 더 큰 상처는 없다'는 지블레의 말이 오랫동안 가슴에 남습니다. 미국 대학의 교수이자 두 딸의 아버지, 그리고 손주도 거느리고 있는 지블레의 안락한 망명자로서의 삶이 조국의 비참한 현실을 외면할 수도 그렇다고 직접 해결할 수도 없는 작가의 모습과 겹쳐지며 진한 여운을 남깁니다.

지블레의 사위이자 프리랜서 기자인 말리크는 조상의 나라인 소말리아의 현실에 지블레보다 조금 더 깊숙이 다가갑니다. 그는 '사적인 분노'에 굴복하지 않고 '격분한 날것의 진실을 응시'하는 기사를 쓰고자 위험을 무릅쓰고 여러 인물들을 인터뷰합니다. 하지만 이제까지 외부인이기 때문에 접근할 수 없었던 소말리아의 은밀한 속살로 깊이 들어가면 들어갈수록 더욱더 큰 절망감에 빠집니다. 그들을 멈출 수 있는 방법을 찾을 수 없었기 때문입니다. 심지어 마치 자신이 소말리아의 끔찍한 비극의 공모자라도 되는 양 고통스러워합니다.

가출한 의붓아들 탁스릴을 찾아 해적의 주요 근거지인 자치주 푼틀란드를 찾은 아홀 또한 소말리아의 현실에 절망감을 느끼기는 마찬가지입니다. 아홀은 부대건물이나 활주로도 없는 '보사소 공항'을 목도하며 모든 것이 임시방편·임시변통뿐인, 책임을 지지 않는 공동체의 무심함과 의지박약에 깊은 좌절감을 느낍니다.

다음으로는 소말리아에서 살고 있는 내부인의 시선입니다. 내부인의 시선은 다시 둘로 나누어지는데, 소말리아에서 일상적 삶을 살아가는 사람들과 해적들의 삶을 구체적으로 증언하는 자들이 그들입니다. 전자는 지블레의 친구인 '바일'과 그의 연인 '캄바라', 그리고 지블레와 말리크를 돕는 '다잘'과 '카시르' 등입니다. 후자는 탁스릴을 찾아 나선 아흘과 접촉하면서 소말리아 해적들의 실상을 생생하게 증언하는 '피드노', '마가바데', '이샤' 등입니다.

먼저 전자의 문제적 인물인 바일을 살펴볼까요? 그는 지블레와 더불어 이탈리아 유학을 한 친구이자 소말리아 감옥에 함께 투옥되기도 한 인물입니다. 바일은 '박애주의자로서의 이상'에 자신의 모든 것을 바쳤습니다. 하지만 끊임없는 조국의 내전은 '타인에 대한 그의 자선의 원리'를 조금도 용인하지 않았습니다. 바일은 '모가디슈를 떠나는 길은 오로지 무덤으로 가는 길뿐'이라 여기는 자칭 '세계주의자'입니다. 이러한 바일의 모습에는 실패한 정권, 즉 이슬람법정연대에 대한 미련이 담겨 있습니다. 에티오피아와 에티오피아를 돕는 임시정부, 그리고 이를 지원하는 미국을 증오하기 때문입니다. 그는 이슬람법정연대가 언젠가 다른 모습으로 돌아와 조국을 재건했으면 하는 희망을 품고 있습니다. 소말리아를 찾은 외부자의 시선과 미묘한 차이를 보이는 지점은 바로 여기입니다. 소말리아를 침략한 외세(에티오피아와 미국)에 맞서 절망적 조국의 현실을 부여잡고 그 절망 속에서도 희망의 끈을 포기하지 않으려는 모습이 그것이지요. 그가 조국 소말리아를 떠나지 못하는 이유도 바로 여기에 있습니다요. 이러한 바일의 삶은 '저의 세상은 바일과 제가 있는 이곳이고, 주변부에 있더라도' 자신에게는 '이곳이 중심이 된다'는 연인 캄바라의 말과 공명하며 진한 여운을 남깁니다.

한편, 다잘은 지블레와 말리크, 즉 소말리아를 찾은 사람들을 돕는 내부인입니다. 그는 '전쟁터에서 싸워 본 적도 없으면서', 신이 그들 편에서 도와줄 것이라는 '잘못된 믿음'으로 전쟁을 부추기는 이슬람법정연대에 대해 부정적인 시각을 지니고 있습니다. 조국 소말리아를 사랑한 다잘은, 젊은이들에게 '살아갈지, 아니면 종교적 명분을 위해 죽을 것인지 선택권을 준 적'이 없는, 결코 조국을 사랑할 수 없는 사람들에 의해 무참하게 살해됩니다. 그의 소망은 학교, 병원 등의 사회복지서비스를 제공하는 정부를 갖는 것이었습니다. '할아버지(다잘)가 살아계시면 만족해하실 모습'으로 살 것을 다짐하는 모가디슈의 젊은 청년, 카시르 역시 비극적 죽음을 맞이한다는 점은 소말리아의 미래가 얼마나 절망적인지를 보여주는 한 사례라 할 수 있습니다.

그렇다면 소말리아 해적들의 삶을 증언하는 인물들의 경우는 어떨까요? 범죄자들인 이들의 목소리를 '액면 그대로 받아들일 수'는 없지만, 몇 가지 음미해 볼 점이 있습니다.

첫째 소말리아인들의 해적 행위가 그들의 정당한 권리를 되찾으려는 의지에서 비롯되었다는 사실입니다. 유엔이 수집한 자료가 증언하듯, 외국의 선박들은 소말리아의 바다 자원을 약탈하고 심지어 소말리아 해역에 핵물질과 화학폐기물 등을 버리기까지 합니다. 피드노에 의하면 소말리아 어부들은 국가 기능이 부재한 상황에서 그들의 바다를 침공한 외세와 싸우기 위해 협동조합을 결성했고, 계속되는 외국의 불법 어업에 대항해 바다 자원을 보호하려고 해안경비대를 설립했습니다. 소말리아인들이 이렇게 항의할 때 세상은 그들의 목소리를 외면했다는 것입니다.

둘째 소말리아의 해적 행위를 둘러싼 복잡한 현실에 대한 생생한 증언들입니다. 말리크가 인터뷰한 해상보험업자 마가바데에 의하면, 해적을 샤바브(이슬람법정연대)에 소개해주고, 샤바브를 외국의 지하드 전사들에게 연결해주는 확장된 네트워크가 존재합니다. 마가바데는 이러한 확장된 네트워크의 연결고리 역할을 하고 있습니다. 그는 해적들에게 선박 납치를 위한 착수금을 빌려줍니다. 샤바브에게는 바카라 시장에서 구입하는 무기들의 계약금을 지불해줍니다. 이를 통해 마가바데는 해적들에게 투자한 금액 이상의 큰돈을 되돌려 받습니다. 또한 샤바브에게는 안전을 보장받는 것이지요. 그렇기에 소말리아 해적은 단순한 약탈자가 아닌 셈이지요. 거대 자본이 지배하는 촘촘한 연쇄 고리의 일부이자 어쩌면 이 톱니바퀴의 희생양일 수 있다는 것입니다. 해적 사업(?)의 돈 세탁에 관여한 이샤에 의하면 소말리아 해적들은 거의 돈을 벌지 못한다고 합니다. '5개월간의 협상, 제안, 역제안, 협약 불이행과 지연' 후에 5백만 달러의 합의금이 결정되면 그중에서 기껏해야 50만 달러 정도만 해적들의 손에 들어갑니다. 해적이 선박 납치에 성공하면, 런던의 컨설턴트, 아부다비의 브로커, 수에즈운하의 거간꾼 등은 즉시 자신들의 몫을 챙깁니다. 하지만 '지저분한 일을 하고 전 세계 선박에 테러를 가하는 나쁜 놈들'이 된 해적들은 실상 돈을 거의 받지 못한다는 것입니다.

셋째 소말리아 해적에 대응하는 외국의 태도입니다. '해적퇴치그룹에 참여하거나 사설해군을 창설'하는 많은 국가들은 소말리아 바다에서 불법적으로 조업하는 자기 나라 선박을 지키거나 알카에다를 추적하는 데 열을 올립니다. 소말리아 해적들은 자신들보다 더 큰 범죄를 저지르는 자들이 많다고 생각합니다. 소말리아 해적이 최악은 아니며, 유일한 해적도 아니라는 것입니다. 특히 미국은 이슬람 원리주의자들(이슬람법정연대)과 다를 바 없는 태도를 보입니다. 그들의 잠수함에서 발사한 크루즈 미사일은 무고한 시민들을 해칩니다. 바일은 이러한 미국의 조치가 더 많은 외국 지하드 전사들을 샤바브에 가합하게 함으로써 전쟁을 더 연장시킬지도 모른다고 우려하고 있습니다. 심지어 바카라는 '자살폭탄범을 리모컨으로 조절하는 이슬람법정연대 지도자들과 안전한 콜로라도 기지에서 토마호크 발사를 조절하는 미국인들'이 별 차이가 없다고 주장하고 있습니다. 그렇다면 소말리아 해적을 바라보는 우리의 모습은 어떨까요?

말리크가 테러 공격에 희생되어 사경을 헤매다 의식을 되찾는 것으로, 그리고 샤바브 전투원으로 자원한 탁스릴이 귀환하는 것으로 작품이 마무리되고 있다는 점은 의미심장합니다. 누르딘 파라가 이 절망적 작품에 수놓은 흐릿한 희망의 메시지라 할 수 있습니다. 작가는 다음 세대의 몫을 이런 식으로 남겨둡니다. 냉정하리만치 사실적이면서도 스스로의 내면을 정직하게 응시하는 겸손한 방식이 아닐 수 없습니다. 탁스릴과 말리크의 앞날이 너무나 험난하다는 점이 안타까울 따름입니다.

  우리는 누르딘 파라의 『해적』을 통해 소말리아의 속살을 생생하게 들여다볼 수 있습니다. 작가는 소말리아 해적들의 행위를 정당하다고 주장하지 않습니다. 작품 속에서 지블레는 이들을 범죄자라고 단언하고 있습니다. 그리고 조국을 침략하는 외세에 맞서 싸우는 이슬람법정연대를 지지하지도 않습니다. 하지만 작가는 이들의 이야기를 경청할 필요가 있다는 사실을 강조하고 있습니다. 서로의 입장에 관심을 가졌을 때 비로소 대화와 소통이 가능할 수 있기 때문입니다. 이것이 바로 '법'을 넘어서는 문학(소설)의 힘이겠지요. 타자의 이야기에 눈과 귀를 닫고 자신의 이야기만 강조했을 때 돌이킬 수 없는 재앙이 반복될 수 있습니다.

  2015년 여름 남아공의 케이프타운에서 누르딘 파라를 다시 만났습니다. 그는 소말리아 방문을 앞두고 있었습니다. 살아 있는 조국을 만나기 위해서이지요. 6개월 정도 체류할 예정이라고 했습니다. 묘사할 수조차 없는 큰 상처가 지배하는 상황일지라도, 이러한 상처를 멈출 수 있는 뚜렷한 방법을 찾을 수 없을지라도, 심지어 이러한 끔찍한 비극의 공모자라도 되는 양 고통스러울 지라도 누르딘 파라는 조국 소말리아 행을 멈추지 않을 것입니다. 절망적 조국의 현실을 끌어안고 그 절망 속에서 피어나는 가느다란 희망의 전언을 포기하지 않는 것, 이것이 바로 누르딘 파라의 작가정신이기 때문입니다.

'흑인의 탄생' 혹은
'최종심급'으로서의 '인종':

치마만다 응고지 아디치에 『아메리카나』

1. '최종심급'으로서의 '인종'

　치마만다 응고지 아디치에의 『아메리카나』는 지적이면서도 감각적인 문체, 섬세하고 날카로운 현실인식, 유연하면서도 명징한 내면 묘사 등이 어울려 소설 읽는 재미를 쏠쏠하게 하는 작품입니다. 작품은 '나이지리아→미국(이페멜루)/영국(오빈제)→나이지리아'의 구성으로 되어 있습니다. '미국'에서의 경험을 매개로 조국(나이지리아)의 현실을 발견하고 새로운 삶을 찾아간다는 구성은 이페멜루와 오빈제의 만남과 이별, 그리고 재회라는 애틋한 러브스토리와 포개집니다.
　그런 점에서 작품의 모두(冒頭)에 해당하는 제1부는 인상적입니다. '혼자만의 소리 없는 확신'으로 '마땅히 있어야 할 곳'으로 돌아가기 위해 머리 손질을 하고 있는 이페멜루의 섬세한 내면(1장)과 영국에서 강제 송환되어 조국에서 살아가고 있는 오빈제의 진솔한 자의식(2장)은 이들이 겪은 파란만장한 삶에 대한 암시와 더불어 앞으로 나이지리아에서 펼쳐질 새로운 삶을 예감하며 극적 분위기를 연출하고 있습니다. 특히, '본래의 자신과 전혀 다른 인물'을 연기해야 하는 '부유한 안락의 도시'(미국)와 '뿌리를 내리고 난 뒤에도 계속해서 그 뿌리를 뽑아내어 흙을 털고 싶은 충동을 느끼지 않을 장소'(나이지리아) 사이의 간극은 이 소설을 추동하는 원동력이라 할 수 있습니다.

'아메리카나'라는 제목이 표상하듯 이페멜루의 '미국'에서의 삶이 작품 전체를 압도하고 있습니다. 하여, 이 작품의 최종 심급은 '인종'입니다. 작가에 따르면 인종은 생물학적인 문제가 아니라 사회학적인 문제입니다. 인종은 '인종주의' 때문에 문제가 됩니다. 인종주의가 터무니없는 이유는 사람의 혈통이 아니라 외모에 관한 것이기 때문입니다. 그것은 피부색과 코 모양과 머리카락의 곱슬곱슬함에 관한 것입니다. 태어났을 때 피부가 검으면 그걸로 끝입니다. 미국에서는 자신의 인종을 스스로가 결정하는 것이 아닙니다. 남들이 결정해 줍니다. 미국의 많은 백인들은 자기 조상들이 백여 년 전에 부정한 방법으로 축적한 재산을 물려받아 살고 있습니다. 그 유산이 시퍼렇게 살아 있는데 어떻게 노예제도의 산물인 인종주의가 사라졌다 말할 수 있겠습니까?

작가가 끈질기게 탐색하고 있는 이 최종 심급에는 구미중심의 인종주의 담론, 식민주의가 강제한 흑인 디아스포라, 신자유주의의 탈을 쓴 미국의 민족주의(종족주의) 등 200여 년에 걸친 근대의 역사가 함축되어 있습니다. 또한 이를 둘러싸고 전개되는 비미국인 흑인, 미국인 흑인, 백인 진보주의자(자유주의자) 등이 펼치는 인종 담론의 허와 실은 우리에게 '낯선 친밀감'을 선사하기에 부족함이 없습니다.

2. '흑인의 탄생'과 미국에서의 인종 문제

먼저 나이지리아가 처한 현실적 모습이 생생하게 드러나고 있는, 미국으로 떠나기 전의 이페멜루의 삶을 살펴보겠습니다. 특히 어머니/아버지의 모습에 대한 비판적 인식은 이페멜루의 삶을 이해하는데 도움을 줍니다. 부활 성인 교회, 기적의 샘, 인도하는 회중 교회 등을 전전하는 어머니의 지나친 종교 활동은 서구에서 유입된 종교에 대한 회의감을 싹트게 합니다. 어머니의 기도 대상이 '하느님'에서 '장군님'으로 옮아가는 모습은 종교와 권력이 결탁된 나이지리아의 현실을 적나라하게 보여줍니다. 한편 '과도하게 열성적인 식민지 주민'으로 표상되는 아버지의 '고상하고 격식 차린 영어'는 '빛바랜 열망'으로 가득 찬 무기력한 중산층 지식인의 나약한 모습을 보여줍니다. 자신들의 하찮은 욕망을 '종교'와 '영어'라는 외투로 가려야만 하는 부모님들의 삶은 독립 후 나이지리아가 처한 현실을 잘 보여주고 있습니다.

한편, 대학의 파업으로 학업을 이어갈 수 없게 되자 나이지리아의 인재들은 줄줄이 외국으로 떠납니다. 이페멜루 또한 미국 대학의 합격통지서와 장학금 제안서를 받고 미국으로 떠납니다.

비미국인 흑인은 미국에 도착하는 순간, 한때 니그로로 불렸던 사람들의 무리에 처음 편입되는 경험을 합니다. 미국에 와서 비로소 흑인이 되는 것입니다. 하지만 미국인들은 인종 문제를 가장 불편해 합니다. 작가에 따르면 인종주의가 복잡한 문제라고 생각하는 것이야말로 지나친 단순화입니다. 인종적 논란의 여지가 있다는 말은 인종 차별적이라는 말이 불편하다는 뜻입니다. 더 이상 인종을 문제 삼지 말고 다 같은 인류로 지내자는 논리는 백인들의 특권에서 비롯된 것입니다. 미국인들은 흑인들이 인종차별에 대해 화를 내선 안 된다고 생각합니다. 흑인들은 불평해선 안 되고, 가능하면 차별적 현실을 유머로 승화시키는 것이 좋다고 여깁니다. 미국인들은 모든 인종차별을 용서하는 순응적이고 친절한 흑인을 원합니다.

하여, 미국의 흑인들은 인종에 관한 솔직한 이야기를 쓸 수 없습니다.

이 나라에서는 인종에 관한 솔직한 소설을 쓸 수가 없어. 사람들이 실제로 인종에 의해 어떤 영향을 받는지 쓴다면 너무 뻔한 이야기가 될 테니까. 이 나라에서 소설을 쓰는 흑인 작가 세 명-표지만 화려한, 흑인 빈민가에 관한 쓰레기 같은 책을 쓰는 만 명 말고-모두에겐 두 가지 선택이 있어. 몸을 사리거나 아니면 허세를 부리거나. 둘 다 거부하면 사람들은 어찌할 바를 모르게 되지. 그러니까 인종에 관한 책을 쓸 거면 아주 서정적이고 모호하게 써서, 행간을 읽지 않는 독자는 그게 인종에 관한 얘기인지조차 모르게 해야 돼. 그러니까 프루스트식 명상 같은 거지. 아주 희미하고 흐릿해서 결국 그냥 희미하고 흐릿한 채로 끝나고 마는.

아니면 그냥 백인 작가가 쓴 책을 읽어. 백인 작가들은 인종에 대해 직설적으로 얘기해도 그 분노가 위협적이지 않아서 운동가라는 소리나 듣고 마니까.

(치마만다 응고지 아디치에, 『아메리카나 2』,
황가한 옮김, 민음사, 2015, 104-105쪽)

또한 미국인들은 인종을 초월하기를 원합니다. 마치 인종이 다른 액체들을 섞어서 부드럽게 만들어야 맛있는 맥주인 양, 안 그러면 백인들이 삼킬 수 없는 것인 양 말입니다. 그들은 인종문제를 복잡하게 만들어서 그것이 인종 때문만은 아닌 것으로 만들고 싶어 합니다. 자신을 어떤 집단의 구성원이 아닌 개별적인 개인이라고 생각하게 하고 이러한 개인의 성취에 의해 지금의 위치에 다다랐다고 여기게 만들려 하는 것이지요.

3. 비미국인 흑인의 시선과 인종주의 극복의 가능성 혹은 불가능성

아디치에의 『아메리카나』는 이러한 불문율을 깨고 있습니다. 이 작품은 인종에 관한 불편한 진실을 끊임없이 환기하며 미국인들의 허위의식을 폭로합니다. 작품 속 화자 이페멜루는 「인종 단상 혹은 (과거에는 니그로로 알려졌던) 미국인 흑인들에 대한 비미국인 흑인의 여러 가지 생각」이라는 블로그를 통해 미국의 인종문제를 적나라하게 들추어냅니다. 작가는 이 블로그를 통해 미국에 와서 비로소 흑인이 된 사람들의 침묵, 즉 그들이 말하지 않는 것, 혹은 말하지 못한 것들을 당당하게 이야기하고 있습니다.

'비미국인 흑인', 즉 미국에 유학 온 나이지리아인이라는 '외부인의 시선'은 인종문제에 관한 불편한 진실을 자유롭게 제기할 수 있는 공간을 마련해줍니다. 나아가 작가는 미국 내 소수민족들의 연대의 가능성 혹은 불가능성을 끈질기게 탐색하고 있습니다.

> 미국의 소수 민족들-흑인, 히스패닉, 아시아인, 유대인-은 모두 백인들에게 갈굼을 달한다. 종류는 다르지만 갈굼은 갈굼이다. 각 집단은 마음속으로 자신들이 가장 심하게 갈굼을 당한다고 생각한다. 그러므로 국제 피탄압자 연맹 같은 것은 없다. 하지만 흑인을 제외한 나머지 집단들은 자신들이 흑인들보다 우월하다고 생각한다. (중략) 많은 소수 민족들은 와스프의 하얀 피부가 가져다주는 특권에 대해 이율배반적인 열망을 갖고 있다.
> (『아메리카나 1』, 334쪽)

아디치에는 이페멜루의 사랑을 통해 인종문제를 구체적 형상으로 제시합니다. 작가는 한 매체와의 인터뷰에서 스스로를 'Happy African Feminist'라고 규정합니다. 서구와 구별되는 적극적이고 주체적인 여성상을 염두에 둔 것이지요. 이런 작가의 의지는 주인공 이페멜루의 모습에 그대로 투영되어 있습니다. 그녀는 이성 관계에서 늘 당당하며 적극입니다. 블레인을 처음 만났을 때 그녀는 먼저 연락처를 알려달라고 요구합니다. 그리고 적극적으로 통화를 시도합니다. 커트와 사귈 때는 연하의 남자와 바람을 피우기도 합니다. 연인에게는 호기심 때문이었다고 말하고 용서를 구합니다. 특히 오빈제와의 관계에서는 유부남인 그를 가정에서 뛰쳐나오도록 당당하게 요구합니다. 이러한 이페멜루의 모습은 우리에게 다소 낯설게 다가옵니다. 자신의 욕망과 행복을 당당하게 추구하는 여성은 우리 사회에서 손가락질 받기가 일쑤니까요.

그러면 아프리카계 미국인 흑인 블레인과의 사랑을 살펴보겠습니다. 블레인은 '선의라는 이름의 단단한 갈대'를 가진 사람입니다. 그는 모르는 게 없습니다. 이페멜루는 이것이 무섭고 자랑스러운 동시에 약간 혐오스럽다고 느낍니다. 몸에 좋은 '탄산수 같은 존재'인 그와 함께라면 '한 단계 더 나은 세계'에서 살 일만 남아 있는 듯합니다. '신념과 원칙'이라는 공중에 떠다니는 추상적인 것이 지배하는 블레인의 세계는 '머나먼 사람을 향한 존경심', 즉 '제자가 된 느낌'을 가지게 하는데 그칩니다. '아프리카의 아동 노동을 종식'시키기 위해 노력하고 '저임금 아시아 노동자가 만든 옷을 사지 않'는, '세상을 바라보는, 비실용적이면서도 눈부신 진지함이 감동적이긴 했지만 납득되진 않았'기 때문입니다.

다음으로는 자유주의적 성향의 백인 커트와의 사랑입니다. 커트는 '헝클어진 금발, 잘생긴 얼굴, 근육질의 몸, 화사한 매력과 돈 냄새'를 풍기는 부유한 백인입니다. 이페멜루는 그를 사랑했고 그가 가져다준 활기찬 삶을 사랑했지만 일부러 거슬리는 부분을 만들고 싶은, 조금이라도 그의 해사함을 망가뜨리고 싶은 욕구와 싸워야만 했습니다. 커트와의 관계는 그녀가 원했던 것, 인생이라는 파도의 최고점이었음에도 그녀는 도끼를 집어 들어서 그것을 내리찍습니다.

이페멜루는 아프리카계 미국인(블레인)의 경직성과 진보주의적 성향의 백인(커트)의 자유분방함 사이에서 방황하다가 나이지리아로 돌아가기로 결심합니다.

4. 조국의 발견과 아메리카나의 시선 넘어서기

나이지리아에 돌아온 이페멜루는 '아메리카나'의 시선을 벗어나기 위해 노력합니다. 이는 미국인의 눈으로 나이지리아의 현실을 바라보는 태도를 넘어서는 것입니다. '월드 나이지리안 클럽'은 이페멜루에게 불안감을 증폭시킵니다. 그녀는 '월드 나이지리안 클럽'이 편했지만, 편하지 않았으면 좋겠다고 생각합니다. 이페멜루는 라고스의 재발견을 통해 '과거를 물신'으로 만들어야 스스로를 지탱할 수 있는, '전성기'가 지난 구미적 세계관을 상대화하고 있습니다.

> 라고스는 지금껏 한 번도 뉴욕 또는 다른 어떤 곳과 비슷했던 적도 없고 앞으로도 영원히 비슷하지 않을 것이며, 그렇게 되고 싶어 한 적도 없다. 라고스는 늘 명백하게 자기 자신이었지만, 일군의 젊은 귀국민들이 매주 모여서 마치 라고스가 뉴욕처럼 되려고 했던 적이 한 번이라도 있는 것처럼 라고스가 뉴욕과 다른 점들에 대해 불평하는 월드 나이지리안 클럽이라는 모임에서는 이 사실을 알 수 없을 것이다. 여기서 밝힌다. 나도 그들 중 한 명이다. 우리 대부분은 돈을 벌기 위해, 사업을 시작하기 위해, 정부 계약 및 인맥을 갖기 위해 나이지리아에 돌아왔고, 나머지 사람들은 주머니에 꿈을 품고, 나라를 바꿔 보겠다는 갈망을 안고 돌아왔다. 하지만 우리는 나이지리아에 대해 불평하느라 시간을 다 보낸다. 우리의 불평이 설사 정당한 것이더라도 나는 이렇게 말하는 아웃사이더가 되는 상상을 해 본다. 네가 떠나온 곳으로 돌아가라! (중략) 그러니 잘난 척 그만하고 이곳의 삶의 방식이 그냥 그렇다는 것을, 모둠이라는 것을 깨달아라.
> (『아메리카나 2』, 316쪽)

그녀는 조국 나이지리아에서 새로운 블로그를 개설합니다. 이 블로그에는 내부인이 본 라고스의 실용적인 정보가 담깁니다. 라고스 공항에 내렸을 때 그녀가 더 이상 흑인이 아니게 되었듯이 인종이 아니라 그냥 삶에 대한 내용입니다.

> 그녀의 마음은 평화로웠다. 집에 돌아와서 블로그를 쓰고 있어서. 라고 스를 다시 발견해서. 그녀는 마침내 자기 자신을 완전히 존재하게끔 만들 었던 것이다.
> (『아메리카나 2』, 402쪽)

그리고 '낯선 친밀감'을 느끼며 첫사랑 오빈제와 재회합니다.

5. 한국문학과 인종주의

한국문학 담론에서 '인종'에 대한 논의는 그리 활발하지 않은 듯합니다. 우리는 '역사적으로나 현실적으로 뚜렷한 실체이면서도 그 가두리와 세목은 종잡을 수 없을 정도로 불분명하고 복잡'한 인종주의의 역사를 의도적으로 외면해온 것인지도 모릅니다.

> 인종이라는 용어에는 지리상의 발견에서부터 식민 제국주의를 거쳐 최근의 탈식민주의 시대에 이르기까지 합목적적 진보의 과정으로 포장되어 온 서구 근대사의 이면을 이루고 있는 비서구세계에 대한 정복과 식민주의적 착취, 노예무역과 노예화, 제국주의적 침탈의 체험이 스며 있다. 인종이 야기하는 현금의 정서적 반응과 태도에는 이처럼 모순에 찬 근대사의 총체적 경험이 집적되어 있다.
> (신문수, 『타자의 초상: 인종주의와 문학』, 집문당, 2009, 21쪽)

개화기에서 일제강점기, 해방과 전쟁 그리고 산업화 과정에 이르는 우리 근·현대사의 주류 담론에는 구미 중심의 인종주의 담론이 알게 모르게 투영되어 있습니다. 이제는 '인종주의'의 문제를 구체적으로 논의해야 할 시기가 아닌가 싶습니다. 이러한 문제의식을 지닌 한 연구자의 말을 곱씹으며 글을 맺겠습니다.

한국에서 '단일성'에 대한 지나친 강조는 '다름'에 대한 경계심과 배타성으로 나타났고, 다른 인종에 대한 직접적인 경험이 없는 상태에서 인종주의적 태도를 형성했다. 그러다가 급격한 개방과 세계화로 다양한 문화로부터 이주민들이 몰려오자, **이미 형성돼 있던 인종주의에 대한 제대로 된 비판과 고민 없이,** 어느 틈엔가 인종주의는 나쁘다는 인식만이 우리의 사고를 지배하게 되었고 이제 우리는 다문화주의를 찬양하고 있다.
(김경태, 『인종주의』, 책세상, 2009, 145쪽, 강조는 인용자)

'아프리카너'의 관점에서 바라본 베트남 전쟁:

J.M. 쿳시 『어둠의 땅』

1.

 J.M. 쿳시를 아프리카 문학을 대표하는 작가로 볼 수 있을지는 여전히 논쟁거리다. 비록 그가 노벨 문학상을 탄 작가이고, 아프리카 대륙 밖으로 가장 많은 작품이 번역된 남아공 출신 작가 중 한 명이라고 해도 말이다. 쿳시 자신은 한 인터뷰에서 "제가 남아프리카공화국 시민인 것은 제 여권에 그렇게 되어 있기 때문입니다. 그것이 저를 남아프리카공화국 시민이며 작가로 만드는 것인지는 다른 사람들이 결정할 문제입니다."라고 말한 바 있다.[9] 사실 그는 2002년 남아프리카공화국을 떠나 호주에 이주해 살고 있다. 쿳시는 한국에도 가장 많이 소개된 아프리카 작가다.

 아프리카 소설을 '전통, 근대, 인종, 여성, 분쟁' 등 다섯 키워드로 읽고 있는 책을 참조해 아프리카 문학에서 쿳시가 차지하는 위치를 가늠해 보는 것도 의미가 있을 것이다. '전통'에는 아프리카 특유의 전통 양식을 현대적으로 계승하고 있는 작품들이 포함된다. 아프리카의 작

---

[9] 왕은철, 「남아프리카공화국과 작가의 상상력-인터뷰 1」, 『문학의 거장들』, 현대문학, 2010, 96쪽.

가들은 '산산이 부서진' 자신들의 전통을 부여잡고 '상처 받은 사람들'의 고통을 '이야기'를 통해 위무하고 있다. '근대'에서는 서구 중심의 제국주의적 근대성에 맞서는 작가들의 고투를 담고 있는 작품들이 분석되고 있다. 아프리카의 근대성을 구미 열강이 강압적으로 이식한 타자화 된 그 무엇으로 보기보다는, 그들이 주체적으로 모색한 능동적인 가치들 중 하나로 인식하는 태도가 주목을 끈다. '인종'에는 '인종차별의 현실을 직시하고 증언하는' '날카로운 시선'의 작품들이 소개되고 있다. 진정한 '아프리카의 수호자는 누구인가'라는 질문에 작가들은 제각기 의미 있는 답변을 제공하고 있다. '여성'에서는 아프리카 특유의 페미니즘, '아프리카 페미니즘의 하위주체', '최종심급'으로서의 '인종'과 얽혀 있는 여성 문제 등을 선보이고 있는 작품들이 논의되고 있다. '분쟁'에서는 극심한 내전 상황에 시달리고 있는 아프리카의 현실을 다룬 작품들이 탐색되고 있다. '주변에서 중심을 심문'하고 있는 이러한 작품들은 구미의 언론 매체들이 보도하고 있는 내용과는 전혀 다른 새로운 아프리카의 현실을 제시하고 있다.[10]

이 책에서 쿳시의 작품은 '근대'라는 키워드로 분류되어 있는데, 서구 중심의 서사 양식을 근대와 탈근대의 경계에서 심문하고 있는 경우로 분석되고 있다. 아프리카 문학의 '새로움'이라는 측면에서 분명 그의 작품은 주목할 만하다. 다양한 형식 실험, 서사에 대한 내밀한 자의식, 독창적인 소설 미학 등으로 대변되는 쿳시의 작품은 리얼리즘 중심의 아프리카 소설과 다른 독창적인 면모를 보여주기 때문이다. 하지만 그의 작품이 '누구'를 위한 새로움에 복무하고 있는가는 아프리카의 구체적 현실을 염두에 두고 냉정하게 심문해보아야 할 것이다.[11]

---

[10] 고인환 외, 『키워드로 읽는 아프리카 소설』, 경희대학교 출판문화원, 2016 참조.

[11] 남아공 출신의 또 다른 백인 작가 나딘 고디머나 안드레 브링크 등과 J.M. 쿳시를 비교해 보는 것도 의미 있는 작업이 될 것이다. 더불어 이들 백인 작가들과 남아공 출신 흑인 작가

2.

　J.M. 쿳시의 『어둠의 땅』에는 두 편의 작품이 실려 있다. 「베트남 프로젝트」와 「야코부스 쿳시의 이야기」가 그것이다. 전자는 베트남 전쟁과 관련된 이야기를 다루고 있고, 후자는 네덜란드계 백인(아프리카너 혹은 보어인)이 아프리카 원주민을 식민화하는 일화를 소개하고 있다. 『어둠의 땅』은 '서로 다른 시대의 이야기들을 병치시킴으로써 식민주의가 시대에 따라 다른 양상으로 전개되긴 하지만 본질적으로 같은 것임을 환기'하고 있다는 평가를 받는다.[12] 나아가 베트남전을 남아프리카를 비롯한 과거의 식민지 역사를 아우르는 상징으로 승화시킴으로써 베트남을 통해 세계를, 세계를 통해 남아프리카를 보고자 했다는 작가의식을 도출하곤 한다.

　본고에서는 이 두 작품을 병치시켜 읽는 이러한 평가를 일정부분 수용하면서 이와는 조금 다른 결론을 도출하고자 한다. 필자는 쿳시의 작품이 서구인들의 시선에 의해 다소 부풀려졌다고 생각하기 때문이다.

　먼저 「야코부스 쿳시의 이야기」를 살펴보자. 이 작품의 화자는 '자기들의 삶의 주인이 자신들이라고 생각하고 내륙의 헐벗은 평원으로 눈을 돌'리고 있는 '아프리카너'이다. 그는 네덜란드 동인도 회사나 영국의 식민주의자들과 다른 세계관을 가지고 있다. '아프리카너'의 미래는 '가축을 기르기 위해 밀과 채소를 조달해야 하는 회사와의 계약을 포기하면서' '창조된 것'이기 때문이다. 네덜란드 동인도 회사는 '쉽게 얻을 수 있는 이득'에만 관심이 있었다. 그들은 '하나님의 창조의 드라

들 사이의 미세한 차이를 음미해보는 일 또한 쿳시 문학의 아프리카적 위치를 가늠해보는 한 계기가 될 수 있을 것이다.

12 왕철, 「J.M. 쿳시의 소설과 미국의 식민주의/제국주의」, 『영어영문학』, 한국영어영문학회, 제54권 1호, 2008, 108쪽 참조.

마에서 불의 칼을 휘두른 천사의 역할'을 했을 뿐이다. 하지만 목자(아프리카너)는 '세계의 시민을 향해 서글픈 한 걸음을 더 떼었다.'

화자가 영국 제국주의의 선봉이었던 선교사들을 바라보는 관점도 이와 유사하다.

> "우리의 선교사들은 문명, 사회질서, 행복의 씨앗들을 곳곳에 뿌리면서 더할 나위 없는 수단으로 영국의 이익, 영국의 영향과 영국 제국을 확장시키고 있다. 선교사들이 야만인 부족 안에 깃발을 세우면 식민정부에 대한 그들의 편견은 허물어지고, 식민지에 대한 그들의 의존도는 인위적인 필요가 생겨나면서 증대된다." (중략) 우리는 영국 수출업자들에게서 겸손함과 존경심과 근면성의 덕목들을 찾으려 한다면 그건 헛수고입니다.
> (J.M. 쿳시, 「야코부스 쿳시의 이야기」, 『어둠의 땅』, 왕은철 옮김, 들녘, 2006, 186쪽)

이들과 달리 '아프리카너'의 후손 '야코부스 쿳시'는 '부분적으로만 명명된 세계를 말을 타고 통과해가면서 신처럼 사물들을 구별하고 존재'하도록 한 자이다. 동인도 회사나 영국 제국주의는 '책임감이 부여되지 않는 범위 내에서만' 활동하면서 손쉬운 이득을 얻는데 몰두했다면, '아프리카너'는 이러한 경제적 측면을 넘어 '신의 영역'에서 새로운 삶을 창조하고자 한 사람들이다.

> 우리는 야생을 숫자로 환원할 수 없다. 야생은 하나다. 무한하기 때문이다. 우리는 무화과나무를 셀 수 있으며 양들을 셀 수 있다. 과수원과 농장에는 한계가 정해져 있기 때문이다. 과수원에 있는 나무와 농장에 있는 양의 본질은 숫자다. 야생과 우리의 관계는 그것을 과수원과 농장으로 바꾸기 위한 꾸준한 작업이다. 우리가 야생에 울타리를 치고 계산을 하지 못하면, 우리는 다른 수단을 통해 그것을 숫자로 환산한다. 내가 죽이는 모든 야생동물은 야생과 숫자 사이의 경계를 건넌다. (중략) 나는 사냥꾼이자 야생의 교화자고 계산의 영웅이다. 숫자를 이해하지 못하는 사람은 죽음

을 이해하지 못한다. 그런 자에게 죽음은 동물에게 그러한 것처럼 모호할 뿐이다. 이것을 부시먼에게 적용되는 사실이며, 계산하는 과정이 포함되어 있지 않은 그들의 언어에서 확인할 수 있다.
 야생에서의 생존 수단은 총이다. 하지만 그것의 필요성은 물질적이라기보다는 정신적이다. (중략) 내가 나의 총을 갖고 들어가는 모든 땅은 과거로부터 풀려나 미래의 영역이 된다.
(「야코부스 쿳시의 이야기」, 135-136쪽)

'아프리카너'가 창조한 삶은 야생과 숫자(문명), 유한과 무한, 삶과 죽음, 과거와 미래 등이 '총'을 매개로 연결된 세계이다. 따라서 '사냥꾼이자 야생의 교화자고 계산의 영웅'인 화자는 원주민들에게 신성한 '아버지'가 된다. '야성을 길들이는 사람'으로 살아온 자의 정신세계는 식민지 주민을 공격하면서 '영광스러운 남성성'으로 충만해진다. 탐험가의 본질은 '닫힌 것을 열고, 어두운 곳에 빛을 가져다주는 것이다.'
 이러한 생각은 「베트남 프로젝트」의 화자 '유진 돈'에게 그대로 이어진다.

3.

「베트남 프로젝트」의 화자 '유진 돈'은 매우 독특한 인물이다. 그는 '신화서술학자'이다. 자칭 '깊이 사유하는 사람이며 사상가이자 창조하는 사람'이다. '유진 돈'은 미국인으로 설정되어 있다. 하지만 그의 모습에서는 「야코부스 쿳시의 이야기」에 나오는 '아프리카너'의 실루엣이 어른거린다. 그는 '신화'라는 키워드를 통해 베트남전을 의미화하고 있는데, 인간의 본질에 관한 모든 진실이 베트남 안에 있다고 생각한다. '유진 돈'은 베트남 전쟁을 수행하고 있는 미국 군대와 그에게 베트남 프로젝트를 제안한 '쿳시'와 달리 '확고한 정신과 지적인 살벌

함'을 지닌 '근본주의자'이다.¹³

그는 베트남 전쟁을 분석하면서 '의심하는 자아의 목소리, 세계 속의 자아와 그 자아를 사유하는 자아 사이를 이간시키는 르네 데카르트(근대)의 목소리'로 접근해서는 안 된다고 주장한다. 그들에게는 '절대적인 확실성'의 '권위적 목소리', 즉 '아버지의 무서운 목소리'로 다가가야 한다. 이렇듯 베트남전에 대한 '유진 돈'의 이해는 '신화적 틀' 안에서 이루어진다. 현실의 구체적 목소리는 사라지고, 문명/야만, 우리/그들, 미국/베트남의 이분법만 오롯이 부각된다.

그의 목소리를 따라가 보자. 땅의 아들들(땅을 경작하는 자들의 형제애)은 권력의 옛 질서(제국주의, 미국)와 동일시되는 하늘(신)을 전복하고, 그들 자신을 위한 땅(베트남어로 보덴)을 갖고자 한다. 땅(어머니)은 그녀의 품에 아들들을 숨겨 아버지의 천둥번개로부터 안전하게 보호한다. 폭군 아버지에 대항해 이길 수 있는 결정타는 죽음의 일격이 아니라 그를 불모로 만드는 굴욕이다. 그렇게 되었을 때 그들의 왕국은 더 이상 비옥하지 못한 황무지로 변해버릴 것이다.

'유진 돈'은 '지성의 확고부동한 요새'인 미국의 도서관 한 귀퉁이에서 '모성의 대지를 공격하는 숭고한 꿈'을 꾸고 있다. '풀 수 없는 좌표는 그것 자체를 공격해 제거해버리면 된다.' 그러려면 '죄의식'을 억눌러야 한다. '양심'의 문제들은 그의 연구의 범주가 아니다.

> 우리는 더 이상 땅을 경작해 먹고사는 게 아니라 땅과 땅의 폐기물을 집어삼키며 살아가고 있다. 우리는 땅을 버리고 새로운 천상의 사랑을 향해 비상하기로 했다. 우리는 우리 자신의 머리에 번식할 능력을 갖추고 있다.

---

13 「베트남 프로젝트」에 나오는 미국 군대나 직장 상사 '쿳시'는 「야코부스 쿳시의 이야기」에 나오는 네덜란드 동인도 회사나 영국 선교사와 비슷한 입장을 취하고 있다.

땅이 그녀의 아들들과 근친상간적인 음모를 꾸밀 때 우리는 우리의 뇌에서 솟구쳐 나오는 **기술techne**의 여신의 팔에 의지해야 하는 건 아닐까? 땅-어머니는 여자의 몸 없이 만들어진 그녀의 충실한 딸로 대치되어야 할 때가 아닐까? 아테나의 시대가 밝아온다. 인도-차이나 극장에서 우리는 지구시대의 종말, 그리고 하늘-신과 단성생식으로 태어난 그의 딸-여왕이 결혼을 하는 연극을 공연한다. 만약 이 연극이 어설프다면, 그건 우리가 우리의 배역을 이해하지 못한 채로 잠을 자면서 역사의 무대 주변에서 비틀거린 탓이다. 이제 나는 우리가 그 속에서 우리 자신의 신화를 만들어가기 시작하는 자의식적인 역사의식의 한치 앞도 안 보이는 순간에 그 의미를 밝히고 있는 것이다.

(「베트남 프로젝트」, 52쪽)

그는 사실 베트남전 그 자체의 승리에 관심이 있는 것이 아니다. 그는 '피와 무정부 상태에 대항하는 지성의 끈기 있는 투쟁을 몸소 실현하는 사람'이다. '감정이나 폭력의 이야기(텔레비전에 나오는 허황한 전쟁 이야기)가 아니라 삶 자체에 관한, 복종적인 삶에 대한 이야기'를 하고 싶어 한다. '유진 돈'이 꿈꾸는 '천상의 사랑'은 다음 장면의 '궁극적인 사랑'과 얼굴을 맞대고 있다.

부시면 여자는 문자 그대로, 아무것에도 매어 있지 않다. 그녀는 살아 있을지 모르지만 죽은 거나 마찬가지다. 그녀는 그녀에게 있어 힘의 상징이었던 남자들을 당신이 죽이는 걸 보았다. 그녀는 그들이 개처럼 총에 맞아 죽는 걸 보았다. 당신은 이제 힘 그 자체가 되었고, 그녀는 아무것도 아니다. 당신이 몸을 닦고 나서 버리는 걸레나 마찬가지다. 그녀는 마음대로 처분할 수 있는 존재다. 그녀는 아무 가치도 없다. 공짜다. 그녀가 발버둥 치면서 비명을 지른다 해도 그녀는 자신이 끝장났다는 사실을 안다. 그것이 그녀가 표현하는 자유, 버려진 자의 자유다. 그녀에게는 애착이 없다. 누구나 가지고 있는 애착마저도 없다. 그녀는 영혼을 포기하고, 대신 당신의 의지에 절대적으로 복종한다. 그녀는 당신의 의지에 맞게 반응한다. 그녀는 그녀의 몸 안에 들어서 있는 당신의 욕망이 해소될 때까지 견디는, 그리고 당신이 만족할 때까지 죽을힘을 다하는 궁극적인 사랑이다.

(「야코부스 쿳시의 이야기」, 104쪽)

그렇다면 「베트남 프로젝트」는 철저하게 '아프리카너'의 관점에서 식민주의 혹은 베트남 전쟁을 바라본 작품이라 할 수 있다. 베트남 전쟁을 응시하는 작가의 시선은 분명 피해자의 고발이나 가해자의 반성이라는 차원을 넘어서는 독특한 지점을 응시하고 있다. 이를 두고 남아공의 현실을 세계화, 혹은 베트남전을 식민주의 일반의 문제로 확장했다고 말할 수 있을까? 오히려 식민주의(제국주의)의 복잡한 현실을 '아프리카너'의 관점으로 축소시키고 있다고 해석할 수는 없을까?

작가에게는 자신의 선조인 '아프리카너'의 관점을 환기함으로써 제국주의와 공모한 백인의 역사를 성찰하는 하나의 계기가 될 수 있겠지만, '유진 돈'과 '야코부스 쿳시'의 시대착오적 관점(다분히 분열적이고 신경증적이다)은 제국주의의 음험한 욕망을 신화적 이분법의 틀에 가두는 기능을 한다는 사실 또한 잊지 말아야 할 것이다.

카메룬의 속살, '영어'와 '프랑스어'의 긴장:

프란시스 니암조『프랑쎄파의 향기』

1. 카메룬, 복잡하고 다층적인 역사

아프리카 대륙의 국가들은 거대한 심상지리의 일부로 인식되곤 한다. 어둠의 심연, 야생의 대륙, 기아와 질병, 종족 갈등(내전, 분쟁 등), 미개한 인종, 서구 열강의 식민주의 쟁탈전 등의 이미지가 개별 국가들의 고유성을 잠식하고 있는 것이다. 이렇듯, 외부자(특히 서구인)의 규범적 틀로 조작된 허상이 아프리카의 실상을 왜곡하고 있는 경우가 많다. 하지만 아프리카 각국의 속사정은 그 어떤 다른 대륙의 나라들보다 복잡하고 다층적이다.

카메룬의 경우를 살펴보자. 1472년 포르투갈 선원들이 처음으로 서아프리카 해안에 들어왔다. 처음 도착한 유럽인들은 우리(Wouri) 강에 새우 떼가 많은 것을 발견하고 강 이름을 리오 도스 카마롱이스(Rio dos Camarões, 포르투갈어로 새우의 강)라고 명명하였다. 카메룬(Cameroon)의 국명은 여기에서 유래하였다. 19세기 초 영국은 카메룬 해안 지역의 상업적 주도권을 장악하였다. 이후 독일은 우리(Wouri) 강 유역의 두알라(Douala) 주민들과 조약을 체결하면서 영국을 축출하였다.

　독일이 제1차 세계대전에서 패배하자, 프랑스와 영국은 카메룬을 분할 점령하였다. 카메룬은 1916년에서 1960년까지 프랑스와 영국에 의해 분할 통치되었다. 1960년 프랑스령 카메룬은 프랑스로부터 독립하여 아마두 아히조를 초대 대통령으로 추대하였다. 하지만 영국령 카메룬은 북부와 남부로 분할되었다. 1961년 영국령 카메룬의 북부 지역은 나이지리아에 합류하고, 남부 지역은 프랑스로부터 독립한 카메룬과 통합하여 연방공화국을 구성하였다. 1982년 아히조 대통령은 22년간 유지해왔던 대통령직을 사퇴하였다. 당시 총리였던 폴 비야에게 대통령직이 승계되었다. 1984년 재취임한 폴 비야 대통령은 국명을 카메룬공화국으로 변경하였다. 그는 1982년부터 현재까지 집권하고 있다. 현존하는 가장 오래된 독재자이다.

　이렇듯 카메룬은 포르투갈, 독일, 영국, 프랑스 등 다양한 서구 열강들의 침략을 받았으며, 독립 후에도 프랑스령과 영국령으로 분열되어 심각한 내분을 겪어오고 있다. 대통령의 장기독재, 이슬람과 기독교의 갈등, 다양한 부족들 사이의 긴장과 대립, 영어권과 불어권의 지역적·언어적 갈등 등 복잡하고 다층적인 모순이 집약된 국가이다. 이러한 카메룬의 현실을 다루고 있는 작품 속으로 들어가 보자.

2. 풍자적 시선 혹은 전통과 사랑의 상실

　『프랑쎄파의 향기』는 '밈보랜드(카메룬으로 여겨짐)'라는 가상의 공간을 배경으로 성공을 갈망하는 한 인물의 흥망성쇠를 그리고 있는 장편소설이다. 주인공 프로스페르의 굴곡진 삶을 통해 독립 이후 카메룬 사회가 처한 현실을 생생하게 포착하고 있는 작품이다. 밈보랜드는 카메룬 혼성영어(Cameroon Pidgin English)로 알코올성 음료(alcoholic beverage), 즉 술을 의미한다. 카메룬은 아프리카에서 맥주 소비량이 가장 많은 국가 중의 하나이다. 남아공에 이어 2위에 해당한다.

스무 살의 젊은 아내와 결혼한 프로스페르는 맥주를 배급하는 일을 한다. 어느 날 그는 아내가 낯선 남자와 침대에서 뒹굴고 있는 장면을 목격한다. 이 사건으로 인해 그들의 관계는 산산조각이 난다. 이후 프로스페르는 우연히 두 명의 위조 지폐범을 만난다. 이 사기꾼들은 프로스페르에게 뜻밖의 횡재를 가져다 준다. 프로스페르는 이들이 남기고 간 돈을 이용하여 출세가도를 달린다. 그는 점점 돈과 성(性)의 노예가 되어 간다. 이러한 프로스페르의 삶은 결국 비극적 종말을 맞는다. 그는 자신의 여덟 아이가 다른 남자들의 씨앗이라는 사실을 깨닫고 지나온 삶을 자책하며 스스로 목숨을 끊는다.

이 작품의 중심 키워드는 돈, 부정부패, 매춘, 가난, 문맹, 권력, 일부다처제, 주술, 소문 등이라 할 수 있다. 니암조는 이러한 키워드가 지배하는 카메룬의 현실을 풍자적 기법으로 포착하고 있다. 작가는 카메룬의 부패한 현실, 상류층의 서구 중심주의적 태도, 복잡하고 다층적인 식민의 역사, 영어권과 불어권의 긴장과 갈등 등을 현실에서 한 발 물러난 자의 시선(프로스페르의 관점)으로 슬쩍슬쩍 들춰 보인다. 부정적이고 혼란한 현실에 슬쩍 비껴 선 자세로 응전한다는 점에서 풍자는 정공법이 아니다. 아이러니와 자조, 환멸이 뒤엉킨 풍자적 시선은 앞으로 나아갈 수도, 그렇다고 뒤로 물러설 수도 없는 카메룬의 딜레마적 현실을 효과적으로 포착하는 데 기여하고 있다.

주인공 프로스페르를 바라보는 작가의 시선은 양면적이다. 프로스페르는 풍자의 주체인 동시에 풍자의 대상이기도 하다. 그는 자신보다 부패한 인물들을 만나면서 이들을 풍자하는 주체로 거듭난다. 하지만 프로스페르 또한 풍자의 칼날에서 자유롭지 못하다. 그는 부조리한 카메룬의 현실에는 아무런 관심도 없다. 오직 세속적 성공에 대한 욕망으로 가득 찬 인물이다. 이러한 프로스페르의 삶이 펼쳐지는 과정에서 카메룬의 혼란한 시대상이 우회적으로 드러날 따름이다.

이렇듯 작품에 등장하는 대부분의 인물들은 풍자의 대상이 되고 있다. 부유한 기업가 가스통 아반다는 끝이 없는 욕심으로 인해 법의 심판을 받는다. 마티바 장관은 카메룬의 완전한 독립을 염원했던 '움'의 혁명정신을 배신한 세속적이고 탐욕적인 인물이다. 그는 부정한 방법으로 프로스페르의 신분상승을 돕는다. 여성 인물들 또한 풍자의 대상이 되고 있다. 그들은 '밝은 색 피부와 염색한 긴 머리'로 대변되는 서구적 가치(프랑스적 삶의 방식)를 추종하기에 여념이 없다. 서구인들보다 더 서구적인 삶을 추종하는 이들의 실루엣은 독립 이후에도 여전히 식민주의적 유령으로 되살아나 카메룬을 떠돌고 있다. 작가는 이러한 니아만덤(카메룬의 수도 야운데로 짐작됨)의 풍경을 '백인을 넘어서는 현대 문명의 원천'이라고 꼬집고 있다. 이렇듯 등장인물들은 그들이 살고 있는 카메룬의 부패한 사회상을 투영하고 있다.

작가는 이러한 도시적(서구적) 문명과 카메룬의 전통적(농촌공동체적) 삶의 양식을 대비시키고 있다. 프로스페르는 고향을 버리고 도시를 선택한 인물이다. 그는 고향의 주술사 셍의 예언, 즉 '자신의 뿌리를 잊지 말고 여자를 조심하라는 당부'를 무시하고 눈앞에 보이는 이익에만 급급해 결국 파국을 맞고 마는 인물이다. 작가는 물질적 욕망을 추구한 한 인물의 몰락 과정을 전통적 가치의 상실과 포개놓고 있는 것이다. 이러한 뿌리(전통적 가치)의 상실로 인한 주인공의 파국은 사랑의 좌절과 동일한 궤적을 그리고 있다. 프로스페르는 낯선 남자와 떠난 첫사랑 로즈를 끝내 잊지 못한다. 로즈와 이혼하고 다시 두 명의 여자를 맞이하지만 그의 공허한 마음은 채워지지 않는다. 하지만 첫사랑 로즈와 닮은 '넘버 3', 모니크는 이전의 두 아내와 달랐다. 그녀는 '군인에게 빼앗겼던 로즈를 대신할 수 있는' 여성이었다.

프로스페르는 로즈와 모니크의 모습에 매혹된다. 이들은 '포망(로즈의 고향인 시골 마을)의 숲에서 처음 발견한 순수하고 매혹적인 숫처녀'(로즈) 혹은 '도시의 포식자들에게 희생되지 않고 살아남'은, '투명할 정도로 순결한' 여성(모니크) 등의 이미지로 그려진다. 프로스페르는 '소돔과 고모라'(도시적 삶)에 노출되기 이전의 순결한 여성을 갈망하고 있는 셈이다. 이렇듯 로즈와 모니크는 전통적 삶과 연결되어 있다. 이에 반해 샬롯트와 샨탈은 전통(뿌리)과 단절되어 있는 인물들이다. 그들은 '공동체적 삶의 양식과 전통적인 가치'를 '죽어가는 문명과 문화'로 여기며 철저하게 무시한다.

이렇듯, 프로스페르에게 도시적 삶과 순수한 사랑은 양립할 수 없는 가치로 그려지고 있다. 성공을 향해 달려갈수록 그만큼 그가 갈망하는 사랑은 멀어진다. 도시적 삶(세속적 욕망)을 추구하는 인물이 이에 물들지 않은 순정한 사랑을 욕망하고 있기 때문이다. 결국 로즈의 상실과 모니크의 죽음(사랑의 실패)은 그가 이룬 모든 성공의 의미를 무화시키는 계기가 된다. 작품의 처음과 끝에 로즈와 모니크가 손을 맞잡고 있는 형국이다. 세속적 성공을 갈망한 주인공의 성취와 좌절 이야기는 진정한 사랑을 욕망한 인물의 비극적 드라마와 꼬리를 물고 있는 셈이다.

프로스페르의 몰락이 도시적(서구적) 삶에 물들지 않은 전통적 가치(예언과 사랑)에 의해 촉발되고 있다는 점은 의미심장하다. 뿌리(고향)의 상실은 '불임'이라는 부메랑으로, 여자를 조심하라는 당부는 샬롯트와 샨탈의 배신이라는 치명적인 비수로 되돌아오고 있는 셈이다. 이렇듯 전통(정체성)의 상실과 무분별한 도시적(서구적) 삶의 추구는 미래에 대한 그 어떤 전망도 허용하지 않는다. 이러한 점에서 프로스페르의 자살은 카메룬의 암울한 현실에 대한 작가의 신랄한 풍자라 할 수 있다. 환멸과 냉소로 가득 찬 니암조의 날카로운 풍자적 시선이 돋보이는 대목이다.

이렇듯, 니암조는 소외와 절망으로 가득 찬 카메룬의 현실 이면에 전통적 가치의 상실과 순정한 사랑의 좌절을 음각하고 있다. 현실에 대한 신랄한 풍자(카메룬의 구체적 현실)와 인간 본연의 가치(전통과 사랑)를 희구하는 작가의 지향이 만나는 지점은 바로 여기이다.

3. '영어', 제국의 언어를 넘어 소수자의 목소리로

프란시스 니암조(1961-)는 카메룬 북서부 주(카메룬의 10개 주 중 남서부 주와 더불어 영어권 지역에 속하는 주이다) 범(Bum)에서 태어나 대학을 마치고 영국으로 건너가 박사학위를 받았다. 그리고 카메룬과 보츠와나, 세네갈 등을 떠돌다가 케이프타운 대학에 교수로 부임하면서 남아공에 정착하였다.

니암조의 첫 소설 『마음 찾기』(1991)는 카메룬의 현실에 대한 신랄한 풍자를 담고 있다. 두 번째 소설 『환멸의 아프리카인』(1995)은 동시대 아프리카 대륙이 처한 곤경과 딜레마를 형상화한 작품이다. 이후 『잃어버린 영혼들』(2008), 『결혼했지만 사용가능한』(2009), 『친밀한 이방인』(2010) 등의 문제적 소설을 잇달아 발표했다. 그는 자신의 조국 카메룬이 처한 구체적 현실과 아프리카 대륙의 정체성과 방향성에 대한 탐색을 동시에 진행하고 있다. 구체성과 보편성, 소설과 인류학,

영어와 불어, 카메룬(아프리카)과 유럽, 비서구와 서구 사이의 경계에 선 지식인이라 할 수 있다. 특히 프랑스령 흑아프리카 지역 출신이면서 영어로 작품 활동을 하고 있다는 점은 주목을 요한다.

카메룬은 아프리카 대륙 중서부 지역에 위치해 있는 국가로, 10개의 주로 나누어져 있다. 카메룬의 헌법은 영어와 프랑스어를 공용어로 지정하고 있다. 200여 개가 넘는 부족어가 여전히 통용되고 있다. 전체 10개 주 중 8개는 불어권 지역이고, 나머지 2개 지역에서는 영어를 주로 사용한다. 불어권 지역과 영어권 지역 사이의 갈등은 독립 이후 지속적인 사회문제로 제기되고 있다.[14]

이는 물론 과거 프랑스(직접 통치를 통한 동화정책)와 영국(독립 자치령들의 연방추구)의 식민지배 방식의 차이 때문이기도 하다. 독립 이후 프랑스의 영향력이 지배적인 카메룬에서 통합정책을 추구하는 정부의 지향과 이를 거부하고 자치권과 분리를 요구하는 영어권 지역의 대립이기 때문이다. 이런 점에서 구 식민세력들의 주도권 싸움으로 비춰질 수도 있다. 하지만 다수자와 소수자, 지배와 피지배, 독재와 저항의 관점에서 바라본다면 다른 해석도 가능하다. 획일화와 동화를 강요하는 지배문화에 맞서 소수자의 권리를 대변하는 '영어'는 식민 제국의 언어로서의 기능을 넘어 저항의 도구로 전화될 수 있기 때문이다. 우리가 니암조의 '영어'소설에 주목하는 이유도 바로 여기에 있다.

아프리카는 흔히 '영어권', '프랑스어권', '포르투갈어권' 등 구 식민

---

14 2016년 말 카메룬의 영어권 지역 교사, 변호사들이 대규모 파업을 일으켰다. 영어권 지역 학교와 법원에 영어를 하지 못하는 불어권 교사나 판사들을 파견한 것에 대한 불만이 표출된 것이다. 수많은 사람들이 구속되고 납치되었다. 이 지역의 많은 시민들이 정치적 탄압을 피해 다른 지역이나 이웃 국가인 나이지리아로 이주했다. 이후 현재까지 두 영어권 지역에서는 자치권을 요구하는 분리주의 운동이 지속적으로 벌어지고 있다. 전체 인구의 15-20% 정도를 차지하고 있는 영어권 주민들은 경제적 불평등과 차별, 특히 교육과 법률 부분에서 심각한 고통을 겪고 있다.

지배 국가를 기준으로 나뉜다. 침략에 의해 강요받은 이러한 구분법은 편의주의적인 답습, 혹은 신식민주의의 흔적이라는 비판을 받곤 한다.[15] 아프리카 문학 연구 또한 예외가 아니어서 영어권 문학, 불어권 문학 등 과거 식민 지배국의 언어로 문학을 정리한 경우가 많다. 아프리카 개별 국가들의 문학사는 찾아보기 어렵다. 이는 아프리카의 문학을 영문학자나 불문학자가 독점적으로 전유하고 있는 현상과도 무관하지 않다. 과거 식민 지배국의 언어가 여전히 아프리카의 문학을 지배하고 있는 셈이다. 이런 점에서 본다면 국민 국가적 의미의 카메룬 작가는 존재하지 않는다고 할 수 있다.

카메룬 출신 작가를 한국에 소개하고 있는 아래의 대목을 음미해보자.

> '카메룬 작가 페르디낭 오요노'라는 표현으로 이 글을 시작하긴 했지만, 사실 어떤 의미에서 오요노는 **카메룬 작가라기보다는 '프랑스어권 흑아프리카 작가'**이다. 과거에 **프랑스의 식민 지배를 받은 사하라 이남 아프리카 나라들의 프랑스어 문학은 일반적으로 개별 국민문학이 아니라 프랑스어권 흑아프리카 문학이라는 하나의 범주로 뭉뚱그려져왔기 때문이다.** 그리고 그렇게 뭉뚱그려진 프랑스어권 흑아프리카 문학의 출발점이 바로 1930년대 네그리뛰드 문학이었고, 프랑스어권 흑아프리카 문학의 첫 고전 작가들은 네그리뛰드의 대표 시인인 에메 쎄제르와 레오뽈드 쌍고르였다.[16]
>
> (강조는 인용자)

'프랑스어권 흑아프리카 작가'들은 프랑스의 식민 지배가 지닌 모순과 폭력성, 그리고 독립 후의 영향들을 주로 '프랑스어'로 다루어 왔다. 이들은 개별 국가의 작가라는 고유한 명칭을 획득하지 못하고, '프

---

15 오은하, 「식민주의, 언어, '프랑스어권' 흑아프리카」, 『불어문화권연구』, 21권, 서울대학교 불어문화권연구소, 2011, 145쪽 참조.

16 심재중, 「식민 지배의 모순과 폭력성을 풍자하다」, 『늙은 흑인과 훈장』(페르디낭 오요노), 창비, 2014, 203쪽.

랑스어권 흑아프리카 작가'라는 뭉뚱그려진 일반 명사로 지칭되고 있다. '영어'로 된 카메룬 출신 작가의 작품은 거의 존재하지 않는다. 프랑스어권 흑아프리카에서 소수 언어인 '영어'로 작품 활동을 하기가 쉽지 않았기 때문이다. 우리가 니암조의 작품에 주목하는 지점은 바로 여기이다. 독립 이후 프랑스어권 사람들이 주류가 된 카메룬 사회에서 영어권 주민들이 차별과 소외를 느끼며 고통받아왔다는 사실을 감안할 때, 『프랑쎄파의 향기』가 이러한 언어·지역권 사이의 긴장을 포착하고 있다는 점은 그리 놀라운 일이 아니다. 카메룬 출신인 니암조의 '영어'소설이 프랑스와 서구에 의해 규정되고 기술되는 '프랑스어권 흑아프리카 작가'라는 범주에 미세한 균열을 내고 있는 지점도 바로 여기이다.

『프랑쎄파의 향기』에서 이러한 언어권 사이의 긴장이 드러난 대목을 따라가 보자. 먼저 노점상 사내가 물건 값을 깎으려는 프로스페르에게 영어권 사람 같다고 쏘아붙이는 장면이다.

"진짜 원한다면 4,000에 줄게요. 맹세코 마지막 가격입니다." 행상인은 최종 가격을 제시했다.
하지만 프로스페르는 "딱 2,500밖에 없다고 했잖아요."라고 주장했다.
"아니면 어쩔 수 없고요."
"어떻게 당신은 **영어 사용권 사람** 같이 흥정을 합니까?" 사내는 프로스페르를 영어권 주민과 비교하며 쏘아붙였다. 독일은 제1차 세계대전에 패배하자 자신들이 점령하고 있던 지역을 영국에 넘겨주었다. 이 **영어권 밈보랜드인들은 대체로 인색하다는 평가**를 받았다. "물건이 이렇게 싼데 그 무슨 불만이 그렇게 많습니까? 이게 도대체 무슨 매너입니까? **영국인의 매너입니까? *그렇다면 그만 두세요.* 당신은 정말 짠돌이야.**" 사내의 말에 구경꾼들이 웃음을 터뜨렸다. 동시에 영어권 밈보랜드인 몇몇은 행상인의 선입견을 탓하며 자리를 떴다. 이는 영어권 사람들과 프랑스어권 주민들 사이의 긴장된 공존을 보여주는 수많은 고정관념들 중 하나였다.

프로스페르는 사내의 말에 기분이 상했지만 침착함을 유지하려고 노력했다. "돈이 없다고 분명히 말했잖아요. 진짜란 말이에요." 그는 밈보랜드에서 벌어지고 있는 **언어 주도권 싸움에서 영어를 물리친 프랑스인**에게 단호하게 말했다.

"*이보슈. 돈은 결코 주머니에서 소리치지 않아요.*"라고 사내는 쏘아붙였다. 주위에서 큰 웃음이 터져 나왔다. 프로스페르는 **수치심**을 느끼며 자리를 떠났다.

(프란시스 니암조, 『프랑쎄파의 향기』,
고인환 옮김, 글누림, 2019, 27-28쪽, 강조는 인용자)

인용문에서 보듯, 밈보랜드(카메룬)는 '영어권 사람들과 프랑스어권 주민들'이 긴장된 공존 상태로 살아가고 있는 나라이다. 이들의 '언어 주도권 싸움'은 독립 이후 식민 지배자들의 문화적 영향력을 시사한다. 영어권 주민들은 소수자들이다. 이러한 소수자들의 시선은 독립 이후 프랑스의 영향력으로부터 자유롭지 못한 카메룬의 식민 상황을 폭로하는 역할을 한다. 여기에서 '영어'는 식민 지배자의 언어이면서 동시에 이를 비판적으로 성찰하는 '소수자'의 언어로 기능하고 있다. 불어권 인물로 설정되어 있는 프로스페르가 자신을 영어권 사람으로 비유하는 행상인의 말에 수치심을 느끼고 떠나는 장면은 이를 보여주는 한 사례이다.

인용문의 이탤릭체는 '프랑스어'로 표기되어 있는 부분이다. 작가는 행상인이 프로스페르를 구두쇠라고 비난하는 목소리, 즉 다수자의 목소리 중 일부를 '프랑스어'로 표기하고 있다. 이들의 목소리에는 영어권 밈보랜드 사람들을 무시하고 경멸하는 선입견이 담겨 있다. 프랑스어가 지배적인 카메룬의 상황을 '영어'로 표현한 소설[17]에서 굳이 일부

---

17 이 작품의 등장인물들은 거의 모두가 프랑스어로 소통하고 있다. 작가는 이를 영어로 표현하고 있을 뿐이다.

대목을 프랑스어로 표기하여 강조한 점은 강압적인 프랑스 문화를 문학적 상상력을 통해 전도시키려는 의도를 함축하고 있는 것으로 보인다. 이탤릭체로 표현된 부분이 풍자적인 의도를 담고 있는 경우가 많기 때문이다.

다음으로 두 개의 밈보랜드를 하나로 통합하려는 정부의 시도에 반대하는 과격 영어사용자들의 운동이 드러난 대목을 들 수 있다.

> 로운곰 강에 닿을 때까지 별다른 일은 없었다. 다리가 놓여 지기 바로 직전, 두 개의 밈보랜드를 하나로 통합하려는 움직임에 반대하는 과격 영어사용자들은 새로운 **영어 간판**을 세웠다. 그들은 프랑스와 관련된 모든 것을 부정했다. 이 운동의 지도자들은 추종자들로부터 은밀한 보호를 받았기 때문에 겉으로 드러나지 않았다. 오직 정부의 가슴에 테러에 대한 공포를 확산시키는 그들의 행동만이 눈에 보일 뿐이었다. 새로운 이정표가 **굵은 글씨체**로 새겨져 있었다.
>
> 모든 외국인들에게: 서부 밈보랜드를 방문해주셔서 감사합니다. 당신들이 우리 앵글로-색슨인들의 환대와 호의를 즐겼기를 바랍니다. 앞으로 수많은 위험이 도사리고 있는 *공화국*으로의 여행이 부디 잘 마무리되길 기원합니다. 우리는 그들의 야만적인 행위로부터 당신을 보호할 수는 없지만, 당신을 위해 기도하겠습니다. 그들의 약탈에서 살아남는다면 다시 오십시오.
>
> (『프랑쎄파의 향기』, 80-81쪽, 강조는 인용자)

이 작품 속의 대통령은 밈보랜드 내 영어 사용자들의 급진적 투쟁을 효과적으로 제어하기 위해 프랑스어권 문화를 교묘한 방식으로 강요한다. 프로스페르에 따르면, 이는 영어사용자의 정체성을 해체하려는 전략의 일환이다. 머지않아 '앵글로-색슨'의 모든 문화가 '**프랑스**라는 신의 뜻'(강조는 인용자)으로 밈보랜드 공화국에서 흔적도 없이 사라질 것이다. 여기에서 영어사용자들의 저항은 부정부패가 판을 치는 밈보랜드의 현실, 특히 '프랑스'라는 이름으로 소수자를 억압하는 지배계층의 의도를 비판하는 기능을 하고 있다. 이들의 이정표가 '영어', 그것도 '굵은 글씨체'로 강조되어 있다는 점과 프랑스어권 지역인 **공화국**을 이텔릭체, 즉 '프랑스어'로 표기하고 있다는 사실은 이를 보여주는 예다.

한편, 니암조 특유의 날카로운 풍자적 어조가 돋보이는 '깨진 거울'의 신문 칼럼도 이와 관련하여 주목할 만하다. 이 사회풍자 신문은 난잡한 성적 스캔들을 일으킨 한 국회의원을 비꼬는 기사를 게재했다. 아래는 그 일부이다.

> 우리의 과도한 쾌락주의자는 미심쩍은 자격의 정치가이다. (중략) 그는 대부분의 사람들처럼 술 마시는 것을 좋아한다. 하지만 그 지역에서 생산한 술을 마시지 않는다. 오직 *다른 세계(서구)*의 정신이 깃든 최상의 와인만 찾는다. 이것은 위로부터의 명령이다. 그는 서구의 노예상태가 되어 그들을 존경한다. 이러한 그의 본능적 성향은 지역주민들을 적으로 돌린다. (중략)
> 그는 미니스커트 안에서 꿈틀거리는 모든 것을 좋아한다. 유아기 때 몰래 숨어서 부모님의 섹스 장면을 훔쳐보았다는 소문이 있다. 중학교 시절 여교사의 다리 사이를 거울로 비춰보다 걸린 적이 두 번이나 되었다. 확실히 그는 진정한 쾌락의 수호신이었다.
> (『프랑쎄파의 향기』, 234-235쪽, 강조는 인용자)

기자에 따르면, 이 국회의원은 오직 성적인 욕망에만 관심이 있는 '과도한 쾌락주의자'이다. 그는 서구의 노예가 되어 지역 주민들을 적으로 돌렸다. 이 기사는 '영어'로 쓰였으며, 특히 영어 사용권에 광범위하게 유포되었다. 더불어 서구를 지칭하는 용어인 '**다른 세계**'가 프랑스어(이텔릭체)로 표기되어 있다는 사실 또한 놓치지 말아야 할 것이다. 이렇듯, 작품 속에서 '영어'는 '프랑스'로 대표되는 지배문화의 폭압을 비꼬는 풍자와 조롱의 언어로 기능하고 있다.

니암조가 그렇듯, 아프리카 출신 작가들의 정체성은 모호하다. 그들은 조국을 떠나 서구의 여러 나라들과 아프리카를 떠돌며 문화적 혼종성을 체현하고 있는 경계인들이다. 아프리카 작가들은 제국의 언어로 생산된 자신들의 작품이 아프리카 독자들을 일차적 대상으로 삼지 않는다는 사실을 잘 알고 있다. 하지만 아프리카 민중들을 위해 글을 쓰고 있다는 소명의식 또한 잊지 않고 있다. 이들은 지배자의 언어와 아프리카 민중들 사이를 끊임없이 오가며 정체성을 증명해야 하는 모순적이고 역설적인 운명을 지녔다. 카메룬과 영국, 프랑스, 남아공을 가로지르며 활발하게 작품 활동을 하고 있는 니암조 역시 이러한 운명과 맞닿아 있다. 그 또한 식민 지배자의 언어인 '영어'로 작품을 쓰고 있기 때문이다. 하지만 그는 이 제국의 언어(영어)를 소수자의 목소리로 전용함으로써 '프랑스령 흑아프리카'라는 신식민주의적 동일성 담론에 미세한 균열을 내고 있다. 이렇듯, 『프랑쎄파의 향기』는 서구 열강의 아프리카 침략에 대한 고발과 더불어 식민 이후 카메룬에서 벌어지고 있는 언어주도권 싸움을 생생하게 포착하고 있는 작품이다. 서구도 아프리카에도 속하지 않는 한국의 독자들이 이에 공감하고 따뜻한 연대의 손길을 내미는 것은 서구중심주의 담론을 넘어 비서구 문학의 새로운 가능성을 여는 첫걸음이 될 것으로 기대된다. 『프랑쎄파의 향기』가 한국의 독자들에게 던지는 메시지는 바로 이것이 아닐까 싶다.

'정령(精靈)의 노래', 영혼을 깨우는 주문:

하리 가루바 『정령의 노래』

1. 내면의 소통을 위하여

하리 가루바 시인과의 인연은 십여 년 전으로 거슬러 올라간다. 그는 2010년 '인천 아시아-아프리카-라틴아메리카 문학 포럼'에 초청되어 한국을 방문했다. 190㎝가 넘어 보이는 큰 키, 우람하고 육중한 몸체, 강인해 보이는 검은색 피부 등은 보는 이의 시선을 압도하기에 충분했다. 이와 대조적인 느릿느릿하고 여유로운 몸짓, 나긋나긋하고 조근조근한 말투, 수줍음을 머금은 순박한 미소 등이 또 다른 주목을 받았다. 특히, 서구중심의 문학 담론에 대한 거부와 비서구 세계의 문학적 연대에 대한 호소를 부드럽고 여린 목소리로 주장하는 모습이 인상적이었다.

그 후 2014년 남아프리카 공화국을 방문했을 때 가루바 시인을 다시 만났다. 우리는 아프리카와 한국이 공유하고 있는 식민주의의 잔재, 비서구 문학의 소통과 연대, 지구적 세계문학의 필요성 등 다소 거창한 이야기를 나누었다. 에드워드 사이드, 프란츠 파농, 치누아 아체베, 누르딘 파라, 박완서(그가 유일하게 읽은 한국 소설의 작가였다.) 등 서로가 좋아하는 작가들의 이름도 소환되었다. 이상하게도 그와 만나면 언어적 장벽이 허물어지는 듯했다. 영어에 서툰 상대를 편하게 해주는 마음 씀씀이 때문이리라. 이후 거의 매년 케이프타운을 방문했다. 그때마다 가루바 시인은 나와 동료들을 환대해 주었다. 그의 가족들과 식사를 하기도 했으며, 그가 소개해준 아프리카 학자들과 즐거운 시간을 보내기도 했다. 연구년을 맞이한 2017년에는 케이프타운 대학 아프리카문화연구센터 책임자의 자격으로 초청장을 보내주었다. 가족과 함께 남아공에 도착하자 가루바 시인은 케이프타운 대학에 연구실을 마련해 주는 등 방문 교수 생활에 필요한 지원을 아끼지 않았다. 우리는 수시로 만나 밥을 먹고 술을 마시며 이야기를 나누었다. 덕분에 2017년 한 해를 편안하게 보낼 수 있었다.

　가루바 시인을 마지막으로 만난 건 2018년 8월 말이었다. 남아공에 거주하는 저명한 아프리카 연구자들을 인터뷰하기 위해 케이프타운을 찾았을 때였다. 그의 연구실에서 만났다. 그때 가루바 시인이 시집 『정령의 노래』를 건네주었다. 작년(2017년)에 출간했는데, 35년 만에 내는 두 번째 시집이라고 했다. 겸손한 목소리 뒤에 은근한 자부심이 묻어났다. 사실 이 글에서 그를 시인이라 지칭하고 있지만, 이때까지만 해도 나는 가루바를 시인이라 생각하지 않았다. 그의 시를 읽어본 적도 없었다. 간혹 시를 발표한다는 이야기를 들은 바 있지만, 나에게 그는 아프리카 문화의 근대성과 탈식민성을 연구하는 나이지리아 출신의 저명한 비평가였다. 그리고 구미중심주의 문학 담론에 맞서 아시아-아프리카-라틴아메리카의 문학적 연대를 추구하는 실천적 지식인이었다.

　한국으로 돌아와 가루바의 시집을 주제로 동료들과 이야기를 나누기도 했다. 시집을 읽어갈수록 지금까지 알고 있던 그에 대한 이미지가 흔들리기 시작했다. 가루바는 단연코 빼어난 시인이었다. 이 작고 소박한 시집 속에는 나이지리아 이보족 출신의 소년이 제국 언어(영어)와의 긴장 속에서 아프리카의 목소리를 찾아가는 여정, 즉 아프리카를 대변하는 시인으로 거듭나는 과정이 오롯이 새겨져 있다. 시를 읽어가는 과정을 통해 그간 보지 못했던 가루바 시인의 내밀한 자의식을 발견할 수 있었다. 이러한 대화야말로 언어와 국경을 뛰어넘는 내면적 소통, 즉 문학적 교감과 연대의 한 사례가 아닐까 싶다.

2. 잃어버린 말들을 찾아서

먼저 그에게 시가 어떤 의미를 지니는지 탐색해 보기로 하자. 시인은 '시로부터 벗어나기 위해' '삼십 년 동안, 달려왔다'고 고백한다.

> 바람이 강하게 부는 겨울 아침,
> 고향의 하마탄을
> 떠올리면
> 비행하는 백로들의 행렬처럼 시가 찾아온다
> 순수하고 아름다운 곡선과 각도와 자세가 눈에 아른거리면,
> 나는 눈을 감고, 시를 맞이할 마음의 문을 닫는다 (중략)
>
> 지금, 시곗바늘이 정확히 12시를 가리키는, 이 자정의 순간,
> 갑자기 터지는 반딧불처럼, 시가 나의 폐부를 찔렀다,
> 살과 골수, 기억을 관통하면서
> 행, 연, 노래 안에서 피가 흐른다
>
> 나로부터 벗어나기 위해 달린다…
>
> 그리고 그곳, 도망치는 날갯짓에서,
> 너를 찾았다, 고통이 거주하는 광장에 숨겨진,
> 꿈이 숨는 열린 장소, 날개를 기다리는…
> (하리 가루바, 「멀어지는 시」 부분, 『정령의 노래』,
> 고인환 옮김, 도서출판 아프리카, 2021, 16-18쪽)

시인은 지금까지 시를 멀리하며 살아왔다. 나이지리아에서 남아공 줄루랜드를 거쳐 케이프타운 대학에 이르기까지 시인은 전형적인 아프리칸 디아스포라의 삶을 살았다. 보다 나은 삶을 향한 열정과 열악한 아프리카 현실에 대한 고뇌는 앞만 보고 달려가는 고달픈 삶(산문적 삶)을 살게 했다. '순수하고 아름다운 곡선과 각도와 자세'로 '비행하는' '고향의' '백로들' 같은 '시'의 이미지가 '눈에 아른거리면' 의식적으로 '눈을 감고, 시를 맞이할 마음의 문'을 닫았다. 이는 진정한 자아로부터 '벗어나기 위해' 달리는, 즉 자신의 뿌리와 정체성을 거부하는 몸짓이다. 생활인으로, 연구자로, 교수로 살아가느라 시심(詩心)을 챙길 여유가 없었던 셈이다. 하지만 시인은 위의 작품에서 '시'가 자신의 '폐부'를 찌르며 피투성이로 찾아왔다고 고백한다. '고통이 거주하는 광장', '꿈이 숨는 열린 장소'에서 마침내 시인은 '날개를 기다리는' 시를 발견한 것이다.

이제 시인이 시를 찾아가는 과정을 되짚어 보자. 시인은 열 살 때 집을 떠나 기숙학교에 입학했다.

> 첫날 밤, 나는 강요된 문구를 낭송했다:
> "나는 풋내기, 치기어린 초록색 두꺼비다. 나는 약속한다
> 모든 촌스럽고 괴상한 것에서 벗어나
> 우겔리 주립학교의 진정한 학생이 될 것을."
>
> 얼마 지나지 않아 나는 새로운 집에 살게 된 이래로 함께 한,
> 향기도 시큼함도 없는 낯선 언어와 더불어
> 구아버의 말과 정신을 잃어버렸다.
>
> 지금은 사용할 수 없는 그 모든 거칠고 다채로운 말들이 그립다
> 육체와 영혼의 언어 안에서 마음껏 뛰노는,
> 침이 튀면서 내뱉어지는 저주의 힘과 생명력

한때 내 몸 안에 살았던 언어가 그립다.

(「열 살에 집을 떠나며」 부분, 15쪽)

그에게 '향기도 시큼함도 없는 낯선 언어'(나이지리아의 공용어인 영어)와 함께 한 학교생활은 '한때' 자신의 '몸 안에 살았던' '육체와 영혼의 언어 안에서 마음껏 뛰노는' 시의 '언어', 즉 '구아버의 말과 정신'을 잃어버리는 여정이었다. 또한 시인의 '검음을 앗아'가고 '네그리튀드'를 '하얀 눈 속에 얼어붙'게 하는 과정이었다(「매사추세츠주, 케임브리지의 아프리카인」). 시인은 이러한 삶을 '언어의 숨결을 멈추게 하는' '인용된 삶'이라 표현했다.

> 정액에서 발원해 음절, 문장,
> 나아가 구두점의 감옥에 갇힌 일생
> 나는 인용된 삶을 산다,
>
> 나는 나를 보호하는 콤마와 콜론의 질서
> 인용 부호 안에 내 삶을 할당했다 (중략)
>
> 나는 간지러움과 떨림의 긴장된 터치, 어찌할 수 없는 육체적 전율의 기억을 품은
> 인용된 밤에 태어났다.
>
> 재앙, 집단 학살, 그리고 가난의 끝없는 고통 속에서,
> 나는 언어의 숨결을 멈추게 하는 콤마, 세미콜론, 콜론, 하이픈의 규칙으로 정돈된,
>
> 구두점의 질서대로 산다
> 감탄사의 유혈이 괄호의 품으로 들어와 박제가 될 때까지.

(「인용된 삶」 부분, 46-47쪽)

'구두점의 감옥'에 갇혀 '박제'가 된 '인용된 삶'은 '새로운 집'(우젤리 주립학교)의 질서가 삼켜버린 유년의 삶과 조응한다. 따라서 그에게 시 쓰기는 '지금은 사용할 수 없는' 그 '거칠고 다채로운 말들'을 찾아 나서는 여정이다. 문제는 '강요된' 언어로 시를 쓸 수밖에 없다는 사실에 있다. '알파벳으로 치장한' 공용어(영어)로 사고하고 표현할 수밖에 없는 것이 주어진 현실이기 때문이다.

> 알파벳으로 치장한, 의미가 혀의 집으로 들어와
> 주술(呪術)과 영가(靈歌)의 시대를 영면에 들게 하면
>
> 혀의 신들은 언어의 규칙에 자리를 양보한다
> 영원히 세상을 뒤덮을 알파벳의 휘장
>
> 하지만…
>
> 주술과 영가의 시대를 매장한
> 알파벳의 껍질을 깨고 활기를 불어넣게 하는 혀의 첫 마디는 무엇인가?
> (「혀의 집에서」 부분, 22-23쪽)

그에게 시 쓰기는 '알파벳의 휘장'을 두른 '언어의 규칙에 자리를 양보한' '혀의 첫 마디', 즉 '침이 튀면서 내뱉어지는 저주의 힘과 생명력'이 살아 숨 쉬는 '주술과 영가의 시대'의 목소리를 일깨우는 작업이다.

그렇다면 이는 어떻게 가능할까? 우선, '운율과 학대로 가득 찬' '알파벳의 껍질'이 부여한 '고통'을 감내하고 넘어서야 한다. 시를 가르치는 선생님의 '운율에 대한 강조'는 시인을 '꼼짝달싹하지 못하는 상태에 이를 때까지' '상징과 모순의 채찍질로 고문하며' '찌르며 괴롭힌다.'

그러다, 어느 성금요일 밤,

시 선생님이 죄악와 비유의 꿈 속에서
죽었다,
부활절 아침이 밝았다,
나는 시 없이, 노래하고 춤추는 새로운 언어들을 찾았다,
시행들의 간섭을 넘어서는, 흔들리는 말들
시작하지도 멈추지도 않는, 동시에 시작하고 멈추는 언어들,

말들 속으로, 생략된 구절들 속으로 미끄러지는 음절들,
시행들의 중간 휴지를 통해 살아나는 말들,
횃대에 앉아 있기를 거부하고, 비상하는 새처럼 노래 속으로 미끄러지는
언어들

유동적인 의미로 충만한,
자연스러운 흐름의 말들과 운율들
나는 자유로운 언어를 찾았다,

그리고 나는 내 영혼의 방언으로
온 마음을 다해 소리쳤다.

(「시여 나를 찾지 마」 부분, 20-21쪽)

'시 선생님'의 죽음 속에서 '새로운 언어'가 탄생하는 장면이다. 시의 상징적 죽음을 통해 '영혼의 방언'들이 부활하고 있다. 시인은 더 이상 시가 찾아오기를 기다리지 않고, '시 없이, 노래하고 춤추는 언어들'을 찾아 나서고 있다. 이는 영어로 시를 쓰면서 영시의 운율을 타고 넘는 것, 즉 운율의 '간섭'을 넘어 '비상하는 새처럼 노래 속으로 미끄러지는' 말들을 포착하는 작업이라 할 수 있다. 시인은 사라져버린 말들의 흔적을 '자유로운 언어'의 리듬에 음각함으로써 영시에 혼을 불어 넣고 있다. 이는 '알파벳의 휘장'으로 둘러싸인 '언어의 규칙'에 균열을 내는 동시에 그 균열의 상처와 흉터를 통해 새로운 생명력을 부여

하는 작업이기도 하다. 시인이 '영어권 부족의 언어를 전공하는 학생들이/모이는 다 허물어져 가는 강의실에서' '예이츠와 히니와 모든 화자의 말 속에 남겨진/그들이 소유하거나 소유하지 않은/언어의 상처와 흉터를 세심하게 관찰하기를 당부'하는 이유도 여기에 있다(「말, 상처, 흉터」). 여기에서 영어는 식민 제국의 언어이기를 거부하고 제국주의에 희생된 영혼을 깨우는 해방의 노래로 거듭난다. 제국 언어적 속성을 전복하는 동시에 해방하는 이러한 작업은, 완전히 거부하지도 그렇다고 온전히 수용할 수도 없는 서구의 근대성을 타고 넘는 문학적 방식의 하나라는 점에서, 서구중심주의 담론의 영향이 압도적인 우리의 문학 현실에도 시사하는 바가 크다.

3. '영혼을 휘젓는' 사랑의 주문

그렇다면 이 '시대를 뚫고 공명하는' '영혼의 방언'이 가 닿고자 하는 곳은 어디인가? 시인은 '잃어버린 이름들, 잃어버린 목소리들, 잃어버린 상징들'이 그의 노래를 통해 '현재 속에서 되살아'나기를 염원한다(「죽은 자들을 위하여」).

> 바라옵건대
> 내 노래에 별을 담을 수 있기를
> 태양이 내 혀 위에 타오르기를
>
> 지하 감옥에, 결박되어 갇힌, 수천 명의 혀 없는 사람들,
> 그들 삶의 이야기를 전하는 피라미드도 기념비적 풍경도 없이
> 무덤 속에서 잊혀진
> 소외된 가난한 군중들의 방언으로 말할 수 있기를,

> 바라옵건대
> 속박된 울부짖음의 언어가 풀려나기를
> 이 땅을 정화하기 위해 분노의 강이 자유롭게 흐르기를…
>
> 그리고 당신의 사랑만큼이나 영원한 당신의 기념비가 세워지기를.
> (「기념비적 소망」 부분, 61-62쪽)

시인은 자신의 노래가 '무덤 속에서 잊혀진' '혀 없는 사람들'의 '방언'이 되기를 소망한다. '동굴 같은' 그들의 '입 속에서' '배신 당한 사랑의 이야기'를 찾는 '혀'가 되어, '한 몸이 다른 몸으로 숨을 쉬는' '오직 하나의 언어'(「침실노래」)로, 그들의 '몸속을 유영'하는 노래가 되기를 갈망한다(「은밀한 영가: 노예 기념비」). 또한 이들의 '속박된 울부짖음의 언어가 풀려나' '이 땅을 정화'하는 '희망의 비가'가 되기를 바란다. 그리하여 '매장되지 못하고 바닷속에 누워 있는 유골들', '안식을 찾지 못한 모든 사자들'이 부활하는 '영원'의 '기념비'가 세워지기를 염원한다.

나아가 이 '사랑만큼이나 영원한' 주문을 따라가다 보면 어느덧 만물의 혼과 교감하는 '영혼을 휘젓는' 투명하고 눈부신 풍경과 마주하게 된다.

> 영혼을 휘젓는 비
> 내 창문 너머 나무 안에서 잠자고 있는
>
> 침묵하는 것들의 끝을 응원하는 비
> 잎사귀의 꿈 속에 숨어 있는 가지들 같은
>
> 햇빛과 함께 새벽녘에 살아나는 비
> 하늘에서 천천히 쏟아져 내리는 색색의 소나기 같은

하루를 사랑노래로 열어 젖히는 기쁨의 비
경쾌하고 발랄한 소나기의 춤으로 활기를 띠게 하는

나무의 슬픔을 애도하는 때늦은 비
지붕에서 눈물로 하루를 흠뻑 적시는

두려움의 물결로 밀려오는 비
가난한 사람들의 버림받은 희망을 쓸어버리는

슬픔의 웅덩이로 끝나는 비
나의 창문과 멀리 떨어진 거리에 비탄의 씨앗을 뿌리는
(「영혼을 휘젓는 비」 전문, 89쪽)

부디 이 시집이 한국의 독자들에게 먼저 간 벗의 순정한 염원을 기리는 소박한 기념비가 되기를 기원하며 글을 맺는다.

제3부

'너머'의 세계를 넘보는
비서구의 목소리들

한국 현대 소설과 세계문학:

「아메리카」, 「슬픔의 노래」, 『황금 지붕』, 『손님』, 『로기완을 만났다』

1. 한국문학, 비서구문학, 그리고 세계문학

일찍이 반둥과 비동맹과 탈냉전적 제3세계론은 다른 세상을 품은 소중한 불씨였습니다. 그 불씨는 안팎의 불화 속에서 한줌의 재로 변했습니다. 인류의 새 길을 함께 모색하는 고매한 이상주의의 고양(高揚)이 절실히 요구되는 지금, 그 잿더미 속에 숨은 불씨가 "마침내 저버리지 못할 약속"처럼 여기서 살아나고 있음을 우리는 봅니다. 정치를 잊지는 말되 정치를 버립시다. 나라를 기억하되 나라를 잊읍시다. 대륙을 잊지는 말되 대륙도 떠납시다. 이 역설이야말로 우리가 지난 시대 제3세계론의 잿더미에서 찾은 최고의 교훈일 것인데, 우리를 이 자리에 한데 모은 문학이야말로 입구이자 출구입니다. 정치로부터의 자유도 아니고, 정치를 대변하는 것도 아닌, 문학성의 극진한 드러남이 최고의 정치성 그 자체로 되는 그런 문학이야말로 다른 평화 또는 다른 세상을 여는 운하가 될지도 모릅니다.
(최원식, 「다시 살아난 불씨-제2회 인천AALA문학포럼에 부쳐」, 『제2회 인천AALA문학포럼-평화를 위한 상상력의 연대 자료집』, 인천문화재단, 2011)

2000년대 이후 한국문학의 장에서 비서구문학에 대한 관심이 증폭되고 있다. 특히, '지구적 세계문학'과 '새로운 세계문학'이라는 익숙하면서도 낯선 개념을 앞세워 이러한 문제의식을 구체적으로 탐색하고 있는 김재용과 고명철의 작업은 주목할 만하다. 김재용은 주로 구미 바깥에서 생산되고 있는 세계문학을 구미중심의 세계문학 이론과 담론이 전용하고 있다는 사실을 전제[18]로, '이러한 비대칭과 괴리를 극복하기 위해서는 세계문학의 장에 지각변동이 일어나야만 한다'고 주장한다. 비서구문학의 연대를 통해 자신들의 문학이 갖는 세계성을 스스로 표현해내고 이를 이론화하는 작업이 긴요하다는 것이다. 나아가 '국가이성의 요괴'를 넘어서기 위하여 기존의 외교 통로가 아닌 수평적 작가 네트워크 구축의 필요성을 강조한다. 이처럼 김재용은 구미중심의 세계문학 담론은 물론 기존의 제3세계론이나 탈식민주의론에 대한 자의식 또한 뚜렷하게 드러내고 있다. 실제로 그는 2010년 '제1회 인천 AALA문학포럼'이래 지금까지 꾸준히 'AALA문학포럼'을 이어오고 있으며, 이러한 문학포럼의 성과를 문예지 『지구적 세계문학』을 통해 세상과 나누고 있다.

고명철 또한 '새로운 세계문학'의 개념을 앞세워 한국문학에 내면화된 서구중심의 근대성을 날카롭게 심문하는 작업을 꾸준히 전개하고 있다. 그는 자칭 '우공이산'의 마음가짐으로 한국문학, 디아스포라 문학, 아시아문학, 아프리카문학, 라틴아메리카문학 등을 종횡으로 가로지르며 '새로운 세계문학'의 관점을 구체적으로 실험하고 있다. '트리콘'(아시아·아프리카·라틴아메리카 문학과 문화를 연구하는 지적 공동체)과 『세계문학, 그 너머』(소명출판, 2021)는 이러한 열정의 결실이다.

이들의 문제의식은 이른바 '괴테·맑스적 세계문학 기획'은 물론, '반둥과 비동맹과 탈냉전적 제3세계론'의 '숨은 불씨'를 창조적으로 되살

---

18 이는 모레티와 카자노바를 중심으로 한국에 소개된 세계문학론, 즉 서구적 근대성의 틀로 (반)주변부의 민족문학을 전유하는 세계문학 담론에 대한 뚜렷한 문제의식을 함축하고 있다.

리려는 의도를 담고 있다는 점에서 '삶-실천으로서의 세계문학 운동'에 가깝다고 볼 수 있다. 본고에서는 세계문학에 관한 이들의 문제의식을 염두에 두고 몇몇 작품들을 검토해보고자 한다.

2. '공감'과 '연대'의 문학: 조해일「아메리카」, 정찬「슬픔의 노래」, 오수연『황금 지붕』

조해일의「아메리카」(1972)는 막강한 군사력과 경제력을 바탕으로 우리 사회를 신식민주의적 구조로 재편하고 있는 미국의 이미지를 날카롭게 해부하고 있는 작품이다. 작가는 친미와 반미의 이분법 너머를 응시하면서, 이른바 '아메리카'라는 표상에 투영된 서구중심의 합리주의적 사고 혹은 자유민주주의의 이면을 생생하게 폭로하고 있다. 조해일이「아메리카」에서 묘파한 미군의 이미지는 세계 제국으로 군림하면서 여전히 무소불위의 위세를 과시하고 있는 '지금 여기'의 아메리카 표상과 다를 바 없다.

작품은 전역병인 화자가 당숙이 운영하는 'ㄷ읍'의 '압록강홀(얄루클럽)'을 찾는 장면에서 시작된다. 스물여섯의 젊은이에게 기지촌은 낯선 이국의 풍경으로 다가온다.

> 여자가 여기서부터 ㅂ리(里)라고 일러준 거리에 접어들자 지금까지의 거리와는 판이한 풍경이 눈앞에 전개되었다. 길 폭이 좁아지면서 우선 곳곳에 무슨 테일러(Tailor)니 무슨무슨 폰 숍(Pawn Shop)이니 무슨무슨 클럽(Club)이니 하는 영문자로 된 간판들이 도형감 있고 생생한 모습으로 내게 얘기를 걸어왔다. (중략)
> "다 왔어요. 여기예요."
> 하고 여자가 말했을 때 나는 멈춰 서서 잿빛 타일을 바른 큼직한 건물을 쳐다보았다. 영문자로 '얄루클럽'(Yalu Club)이라고 큼직하게 쓰고 그 밑

에 자그마하게 '압록강홀'이라고 한글로 쓴 유리 간판이 보였고 '종업원 이외의 한국인 출입을 금합니다'라고 쓴 양철조각 같은 것이 보였다.
(조해일, 「아메리카」, 『20세기 한국소설 29』, 창비, 2005, 169-170쪽)

영문자 'Yalu Club'과 한글 '압록강홀'의 전도된 크기와 위치, 그리고 화려한 클럽의 외양과 샛골목으로 이어진 누추한 살림채(2층 슬라브집)의 대비는 기지촌에서의 미국과 한국의 관계를 암시적으로 보여주고 있다. 한국(한글)과 살림채가 주변화되어 있는 역전된 거리 풍경을 통해 'ㄷ읍 ㅂ리'가 한미 관계의 신식민주의적 본질을 보여주는 전형적 공간이 될 것임을 예고하는 것이다.

화자는 차츰 'ㄷ읍'의 경제구조에 눈을 뜨기 시작한다.

> ㄷ의 중심부는 읍내가 아니라(그래서 읍내는 그렇게 조용하고 한산했던 것이다) 미군부대가 가까이 있는 이곳 ㅂ리(里)라는 것, 내가 몸담고 있는 것과 비슷한 종류와 규모의 클럽들 10여 개가 모두 이곳에 몰려 있다는 것, 읍내는 다만 영화 구경 가기 위한 곳이거나 시장 보러 가는 곳, 서울로 나가는 버스나 기차 같은 교통기관을 이용하러 가는 곳, 또는 맹장염 수술이나 임신중절 수술 같은 것을 하러 가는 곳, 누구와 좀 조용한 데서 만나기 위해 다방 같은 것을 이용하러 가는 곳 정도의 의미밖엔 갖지 못한 곳이라는 것, 따라서 ㄷ읍의 경제권은 거의 ㅂ리에 사는 사람들의 손에서 움직인다는 것, 아니 ㄷ읍을 먹여 살리고 부지케 하는 자산의 대부분이 ㅂ리에서 나온다는 것, 그리고 그 ㅂ리의 자산의 대부분을 이루는 것이 주로 미군들의 호주머니로부터 떨어진 것이라는 것, 그런데 그 자산의 반 이상은 경제활동으로서는 최저의 수단에 속하는 매춘에 의해서 얻어진다는 것, 그러나 그 주(主) 종사자들인 이곳의 여자들은 뜻밖에도 윤리적 열등감 같은 건 조금도 느끼지 있는 것 같지 않다는 것, 오히려 그 생활을 즐겁게 받아들이고 있는 것 같다는 것(아니면 그것은 혹 이 나라 전체에 편재해 있는 것으로 보이는, 또는 이런 종류의 직업에 종사하고 있는 여자들 사이에 널리 퍼져 있는 것으로 보이는 팔자에 대한 순응주의의 한 표상일 뿐이었을까) 등등.
>
> (「아메리카」, 182-183쪽)

'ㄷ읍'의 중심부가 '읍내'가 아니라 '미군부대가 가까이 있는 ㅂ리(里)'라는 사실은, 미군의 주둔이라는 특수한 상황이 어떻게 지역 경제를 재편성하고 있는지를 생생하게 보여준다. 이러한 기지촌의 모습을 통해 작가는 1960-70년대 한국의 기생적인 경제구조, 나아가 신식민주의적 경제구조를 포착하고 있는 것이다. 가난한 나라에 도움을 주기 위해 주둔하고 있다는 미군의 시혜적 시각이 오히려 자신들의 편의와 향락을 위해 지역 주민들의 삶을 저당잡고 있는 현실임을 담담하게 드러낸 대목이다. 이러한 인식을 통해 화자는 점차 '이곳 사람'의 생활감각을 체화하는 일상인이 되어 간다.

「아메리카」는 '기옥'의 죽음을 통해 시혜국과 점령군 이미지를 동시에 지닌 아메리카의 양면성을 날카롭게 해부하고 있다. 기옥의 살인사건을 축소·은폐하려는 미군 사령부는 '금족령'을 내리고 '군표의 개신'을 단행한다. 자신들이 지배하고 있는 시장 권력을 이용해 주민들의 불만을 잠재우려는 시도이다. 특히, '군표의 개신'이 지닌 의미는 주목할 만하다. 한국인이 군표를 갖는 것은 현행법상 불법이다. 하지만 군표를 지닌 한국인들이 많다. 미군 부대의 물건을 빼오기 위해서는 군표가 필요하기 때문이다. 이렇듯 군표는 기지촌에서 불법을 무릅쓸 정도의 시장 가치를 지닌다. 더군다나 평상시에 미군 당국은 이러한 군표의 불법 유통을 눈감아 준다. 아니 오히려 이를 조장하고 구조화하기까지 한다. 그러다가 자신들에게 불리한 사건, 이를테면 미군 범죄(기옥의 죽음)와 같은 일이 발생하면 '합법'이라는 이름으로 군표의 개신을 단행한다. 작가는 '군표 개신'이라는 사건을 통해 '불법'을 공공연하게 묵인 혹은 조장하다가 자신들의 필요에 따라 '합법'이라는 이름으로 이를 규제하는 미군의 양면적 모습을 폭로한다. 미군은 시장 지배의 헤게모니를 통해 현지인의 일상을 통제하고 있는 것이다.

한편, 한기옥의 장례식은 여자들의 자치조직인 '씀바귀회' 장(葬)으로 거행된다. 미군부대 정문에 이르자 100여 명이 넘는 대행렬이 된다. 부대 진입을 막기 위해 무장한 헌병들이 정문으로 달려오고 상여를 멘 여자들이 정문으로 향한다. 상여의 후미쪽에서 여자들이 돌팔매질을 하는 와중에 미군 장교가 나타난다. 참모장인 윌리엄 바커 대령의 말을 대신 전하기 위해서다.

미군부대 참모장의 세련되고 양식화된 언어에는 신식민지에 주둔하는 군대와 주민 사이에서 벌어지는 구조적 억압의 문제를, 범죄를 저지른 미군 한 개인의 문제로 축소하고 은폐하려는 교묘한 논리가 스며들어 있다. 여기에는 '한국 사람들과 미국 사람들 사이의 우호적인 감정'이라는 추상적인 휴머니즘, 혹은 '교육과 감독'으로 문제를 해결할 수 있다는 이상적인 논리가 함축되어 있다. 그들의 표현은 사건을 조기에 마무리하려는 의례적 수사에 불과할 뿐, 진심에서 우러난 '슬픔과 사죄'가 아닌 것이다. 그러므로 '용서를 구하는 발언'을 무미건조한 '땡큐'라는 표현으로 마무리할 수 있는 것이다.

또한 홍수로 동네의 골목이 물속에 잠기자, 미군들은 인명 구조용 고무보트를 타고 나타나 침착하고 일사불란한 동작으로 '아이들과 노인들과 병자들'을 태워 대피시킨다. 이들의 구조 활동은 마치 기계적 동작을 연상시킬 정도로 완벽하다. 그들의 구명보트는 '군함(軍艦)'과 같은 위력을 지닌 것으로 묘사된다. 당숙에 의하면 그들은 '약한 사람, 불행한 사람, 재난을 당한 사람' 등 어려운 처지에 놓인 사람들을 돕는 것을 좋아한다. 심지어 '그럴 일이 없으면 만들어내기라도 할 사람들'처럼 보인다. 더구나 비가 계속해서 쏟아지고 사방이 캄캄하게 어두워 오자, 미군들은 '겁을 집어먹은 상륙 부대'처럼 서둘러 황망히 퇴각해 간다. 미군의 구조 활동이 군사 작전의 일환이라는 사실을 날카롭게 지적하고 있는 대목이다. 이러한 침착하고 일사불란한, 눈부신 작전에서 타자의 삶에 대한 공감과 연대의 감정은 그 어디서도 찾아보기 어렵다.

이와 대비적으로, 기지촌 주민들은 된장과 고추장밖에 없는 반찬으로 따뜻한 밥 한 끼를 나누어 먹는다. 이를 통해 화자와 당숙(모), 2층 여자들은 함께 생활하는 지역 공동체 구성원으로 결속된다. 그리하여 수재가 할퀴고 간 황폐한 삶의 현장에서 다시 '내일을 위한 준비'를 시작하는 모습으로 작품은 마무리된다. 화자와 당숙은 클럽의 바닥을 청소하기 시작하고, '철둑가'에는 젖은 살림살이를 말리는 여자들의 긴 대열이 이어지고, 선로를 복구하기 위해 '수동차' 한 대가 노무자 몇 사람을 태우고 지나간다. 이러한 일상적 풍경에 대한 공감과 연대의 시선이야말로 「아메리카」가 긴 우회로를 거쳐 도달한 종착점이다.

이처럼 「아메리카」는 미군 부대가 주둔하고 있는 기지촌을 배경으로 미국의 신식민주의적 지배 양상(시장 지배를 통한 헤게모니)을 예리하게 포착하고 있다. 더불어 지식인 화자가 기지촌의 여성들과 공감·연대하는 과정 또한 인상적이다. 주인공은 이들과 온전히 하나가 될 수 없다는 사실을 자각하고 자신이 서 있는 위치에서 그들과 함께 할 수 있는 방법을 찾아 연대의 손길을 내밀고 있다. 작가는 이러한 과정을 주인공의 심리 변모 양상, 절제되고 담담한 문체, 정교하게 직조된 플롯 등 서사에 대한 치밀한 자의식으로 꼼꼼하게 구조화하고 있다. 이러한 서사 구조가 부조리한 삶의 이면을 꿰뚫는 날카로운 현실 인식과 길항하며 일상에서 싹트는 훈훈한 교감과 연대의 풍경을 창조하고 있는 것이다.

정찬의 「슬픔의 노래」(1995)는 1980년 광주와 아우슈비츠의 비극을 포개놓으며 이 두 사건을 가로지르는 슬픔의 강을 어떻게 건널 것인가를 탐색하고 있는 작품이다. 이 두 사건은 근대성이 야기한 폭력과 광기, 즉 문명의 야만을 보여주는 극단적 사례들이다.

작품의 화자는 교향곡 〈슬픔의 노래〉를 창작한 폴란드 작곡가 헨리크 구레츠키에게 아래와 같은 질문을 한다. '과거의 슬픔보다 현재의 슬픔을 드러내는 것이 더 의미 있는 작업이 아닌가?' 구레츠키는 '흐르는 강을 자를 수 있다면 당신의 말이 옳다. 하지만 강은 끊임없이 흐른다. 흐르지 않는 것은 강이 아니다. 과거의 슬픔은 곧 현재와 미래의 슬픔이다. 다만 그 슬픔의 형태가 다를 뿐이다.'라고 답한다. 이어 구레츠키는 예술가는 어둠 속에서 빛을 찾는 사람이며, 그 빛은 슬픔의 강 너머에 있다고 언급하며, '슬픔의 강을 어떻게 건너는가?'라고 화자에게 되묻는다.

정찬은 이 질문에 대한 답을 박운형이라는 인물을 통해 찾아 나서고 있다. 박운형의 목소리를 직접 들어보자.

> "정말 웃기시는군요. 작가 선생들이 너도나도 깃발처럼 내걸고 있는 그놈의 진실이라는 것이 내 눈에는 어떻게 보이는지 아십니까? 박제 같아요. 바짝 마른 박제 말이에요. 제 말을 못 알아들으시는군요. 작가 선생들이 광주를 어떻게 쓰고 있습니까? 죽은 자들이 흘린 피의 의미, 그들의 눈물, 살아남은 자의 고뇌, 그리고 가해자의 잔인한 악몽과 죄의식 등등. 여기에도 한 가지를 덧붙이지요. 가해자 역시 희생자였다고. 왜? 권력에 눈먼 이들에게 이용되었으니까. 진실이 그렇게 단순한가요? 진실이 그렇게 일목요연하다면 세상은 참으로 명료하게 보이겠지요."
> (정찬, 「슬픔의 노래」, 『20세기 한국소설 42』, 창비, 2006, 213쪽)

지금까지 '광주'는 우리 문학의 주요한 테마이자 화두였다. 수많은 작가들이 '광주'의 진실과 슬픔을 문학적으로 형상화해 왔다. 정찬은

「슬픔의 노래」를 통해 보다 근원적인 질문을 던지고 있다. 이 작품의 주인공 박운형은 80년 광주에 계엄군으로 투입되어 살인을 저질렀다는 사실 때문에 괴로워하며 연극(예술)을 통해 이를 극복하고자 몸부림치는 인물이다.

> "광주에서 전…… 그렇게…… 했습니다. 칼이 몸속으로 파고들 때 몸은 반항을 하지요. 죽음에 대한 반항 말입니다. 그것은 일종의 경련이지요. 칼을 움켜쥔 손안에 가득한 경련은, 그 경련은, 뭐라고 할까요, 생명의 모든 에너지가 압축된 움직임이라고나 할까요. 그러니까 한 인간의 생명이 손안에, 이 작은 손안에 쥐어져 있다는 것이죠. 마치 어떤 물질처럼. 그 물질은 돌멩이처럼 단단한 것이 아닙니다. 달걀처럼 으깨지는 것이지요. 생각해보세요. 자기와 똑같은 한 생명을 그렇게 쥘 수 있다는 것은…… 그것은…… 상상할 수 없는 쾌감입니다."
>
> (「슬픔의 노래」, 218쪽)

광주에 투입된 박운형이 견딜 수 없었던 점은 무고한 시민을 학살할 때 느꼈던 쾌감 때문이다. 한 생명을 움켜쥐고 좌지우지할 수 있는, 이른바 절대자(신)의 영역을 침범한 듯한 순간을 맛본 것이다. '도덕적으로 용납할 수 없는 쾌감'이자 '반역사적인 폭력'의 메아리이다. 그는 이러한 자신의 내부, 즉 '깊숙이 감추어진 생명'의, '인간의 능력으로는 측량할 수 없는 거대한 에너지의 바다'를 응시한다.

이는 '가해자 역시 희생자'였다는 논리를 넘어 문명 자체에 내재해 있는 폭력과 광기, 즉 '아우슈비츠'의 '어둡고 황폐한 풍경'과 닿아 있다는 점에서 인간 존재 본질에 대한 성찰로 이어져 있다고 할 수 있다. 이러한 무섭고도 두려운 내면을 외면하지 않고 들여다보는 행위야말로 이 소설의 주요한 문제의식이 아닐까 싶다. 이를 통해 작가는 인류가 건설한 문명의 허약함과 우리 내면에 웅크리고 있는 폭력과 광기의 심연을 들추고 있다. 우리 안에 아우슈비츠가 도사리고 있는 셈이다. 박운형은 '가난한 연극'(예술)을 통해 이러한 '죄의식의 칼날'에 맞서 몸부림을 친다. '가난한 연극'은 폴란드 실험 연극의 선구자 예지 그로토프스키가 창조한 개념으로, '영혼을 둘러싸고 있는 껍질'을 벗기고, '살을 깎아 뼈를 보여주는' '진정한 고통'을 통해 '관객과 살아 있는 교류'를 추구하는 예술이다.

> "구레츠키는 슬픔의 강 너머에 빛이 있다고 했습니다. 그러면서 그 강을 어떻게 건너는가, 하고 물었습니다. 강을 건너는 방법에는 두 가지가 있지요. 배를 타는 것과 스스로 강이 되는 것입니다. 대부분의 작가들은 배를 타더군요. 작고 가볍고 날렵한 상상의 배를."
>
> (「슬픔의 노래」, 222쪽)

오늘날 우리가 광주와 아우슈비츠의 슬픔을 온전하게 애도하지 못하고 있는 이유 중 하나가 폭력과 광기로 얼룩진 문명의 역사와 이를 무의식적으로 내면화한 뒤틀린 욕망을 제대로 들여다보지 않고 '작고 가볍고 날렵한 상상의 배'를 타고 '슬픔의 강'을 건너려 하기 때문은 아닌지 곱씹어보게 하는 대목이다. 박운형(연극), 구레츠키(음악), 정찬(소설) 등의 경우와 같이 '스스로 강이 되'어 '슬픔의 강 너머'의 '빛'에 다다르려고 몸부림치는 '예술성(문학성)의 극진한 드러냄'이 소중한 이유도 여기에 있다. 이렇듯 「슬픔의 노래」는 문명의 이름으로 '신의 영역'을 침범한 근대성의 폭력과 광기를 응시하며 이를 예술적으로 승화시키고 있는 작품이다.

그렇다면 **오수연의 경우**는 어떠한가. 오수연은 2003년 3월 '민족문학작가회의' 파견 작가 및 '한국이라크반전평화팀'의 일원으로 이라크와 팔레스타인에 다녀왔다. 『아부 알리, 죽지 마』(2004)는 그 체험의 기록이다. 한국에 돌아온 오수연은 현지에서 만난 팔레스타인 시인 자카리아 무함마드와 함께 〈팔레스타인을 잇는 다리〉를 결성한다. 한국과 팔레스타인의 예술가, 평화 운동가, 시민들이 예술과 문화를 통해 연대하여 일그러지지 않은 아름다운 세계상을 만들어 가기 위한 취지의 모임이다. 그 첫 기획이 『팔레스타인의 눈물』(2006)로 결실을 맺었다. 이 책은 '이스라엘-팔레스타인 분쟁'을 한국에 소개하기 위한 목적으로 기획되었다. 오수연은 자카리아 무함마드와 함께 아홉 명의 팔레스타인 시인, 소설가, 또는 학자들의 글을 선정하여 꼼꼼하게 번역하였다.

한편, 『팔레스타인과 한국의 대화』(2007)는 2006년 7월부터 2007년 5월말까지 인터넷 신문 〈프레시안〉에 매주 연재되었던 글들을 묶은 책이다. 팔레스타인 문인이 한국에 글을 보내고, 한국 작가들은 답글의 형식으로 팔레스타인 문인들에게 응답했다. 절실한 사연이 있는 두 국가의 문인들이 서로의 삶과 현실을 돌아보고 '국경'을 넘어 교류한 뜻 깊은 만남이자 대화의 장이라 할 수 있다.

이러한 과정과 더불어 우리는 중동 분쟁을 문학적으로 수용한 소설집 **『황금 지붕』(2007)**을 마주하게 되었다. 이 작품집은 '기록/증언'(『아부 알리, 죽지 마』)에서 출발하여, 그들의 내면적 삶을 이해하기 위한 노력(『팔레스타인의 눈물』)을 거쳐, 글쓰기를 매개로 한 소통과 대화, 그리고 공감의 장(『팔레스타인과 한국의 대화』)을 통해 결실을 맺었다. 오수연에게 중동 분쟁의 문학적 수용은 '기록(증언)→이해(번역)→소통(대화)→창조적 수용(소설)'의 과정, 즉 체험과 실천, 그리고 이를 문학적 언어로 내면화하는 과정이었다.

그 과정을 간략히 살펴보자. 먼저 『아부 알리, 죽지 마』이다.

전쟁으로 전쟁을 막을 수 없고, 폭력으로 폭력을 저지할 수 없다. 폭력의 연쇄를 끊으려면, 우리는 다른 방식을 생각해야 한다. 나는 제3세계 민중의 수탈과 착취로 유지되는 평화가 정당하기 때문에 전쟁에 반대하는 것이 아니라, 전쟁이 해결책이 아니기 때문에 반대한다. 비폭력이 도덕적이어서가 아니라, 폭력으로서는 안 되기 때문에 비폭력을 쓸 수밖에 없다고 생각한다. 이 비폭력은 무저항이 아니다. 폭력을 찢어발기는, 전투 못잖은 힘의 행사며 목숨 건 투쟁이다. 그러나 비폭력 자체는 탱크나 미사일을 파괴할 수 없기 때문에, 직접 행동은 현장에서 끝나지 않는다. 그 저항을 널리 알려 지구촌 인간들의 선택과 결정을 바꾸는, 일상적이고 문화적인 운동이 되지 않을 수 없다. "가라, 너희 나라로 돌아가서 우리의 진실을 알려달라"고 팔레스타인인과 이라크인들은 내게 말했다. 국익과 경제를 위해서라면 못할 짓이 없는, 위험천만한 고국에 이제 나는 돌아와 있다.

(오수연,『아부 알리, 죽지 마』, 향연, 2004, 286-287쪽)

『아부 알리, 죽지 마』는 중동 분쟁의 현장에서 체험한 참혹한 '폭력의 연쇄' 앞에서 봉사활동(실천)과 기록(글쓰기)으로 드러난 자신의 연대활동이 지닌 의미와 한계를 진술하게 응시하고 이를 넘어선 '다른 방식'을 모색하는 디딤돌이 되는 텍스트라 할 수 있다. 따라서 현장에서의 '직접 행동' 혹은 그에 대한 증언 차원을 넘어 '팔레스타인과 이라크의 진실'을 알리는 '일상적이고 문화적인 운동'을 지속적으로 벌이는 일, 이것이야말로 '위험천만한 고국'에 돌아온 오수연 앞에 주어진 과제라 할 수 있다.

『팔레스타인의 눈물』은 이러한 취지에서 나온 책이다. 팔레스타인의 현실을 현지인의 시각으로 바라본 글을 소개하고 있는 번역서이다.

이 책을 번역하면서 나는 내 안의 가물거리는 희망을 가까스로 되살렸다. 팔레스타인 작가들의 글에는 인간다운 존엄함이라든가 품위가 있다. 돈도 무기도 없으므로 이들은 정신으로 싸웠다. 육체는 활활 타오르는 폭력 속에 있을지라도 정신은 분노와 증오에 내주지 않고 승화시킴으로써,

이들은 폭력을 넘어섰다. 늘 그렇듯이 희망은 가장 고통받는 사람들로부터 나온다. 당장 희망을 되살리지 못하면 꺼져버리고야 말 것 같은, 나처럼 갈급한 독자들과 이 감동을 나누고 싶다.
(오수연, 「옮긴이의 말」, 『팔레스타인의 눈물』, 도서출판 아시아, 2006, 9쪽)

오수연은 이라크 전쟁과 팔레스타인 분쟁의 기록자에서 그들의 문학을 소개하는 번역자로 몸을 바꾸었다. 단기간의 취재를 통해 그들의 현실을 온전하게 포착하기란 쉽지 않다. 팔레스타인 작가들의 눈에 비친 그들의 현실은 파견 작가 오수연이 취재한 현실과 동일하지 않다. 『아부 알리, 죽지 마』가 한국 파견 작가의 눈에 비친 아랍 현실의 기록이라면, 『팔레스타인의 눈물』은 팔레스타인 작가들의 눈에 비친 그들의 현실을 담고 있다. 전자가 외부인의 시각이라면, 후자는 아랍의 현실을 그들의 눈으로 보고 있다는 점에서 내부인의 시각이라 할 수 있다. 그들의 현실에 다가가기 위해서는 내부인의 시각을 전유할 필요가 있다. 오수연은 이를 위해 번역자의 역할을 자청한 것이다.

다음은 『팔레스타인과 한국의 대화』이다. 이 책은 한국의 작가와 팔레스타인 문인을 이어주는 디딤돌을 놓아 '문학적 소통'의 소중함을 환기하고 있다. 여기에는 타자의 삶을 통해 자신의 현실을 곱씹어보고, 나아가 스스로의 삶을 성찰하는 양국 문인들의 진실한 교감의 언어가 음각되어 있다.

나는 내 영혼이 언제라도 싸울 수 있도록 준비할 것이나, 동시에 싸움으로 내 영혼이 얼룩지지 않도록 경계할 것이다. 오래 지속된 싸움이 인간의 영혼을 파괴할 수 있음을 나는 안다. 그것이 자유를 위한 투쟁일지라도 말이다. 나는 내 영혼이 증오와 어둠의 바다에서 헤엄치도록 놔두지 않을 것이다.
(자카리아 무함마드, 「열 번째 날의 호랑이」, 『팔레스타인과 한국의 대화』, 열린길, 2007, 168-169쪽)

벌써 3년도 넘은 일입니다. 그런데 나는 여기 한국에서 여전히 헤매고 있습니다. 팔레스타인이라는 장소가 내 안에 들어와 버리고 말았습니다. 그 뒤틀린 땅이 내 안에 들어와, 멍한 사자상이 계속 소리 없이 으르렁거렸습니다. 예컨대 이라크 파병 논란이 있었을 당시, 우리가 살려면 어쩔 수 없다는 이른바 현실론이야말로 내게는 오히려 비현실적으로 뒤틀려 보였습니다.

(오수연, 「어느 사자상도 울지 않는 데서 만나요. 인샬라!」, 『팔레스타인과 한국의 대화』, 열린길, 2007, 74쪽)

이렇게 '팔레스타인이라는 장소'가 자신의 안에 들어온 한국의 소설가는, 이라크에 파병을 결정한 한국 정부의 논리 즉, '우리가 살려면 어쩔 수 없다는 이른바 현실론'을 '비현실론'으로 전복시킨다. 부조리한 한국의 현실을 '팔레스타인'이라는 거울로 되비추는 성찰의 시선이라 할 수 있다.

이러한 과정과 더불어 탄생한 『황금 지붕』은 지상에 발붙일 곳조차 없는 비참한 처지에 놓인 사람들의 삶에 '어떻게' 다가갈 것인가의 문제를 집요하게 천착한다. 오수연은 지상에서 가장 참혹한 상태에 있는 지역들에 대한 체험을 바탕으로, 그들의 고통을 내면화하는 과정을 거쳐 급기야 우리의 감각과 의식 자체를 쇄신하지 않고서는 그들에게 다가갈 수 없다는 사실을 보여줌으로써 한국문학의 새로운 가능성을 개척하고 있다.

『황금 지붕』을 지배하고 있는 아우라인 '시공간의 변형과 전치'는 '그들'의 삶을 자신의 삶으로 끌어들이는 이러한 작가의 치열한 내면의식을 바탕으로 형성된 것이다. 추상(주관적 시공간)이 구상(객관적 시공간)을 밀어내는 과정을 잠시 따라가 보자.

삼십 분쯤 뛰어가도 풍경이 똑같을 것 같은 이 황무지가 검문소가 있음으로써 좌표로 나뉜다. 검문소 왼쪽이 왼쪽이며, 검문소 오른쪽이 오른쪽이다. 사람들은 똑바로 가지 않고 왼쪽에서 오른쪽으로, 또 오른쪽에서 왼쪽으로 이 지점을 향해 모여들어 줄을 선다. 줄 서 있는 발밑이 여기고, 검문소 너머는 저기다. 그런데 여기에서 저기까지 거리는 매우 신축적이다. 오 분일 수도, 열두 시간일 수도 있다. 공간이 볼록렌즈 형이거나 말안장 형이라는 말을 나는 이제야 이해하겠는데, 한 가지 이견이 있다. 공간을 우그러뜨리는 힘은 질량이나 중력이 아니다. 저것이다. 두두두두.
(오수연, 「황금 지붕」, 『황금 지붕』, 실천문학사, 2007, 233-234쪽)

화자가 발 디디고 있는 땅에서는 '검문소'가 있음으로 '좌표'가 생긴다. '줄 서 있는 발밑'(여기)과 '검문소 너머'(저기) 사이의 거리는 매우 '신축적'이다. 이 거리는 '오 분일 수도, 열두 시간'일 수도 있는데, 이 '공간을 우그러뜨리는 힘은 질량이나 중력'이 아니라, 점령군의 총구다.

제 맘대로 왼발 앞에 오른발을 또 오른발 앞에 왼발을 내디딜 땅을 빼앗긴 사람들은, 왼발을 내디딜 일 초, 또 오른발을 내디딜 일 초 또한 빼앗긴다. 지금 이 순간은 이들에게는 강제된 순간이고 없어야 좋을 순간이다. 이들에게는 시간이 오히려 거꾸로 간다. 남자들로부터 몇 미터쯤 떨어져 따로 세로줄을 서 있는 여기 여자들은, 머리끝부터 발끝까지 검은 옷을 치렁치렁 드리웠다. 수십 년 전 할머니 세대는 당시 세계적 유행에 따라 미니스커트를 입기도 했으나, 장벽에 갇힌 그들의 손녀들은 민족정신과 전통으로 회귀했다. 같은 자리에 서 있으되 이들은 과거로 밀려나고 있다. 이들은 다른 시간대에 서 있다. 이들은 여기 있으나 지금 이 순간에는 없다. 이들은 존재해도 존재하지 않는다.
(「황금 지붕」, 237쪽)

공간을 빼앗긴 사람들은 시간 또한 빼앗긴다. '이들에게는 시간이 오히려 거꾸로' 간다. 이들은 근대의 시간과 '다른 시간대'에 서 있다. 따라서 '그들'은 '여기 있으나 지금 이 순간에는 없'으며, '존재해도 존재하지 않'는 존재가 된다. 이들의 시공간을 내면화하고, 스스로가 서 있는 지점을 직시하자 지금까지 우리가 믿어왔던 객관적인 시공간이 붕괴되기 시작한다. 화자는 '모든 곳이자 아무 데도 아닌 오직 한 지점. 접히고 찌그러지고 압축되다 못해 터져버리려는 빅뱅의 직전'에 서 있는 자신을 실감한다. 여기가 아무 장소가 아닌데, '저기나 거기라는 게 과연 아직도 굳건히 버티고 있을까?' 그렇다면 몇 주 후 화자가 돌아갈 고향(한국)은 어디에 있는 것일까?

> 내 고향은 여기의 동쪽이어야 하지만, 여기가 세상 어디 지점이 아닌데 거기인들 어느 방향과 거리에 위치할 수 있겠나. 땅이 제각각 성스럽고 불가피하며 정당한 이유로 갈갈이 찢겨, 파편들이 제각각 정처 없이 떠간다. 특히 작은 한 조각, 나의 고향이 멀어져간다.
>
> (「황금 지붕」, 251쪽)

따라서 오수연의 소설 한 편 한 편은 '지구를 우그러뜨리는 장력의 원리', 즉 '여기 있는 우리에게는 도저히 있을 수가 없는 일이 저기 있는 저 사람들에게는 있을 수 있'으며, '여기 우리가 살기 위해서는 저기 저 사람들에게 그런 일을 할 수도 있다'는 '국익'의 논리에 맞서 우리 '발밑의 땅'을 구하고자 하는 세계시민적 안목의 '기도'다.

> 나는 지구를 우그러뜨리는 장력과는 반대의 힘, 각기 무수한 꽃잎을 가진 무수한 꽃송이로 피어나려는 땅의 의지를 느꼈다. 그것을 모래폭풍, 먼지바람, 천지를 뒤흔드는 진동 같은 형태로 이 소설에 처음부터 끝까지 작동하고 있다. 땅의 무수한 잎 중 하나에 나는 이미 깃들어 있다. 나는 나를 구하고자 했다. 모든 사람들, 모든 생명들, 자기 발밑의 땅 위에 깃드시기를, 이 소설은 기도다.
>
> (「작가의 말」, 334쪽)

'우리'만이 아닌 '그들'과 함께 하는 '눈'으로 세상을 보았을 때, '지구를 우그러뜨리는 장력과는 반대의 힘', 즉 '각기 무수한 꽃잎을 가진 무수한 꽃송이로 피어나려는 땅의 의지'를 느낄 수 있을 것이다. 오수연의 소설에 '작동'하고 있는 기도문이다.

3. 서구적 근대성에 대한 미학적 응전: 황석영 『손님』

황석영의 『손님』(2001)은 황해도 진지노귀굿 열두 마당을 작품의 기본 구조로 차용하고 있다. 황해도 진지노귀굿 열 두 마당의 순서와 『손님』의 순서를 대비해보면 다음과 같다.

① 진지노귀굿 : 1. 초부정, 2. 시왕제석, 3. 사자, 4. 대내림, 5. 맑은 혼 맞기, 6. 사자베 가르기, 7. 생명돋움, 8. 시왕베 가르기, 9. 길 가르기, 10. 망자 옷 태우기, 11. 넋반상 받기, 12. 상문풀기[19]

② 『손님』: 1. 부정풀이-죽은 뒤에 남는 것, 2. 신을 받음-오늘은 어제 죽은 자의 내일, 3. 저승사자-망자와 역할 바꾸기, 4. 대내림-살아남은 자, 5. 맑은 혼-화해 전에 따져보기, 6. 베 가르기-신에게도 죄가 있다, 7. 생명돋움-이승에는 누가 살까, 8. 시왕-심판마당, 9. 길 가르기-이별, 10. 옷 태우기-매장, 11. 넋반-무엇이 될꼬 하니, 12. 뒤풀이-너두 먹구 물러가라

인용 대목에서 『손님』은 지노귀굿의 형식을 거의 변형 없이 차용하고 있음을 알 수 있다. 몇몇 어휘를 현대어로 고쳐 썼으며, 작품 내용에 맞게 부제를 달았을 따름이다. 이는 『손님』에서 황해도 진지노귀굿이 차지하는 비중을 미루어 짐작할 수 있는 부분이다.

---

[19] 김인회, 「굿에서의 죽음의 교육적 의미-황해도 진지노귀굿을 중심으로」, 『황해도 지노귀굿-망자의 천도를 비는 굿』, 열화당, 1993, 103쪽 참조.

진지노귀굿에는 다른 종류의 굿들과 확연하게 구별되는 독특한 구조적 특징이 있는데, 그것은 굿의 절차들 간의 관계가 일관적 연계성을 지닌다는 점이다. 산 자와 죽은 자가 삶과 죽음의 연계성을 재체험하는 과정이 진지노귀굿에는 일관된 논리로 반영되어 있다. 이는 굿의 제의적 특성과 연관되는데, 특히 지노귀굿에서는 살아남은 자들과 망자와의 이별의 재체험 과정이 강조된다. 이 경우 망자만이 아니라 살아남은 자들 또한 맺힌 한을 풀고 마음이 맑아지는 단계로 성숙한다.[20]

이러한 진지노귀굿의 구조적 특성은 삶과 죽음, 실재와 헛것, 인간과 유령, 현재와 과거 등의 소통(화해)을 통해 비극적 분단현실을 넘어서려는 작품의 주제의식에 형식적 안정감을 부여한다. 특히 '신천학살사건'이라는 과거의 역사를 소환하여 이념적 갈등을 해소하려는 작품의 의도는, 살아남은 자들과 망자와의 이별의 재체험을 통해 서로가 맑은 혼으로 승화되는 굿의 절차와 포개지며 상승 작용을 일으킨다.

한편, 『손님』에서 작중을 떠도는 유령들은 기독교와 마르크시즘으로 대변되는 서구적 모더니티(손님)에 짓눌려 억울한 죽음을 당한 원혼들이다. 이들은 분단현실이 야기한 민족적 비극의 희생양이다. 황석영이 차용한 황해도 진지노귀굿은 이들을 위로하기 위한 넋굿인 셈이다. 이 넋굿의 목적은 원혼들의 한을 풀고 화해와 상생의 시대를 준비하는 것이다.

원혼들의 화해 방식을 구체적으로 고찰해 보자. 진지노귀굿에서 망자는 생전에 있었던 그대로의 인격 수준으로 굿판을 찾아와서는 굿 절차가 진행되어 감에 따라 더욱 성숙해진 상태로 승화되어 떠난다.[21] 황석영은 이러한 진지노귀굿의 '맑은 혼 맞기' 절차를 차용하여 과거의

---

20 김인회, 위의 글, 113-115쪽 참조.

21 김인회, 앞의 글, 114쪽 참조.

원혼을 불러들인다. 서술자의 개입이 절제된 진술 방식은, 망자를 생전의 모습 그대로 불러내어 갈등하는 세력 사이의 골 깊은 적대감을 해소하려는 작가의 의도를 함축하고 있다.

'순남 아저씨'(공산주의)와 '류요한'(기독교) 사이의 대화(죽은 자의 대화)를 중심으로 짜여진 '제5장 맑은 혼-화해 전에 따져 보기'는 원혼들의 목소리를 환각·환상의 힘을 빌어 교차 서술함으로써 '제8장 시왕-심판마당'을 예비한다. 제5장에서는 '신천학살사건'의 배경이 각자의 관점에서 진술되고 있다. 이는 과거 신천에서 벌어진 살육과 대립의 현장을 구체적으로 제시하기 전에 서로의 입장을 따져봄으로써 양자 사이의 대화적 관계를 만들어내는 데 기여한다. 이러한 과정을 통해 '제8장 시왕-심판마당'에서는 신천학살사건의 전모가 드러난다. 주목할 점은 유령들의 목소리와 살아남은 자의 목소리가 상호 교차하며 해원의 과정이 구체적으로 드러난다는 점이다.

살아남은 자의 목소리를 중심으로 해원의 과정을 따라가 보자. 우선 살아남은 자는 원혼들의 목소리를 통해 왜곡된 과거의 역사를 바로잡는다. 이를 통해 과거와 현재, 기독교와 공산주의가 대화적 관계를 형성한다. 이 화해의 영매가 요섭이다. 굿판을 주재하기 위해 요섭은 형과 한 몸이 되어 고향을 방문한다. 이러한 모습은 형의 교조화된 기독교 정신과 요섭의 기독교 정신이 혼융된다는 사실을 드러내주며, 과거와 현재가 대화적 관계를 맺으며 고향(신천)으로 수렴된다는 것을 의미한다. 이는 살아남은 자가 망자와 대면하여 서로의 원한을 확인하고 화해하는 제의의 준비 과정이라 할 수 있다.

한편, 마르크시즘의 관점 또한 요섭의 시각을 통해 재조명된다. 이러한 작업은 북한의 공식 담론, 즉 마르크시즘의 왜곡된 역사 해석을 요섭의 시각으로 상대화하는 데서 시작된다. 북한은 기독교와 마르크시즘을 배경으로 한 민족 내부의 참혹한 전쟁이었던 '신천학살사건'을 미군이 저지른 만행이라고 왜곡한다. 과거의 역사가 현재의 필요에 의해 정교하게 조작된 것이다. 이러한 북한의 태도는 이 사건을 직접 체험한 요섭의 시각을 통해 폭로된다.

북한의 공식 담론을 상대화한 요섭은 또다른 영매 소메 삼촌(안성만)을 만남으로써 기독교와 마르크시즘 사이의 대화적 관계를 형성한다. 소메 삼촌이라 불리는 안성만은 교인이며 당원이다. 이는 기독교와 마르크시즘을 동시적으로 체현한 인물이라는 사실을 암시한다.

> 야소교나 사회주의를 신학문이라고 받아 배운 지 한 세대도 못 되어 서로가 열심당만 되어 있었지 예전부터 살아오던 사람살이의 일은 잊어버리고 만 것이다.
>
> (황석영, 『손님』, 창작과 비평사, 2001, 176쪽)

> 사람은 무슨 뜻이 있거나 가까운 데서 잘해얀다구 기랬디. 늘 보넌 식구들콰 동니사람들하구 잘해야 한다구. 길구 제 힘으로 일해서 먹구살디 않으문 덫을 놓아 먹구살게 되넌데 기거이 젤 큰 죄라구 말이다. 난 목사가 되딘 않았디만 선생님 말씀대로 살라고 힘써서."
> (중략)
> "아직두 난 교인이다. 길구 당원이야."
>
> (『손님』, 173쪽)

안성만은 '예전부터 살아오던 사람살이의 일', 즉 '가까운 데'인 '늘 보넌 식구들콰 동니사람들'한테 잘하고 '제 힘으로 일해서 먹고살'아야 한다는, 함께 하숙하던 선생님의 말을 가슴에 품고 기독교와 마르크시즘을 내면화하고 있는 인물이다.

이렇듯, 기독교와 마르크시즘의 만남은 '예전부터 살아오던 사람살이의 일'을 매개로 이루어진다. 여기에서 소메 삼촌이 터득한 삶의 태도는 토착적 삶의 방식을 현재적으로 전용하는 모습이라 할 수 있다. 그의 삶은 전통적 삶의 방식을 통해 서구의 문화를 전용하려는 태도를 보여준다. 소매 삼촌이 남과 북, 기독교와 마르크시즘, 이데올로기와 일상적 삶, 과거와 현재, 삶과 죽음의 경계에서 비극적 분단현실 너머를 조망하는 예언자(영매)가 될 수 있는 것도 이 때문이다.

> "기도는 안하세요?"
> "기런 때엔 기도허는 거이 아니다. 나타나문 보아주구 말하문 들어주는 게야. 인차 세상이 바뀔라구 허는지 부쩍 나타나구 기래. 너 왜 기런다구 생각허니?"
> "저희들 가책 때문인가요?"
> (중략)
> "그 일을 겪은 사람덜으 때가 무르익었단 소리디. 이제 준비가 되었단 말이다. 기래서…… 구원할라구 뵈는 게다."
>
> (『손님』, 174-175쪽)

위의 인용문은 '나타나문 보아주구 말하문 들어주는' 삶의 태도, 즉 '예전부터 살아오던 사람살이'의 태도가 통일 시대를 준비하는 '굿판'의 매개물로 전화하고 있음을 보여준다. 이러한 과정을 통해 살아남은 자와 죽은 자가 어우러지는, 화해와 상생의 시대를 예비하는 한판 굿이 전개되는 것이다.

이렇듯, 『손님』에서 차용한 황해도 진지노귀굿은 작품의 형식과 내용을 지배하며 서구적 이념에 희생된 원혼을 위무하는데 기여하고 있다. 특히, 재현의 틀을 넘어서는 진지노귀굿의 차용은 서구적 근대성에 대한 미학적 응전의 한 방식으로 기능하고 있다. 물론 미흡한 점도 없지 않다. 서구적 근대 양식에 전통 양식을 포개어 놓고, 서구 문화의 일방적 강요에 희생된 주변부 원혼들을 위무하려는 황석영의 작업은 다소 기계적이고 도식적인 시도라는 혐의에서 자유롭지 못한 것이 사실이기 때문이다.[22] 하지만 세계문학으로서의 가능성을 전통 양식의 현대적 전용을 통해 타진하려는 그의 모색은, 서구문학에 응전하는 우리 서사의 창조적 갱신의 한 예를 보여준다는 점에서 2000년대 한국 문학의 소중한 성과로 기억될 것이다.

4. 디아스포라 문학의 가능성과 불가능성: 조해진 『로기완을 만났다』

디아스포라 문학은 국민국가의 배타적 영역을 심문한다. 하지만, 이들의 현실적 삶이 국민국가의 영역 안에서 영위된다는 사실 또한 부인할 수 없다. 따라서 디아스포라 문학은 국민국가의 모순을 비판하는 동시에 근대의 메커니즘을 껴안아야 하는 모순된 운명을 지닌다. '나라를 기억하되 나라를 잊'어야 하는 셈이다. 전 지구적 자본주의 세계체제는 서구와 비서구, 중심과 주변, 로컬과 글로벌 그 어디를 막론하고 예외 없이 작동된다.

이를 염두에 두고 한국의 탈북 디아스포라 문학을 살펴보자. 1990년대 중·단편 중심으로 창작되었던 탈북 디아스포라 소설은 2000년대 중·후반 이후 본격적인 장편들로 몸을 바꾸었다. 탈북 디아스포라 문학이 지닌 의미를 요약하면 다음과 같다. 우선, 두 체제와 문화를 동시에 경험하고 있는 이들의 정체성이 남북한 사회의 구조적 모순을 비판적으로 바라볼 수 있는 시각을 제공한다는 점이다. 다음으로, 탈북 디

---

22 권성우는 황석영의 이러한 기획이 정통 리얼리즘에 대한 지나치게 완고한 인식에서 비롯된 것이 아닌가 하는 의문을 제기한다. 나아가 리얼리즘을 서구적 양식으로 보면서 동아시아의 새로운 서사 양식을 창출해야 한다는 황석영의 관점은 전도된 오리엔탈리즘의 혐의에서 자유롭지 못하다고 보았다(권성우, 「서사의 창조적 갱신과 리얼리즘의 퇴행 사이-황석영의 『바리데기』론」, 『한민족문화연구』 제24집, 한민족문화학회, 2008, 241-243쪽 참조).

아스포라의 문제는 인권, 전지구적 자본주의, 분단 모순 등이 얽힌 복잡한 문제를 안고 있다. 그들은 민족 분단의 '희생자'인 동시에 자본주의 사회에 방치된 '약소자'라는 이중의 멍에를 짊어진 채 살아가고 있다. 이에 탈북 디아스포라 문학은 근대적 일상과 분단 현실, 세계사적 보편성과 민족사적 특수성이 얽혀 있는 복합적인 문제를 제기한다. 따라서 탈북자 문제를 다룬 텍스트는 근대 국민국가의 의미와 한계는 물론 '미국→한국(남한)→중국(조선족)→북한' 순으로 서열화되는 전 지구적 자본주의 세계체제의 문제를 성찰할 수 있는 계기를 마련해준다. 지금까지 우리 문학은 이에 대한 상당한 성과를 축적해왔다.

『로기완을 만났다』(2011)는 탈북 디아스포라 로기완의 삶을 추적하고 있는 작품이다. 하지만 기존의 작품들과 접근 방식이 다르다. 위에서 일별한 탈북 디아스포라라는 문제적 차원이 작품의 중심에 있지 않다. 『로기완을 만났다』는 일반명사(보편명사)로서의 디아스포라(탈북자)를 고유명사(구체명사)의 영역으로 옮겨놓고 있다. 로기완, 윤주, 박 등의 삶이 공명(共鳴)하면서 화자의 내면에 음각하는 소통의 무늬가 인상적인 작품이다.

> 처음에 그는, 그저 이니셜L에 지나지 않았다.
> 종종 무국적자 혹은 난민으로 명명되었으며, 신분증 하나 없는 미등록자나 합법적인 절차 없이 유입된 불법체류자로 표현될 때도 있었다. 그는 또한 그 누구와도 현실적인 교신을 할 수 없는 유령 같은 존재이기도 했고, 인생과 세계 앞에서 무엇 하나 보장되는 것이 없는 다른 땅에서 온 다른 부류의 사람, 곧 이방인이기도 했다.
> (조해진,『로기완을 만났다』, 창비, 2011, 7쪽)

이 작품에는 '이니셜 L'이라는 암호이자 마법의 주문이 '로기완'이라는 '살아 있는 사람의 이름'으로 거듭나는 과정이 치밀하게 그려져 있다. 거대하고 무정한 정치 게임에 희생된 개인들의 환멸과 눈물, 그들의 눈에 보이지 않는 고통까지 애틋함의 시선으로 완성하는 것. 이 소설이 쓰인 이유이다.

조해진은 이를 위해 '로기완'의 일기(자술서)를 다시 쓰는 형식을 취한다. 이는 로기완의 내면에 화자의 마음을 포개는 작업이다. 타자와 만나는 과정 그 자체가 소설의 진짜 주인공인 셈이다. 이는 또한 로기완에 대한 관심에서 촉발되었던 소설 쓰기가 자기 자신의 일기 쓰기로 거듭나는 과정이기도 하다. 로기완의 삶의 흔적을 통해 살아 있는 자신을 긍정하고 그에게 들려주고 싶은 나의 이야기를 쓰는 과정이기 때문이다. 로기완이 화자의 삶으로 들어온 거리만큼 화자 역시 그에게 다가가야 한다. 하여, 이 작품은 로기완을 나에게 끌어들이고 나를 그에게 포개는, 로기완이 개입된 화자 자신의 일기이다. 타인의 삶에 다가가기 위해서는 그의 삶을 절실하게 이해하는 만큼 자신의 삶도 엄정하게 바라보아야 한다. 이는 섣부른 연민을 넘어 가혹한 고통과 뒤섞인 진짜 연민을 느끼기 위한 전제이다.

그렇다면 연민이 진심이 되려면 무엇이 필요하고 무엇이 포기되어야 하는가? 화자는 불우한 사연의 사람들을 소개하고 ARS로 실시간 후원을 받는 방송 프로그램의 작가이다.

> 타인을 관조하는 차원에서 아파하는 차원으로, 아파하는 차원에서 공감하는 차원으로 넘어갈 때 연민은 필요하다. 그리고 그 과정에서 어떤 사람들은 자신을, 자신의 감정이나 신념 혹은 인생 전체를 부정하는 고통을 겪기도 한다. 화면 속 당신이 나와 다르지 않다는 걸 느끼는 순간은 내 삶이 그만큼 처절하게 비극적일 때만은 아닐 것이다. 내가 믿어왔던 모든 것을 의심하고 부정하는 순간, 나 역시 불우한 땅을 딛고 있는 가엾은 존재가 되는 거라고 나는 생각하게 되었다.
>
> (『로기완을 만났다』, 53쪽)

이를 실천하기 위해 노력하던 중 윤주를 만난다. 윤주는 '오른쪽 뺨과 턱을 감싸는 얼굴만큼 커다란 혹'을 지닌 열일곱 살 여고생이다. 그녀의 어머니는 집을 나갔고 아버지는 3년여 전에 죽었으며 여동생은 행방불명 상태다. 화자는 윤주의 방송 날짜를 추석 연휴가 끼어 있는 주로 옮긴다. 자연스럽게 수술 날짜는 석 달 뒤로 연기된다. 그 와중에서 윤주의 종양이 악성으로 바뀌었다. 암 덩어리였다. 윤주에 대한 죄의식이 화자를 뒤덮는다. 죄의식은 이내 '가학적인 의심'으로 바뀐다.

타인의 고통에 공감하고자 노력한 화자의 행위가 전면적으로 의심되고 부정되기 시작된다. 이러한 자기 성찰과 더불어 새롭게 타자의 삶에 다가가기 위한 노력이 펼쳐진다. 윤주의 삶과 로기완의 삶이 화자의 내면에서 포개지는 순간이다. 이로써 너무나 외로웠던 한 사람(로기완)의 흔적을 찾아다니는 서사가, 윤주의 숨겨진 눈물을 애틋함의 시선으로 완성해 주는 이야기와 한 몸으로 어우러져 화자 자신의 내적 여정을 담은 글로 수렴된다.

'어머니는 저 때문에 돌아가셨습니다. 그래서 저는, 살아야 했습니다.' 화자를 로기완에게로 이끈 문장이다. 화자는 스스로에게 심문한다. '누군가 나 때문에 죽거나 죽을 만큼 불행해졌을 때 내가 할 수 있는 일이란 게 고작 사는 것, 그것뿐인 상황을 어떻게 받아들여야 할지 모르겠다고.' '자신을 합리화하기 위해 끊임없이 변명을 찾아내는 것 말고 죽거나 죽을 만큼 불행해진 사람들에게 어떤 마음을 가져야 하는 건지, 그걸 묻고 싶은 거라고요!' 이러한 자문은 결국 '로의 인생을 알기 위해 여기까지 온 것은 나 또한 살아야 한다는 그 절대적인 명제를 수긍하고 받아들이고 싶어서였다는 것'임을 깨닫게 해준다. '타자를 향한 글쓰기'가 '나를 위한 글쓰기'로 몸을 바꾸는 장면이며, '나'와 '타자'를 이어주는 '작은 틈새'가 열리는 순간이기도 하다. 자신이

'믿어 왔던 모든 것을 의심하고 부정하는 순간', 탈북 디아스포라로서의 '로기완'이 아니라 고유명사로서의 '로기완'이 화자의 가슴에 들어오고, 자신 '역시 불우한 땅을 딛고 있는 가엾은 존재'가 된다. 그리고 '나'와 '타자'를 구분 짓는 경계가 흐릿해진다. 이와 같은 과정을 거쳐 비로소 '로'의 고독과 불안은 화자의 내면에 깃들고, 나아가 가능성으로만 존재하던 가상의 슬픔이 구체적 슬픔의 형상을 부여받는다.

조해진 소설의 공감과 소통은 이러한 혹독한 과정을 거쳐 힘겹게 이루어진다. 이는 '나→타자(로기완)→우리(로기완/나)' 혹은 '로의 일기→소설(로기완/나)→나의 일기'로 이어지는 여정이다. 이러한 과정을 거쳐 '이니셜 L'은 '살아 있고, 살아야 하며, 결국은 살아남게 될 하나의 고유한 인생, 절대적인 존재, 숨 쉬는 사람', '로기완'으로 거듭난다. 탈북 디아스포라 '로기완'의 삶이 소재적 차원을 넘어 작품의 형식과 주제 속으로 스며드는 장면이다. 따라서 『로기완을 만났다』는 디아스포라에 '관한' 소설이 아니다.

5. '세계적 지역문학'을 향하여

> 오늘날 세계문학은 지역적 삶을 초월하거나 그 외부에 존재하는 문학, 즉 동경과 선망의 대상으로서의 서양문학이 아니라 이미 세계적 구상과 힘들이 속속들이 침투해있는 지역적 장소에서 이루어지는, 지역적이면서 세계적인 문학의 형태를 띨 가능성이 높아지고 있다.
> (김용규, 「'세계적' 지역문학과 실코의 『의식』」,
> 『지구적 세계문학』 제7호, 2016 봄, 182쪽)

지금까지 일별한 작품들은 '이미 세계적 구상과 힘들이 속속들이 침투해있는 지역적 장소'들의 문제를 새로운 '세계'[23]로 개방하는 가능성을 타진하고 있다.

「아메리카」는 한국의 '기지촌'이라는 특정 지역에서 관철되고 있는 세계 자본주의 체제의 한 양상, 즉 아메리카의 신식민주의적 지배 양상을 날카롭게 해부하고 있다. 자본의 흐름이나 시장 지배의 헤게모니는 물론 이를 뒷받침하면서 현지의 지역 공동체를 통제하고 있는 서구적 문화 이데올로기의 허구성 또한 비판적으로 성찰하고 있다. '지역적 삶'을 지배하고 있는 '세계적 구상과 힘들'의 양상을 냉철하게 성찰하고 있은 작품이다.

「슬픔의 노래」는 1980년 광주의 슬픔을 심화·확장하고 있다는 점에서 주목할 만하다. 정찬은 문명 자체의 근원적 폭력성을 탐색하는 과정과 이러한 폭력에 희생된 영혼을 위무하는 작업을 포갬으로써 광주의 상처를 '아우슈비츠'와 연결시킨다. 가해자와 피해자, 문명과 야만, 과거와 현재 등을 가로지르는 '슬픔의 노래'는 근대성의 폭력과 광기를 예술적으로 승화시키는 방향으로 나아가고 있다. 광주와 아우슈비츠의 상처를 '스스로 강이 되'어 '슬픔의 강 너머'의 '빛'에 다다르려고 몸부림치는 '예술성의 극진한 드러냄'('세계')으로 개방하고 있는 작품이다.

『황금 지붕』은 '우리'만이 아닌 '그들'과 함께 하는 '기도'로 한국과

---

[23] 가라타니 고진의 '세계' 개념을 참조했다. 고진에 따르면, '세계종교'는 세계적으로 퍼져있다는 의미가 아니라 '세계'라는 관념을 제시한 종교를 말한다. 그것은 일반적으로 말하는 '공동체의 종교'와 다르다. '공동체의 종교'는 인간이 집단이나 공동체로 살아가기 위해 강제되는 다양한 구조·시스템을 말한다. 예를 들어 공동체의 바깥에 대한 안으로서 존재하는 것이다. 그것은 외부의 카오스에 대한 질서로 기능한다. 고진에 따르면 세계종교는 공동체의 종교에 대한 비판으로 출현했다. 세계종교는 내부와 외부라는 공동체의 공간에 대해 그 외부가 없는 '세계'를 열어 보인 것이다. 세계종교는 공동체의 바깥, 이른바 공동체와 공동체 사이에서 나온다. 그것이 '세계'이고, 이 세계에는 외부도 내부도 없다(가라타니 고진, 『언어와 비극』, 조영일 옮김, 도서출판b, 2004, 241-243쪽 참조).

팔레스타인을 '세계'로 개방하고 있는 작품이다. 오수연은 팔레스타인의 현실을 거울로 '국가이성의 요괴', 즉 자국의 이익을 중시하는 '현실론'을 집요하게 심문하고 있다. '감각과 의식의 쇄신'을 통해 민족과 국가의 경계를 아슬아슬하게 넘나들고 있는 오수연의 작업은 '지구적(새로운) 세계문학' 혹은 '세계적 지역문학'의 한 가능성을 보여주고 있다.

『손님』은 북한의 '신천'을 기독교와 마르크시즘으로 대변되는 서구 모더니티의 격전장으로 소환하고 있다. 전통 양식을 통해 서구적 근대성을 전용하고 있는 황석영의 미학적 응전은 한국문학이 '세계'로 나아가는 주요한 방향성 하나를 시사한다.

『로기완을 만났다』는 탈북 디아스포라 로기완(일반명사)을 고유명사 로기완(구체명사)으로 거듭나게 한다. 이는 '나'와 '타자'의 경계를 허무는 과정이자, 자신이 '믿어왔던 모든 것을 의심하고 부정'하는 작업인 동시에 '나 역시 불우한 땅을 딛고 있는 가엾은 존재'라는 사실을 깨닫는 일이다. 로기완을 통해 새로운 나를 만나는 일이다. '나'와 '타자'를 이어주는 '작은 틈새'('세계')로 디아스포라 문학을 개방하고 있는 작품이다.

'자신'을 넘는 문학들,
아프리카(계) 작가들의 경계 넘기:

『The Good Doctor』, 『인간들의 가장 은밀한 기억』, 『그후의 삶』

1. 아프리카(계) 문학의 열기

지구촌이 아프리카(계) 문학에 주목하고 있다. 2021년, 세계에서 가장 권위 있는 문학상으로 꼽히는 3대 문학상을 남아공의 백인 작가 데이먼 갤것(부커상), 세네갈의 모하메드 은부가르 사르(공쿠르상), 탄자니아 출신 압둘라자크 구르나(노벨 문학상) 등 아프리카(계) 작가들이 수상했다. 2016년 한국의 소설가 한강이 수상해 화제가 되기도 했던 부커상 인터내셔널 부분도 세네갈 출신의 작가 다비드 디옵에게 돌아갔다.

물론 이러한 문학상 자체가 '지구적 세계문학'[24]을 대변하는 것은 아니다. 서구중심주의 문학 담론의 자장에서 자유롭지 못한 것도 사실이

---

[24] '지구적 세계문학'은 김재용의 용어이다. 그는 주로 구미 바깥에서 생산되고 있는 세계문학을 구미 중심의 세계문학 이론과 담론이 전용하고 있다는 사실을 전제로, '이러한 비대칭과 괴리를 극복하기 위해서는 세계문학의 장에 지각변동이 일어나야만 한다'고 주장한다. 비서구문학의 연대를 통해 자신들의 문학이 갖는 세계성을 스스로 표현해내고 이를 이론화하는 작업이 긴요하다는 것이다. 나아가 '국가이성의 요괴'를 넘어서기 위하여 기존의 외교 통로가 아닌 수평적 작가 네트워크 구축의 필요성을 강조한다. 이러한 의도에서 제기된 '지구적 세계문학' 개념은 구미중심의 세계문학 담론은 물론 기존의 제3세계론이나 탈식민주의론과 구분되는 뚜렷한 문제의식을 함축하고 있다.

다. 하지만 아프리카(계) 문학의 열기를 이들 작가들이 서구의 언어인 영어, 프랑스어, 스페인어 등을 모국어처럼 자유롭게 구사할 수 있다는 점, 또는 그들이 서구와 비서구의 긴장을 세련되고 균형 잡힌 시선으로 포착하고 있다는 사실 등에서 찾는 서구중심주의적 관점에 동의하기도 어렵다.[25]

오히려 서구 제국의 언어가 더 이상 비서구를 타자화하는 독점적이고 배타적인 기능을 하지 못한다는 점에 주목할 필요가 있다. 아프리카를 포함한 비서구의 작가들이 식민 제국의 언어를 통해 서구의 관점을 넘어선 전지구적 문제의식을 표출하고 있다는 사실 말이다.[26] 이는 서구 중심으로 형성된 세계문학의 지형도에 균열을 내는 징후이자, 서구중심주의 문학이 지닌 근원적인 한계, 즉 비서구를 타자화함으로써 권위를 정당화한 자기모순을 폭로하는 현상이라 할 수 있다. 서구와 비서구를 아우르는 온전한 세계문학 구축을 위한 의미 있는 발걸음의 하나가 아닐까 싶다.

이 글에서는 '자신'의 경계를 넘나드는 아프리카(계) 작가들의 인상적인 고투의 현장을 '백인', '프랑코포니', '스와힐리 문명' 등 세 가지 키워드를 중심으로 일별해보고 이를 통해 한국문학의 현주소를 음미해보고자 한다.

---

[25] 아프리카(계) 문학의 세계성은 이산의 광역화에 따른 자연발생적인 다양성의 확보와 현행 인류의 4분의 3을 차지하는 제3세계 시민들의 기억 속에 공히 각인되어 있는 공통의 경험틀, 즉 식민주의라는 역사적 경험을 확보하고 있다는 차원에서 유기적으로 획득된 것이다. 그런 의미에서 아프리카(계) 작가들에게 글을 쓰는 행위는, 그 글의 매개가 외래어이건 토착어이건 관계없이, 역사적 상처를 치유하는 행위임과 동시에 글쓰기 주체의 주체성을 회복하는 과정임을 알 수 있다. 아프리카(계) 문학은 개인 혹은 집단과 역사의 만남을 늘 문학적 자장으로 거느리고 있는 것이다(이석호, 「아프리카문학과 탈식민주의」, 『세계문학론』, 김영희·유희석 엮음, 창비, 2010, 174쪽 참조).

[26] 제국의 언어인 프랑스어와 영어가 카메룬에서 어떠한 긴장과 갈등 양상을 표출하고 있는지에 대한 흥미로운 사례에 대해서는 '졸고, 「카메룬의 속살, '영어'와 '프랑스어'의 긴장」, 『프랑쎄파의 향기』 해설, 글누림, 2019, 325-340쪽' 참조.

2. 아파르트헤이트와 남아공의 백인 작가들

아프리카 대륙의 국가들은 거대한 심상지리의 일부로 인식되곤 한다. 어둠의 심연, 야생의 대륙, 기아와 질병, 종족 갈등, 인종차별 등의 이미지가 개별 국가들의 고유성을 잠식하고 있다. 이렇듯 오리엔탈리즘으로 각색된 허상이 아프리카의 실상을 왜곡하는 경우가 많다. 하지만 아프리카 각국의 속사정은 그 어떤 대륙의 나라들보다 복잡하고 다층적이다.

아프리카 대륙에는 다양한 목소리들이 공존하고 있다. 그중 백인들의 이야기도 있다. 아프리카는 본디 원주민들의 땅이었지만, 16세기 이래 백인들이 거주해 온 시간도 무시할 수 없다. 백인이라고 해서 모두가 아파르트헤이트와 같은 인종차별 정책에 동조한 것도 아니다. 흑백을 비롯한 모든 인종이 함께 어우러져 살아가는 '무지개 국가'의 실현이 아프리카 대륙이 지향하는 미래다. 하여 아프리카 문학을 흑인의 문학으로 한정할 수는 없다.[27]

특히, 남아프리카공화국은 백인 작가들의 활동이 두드러진 국가이다. 나딘 고디머(1923-2014), 안드레 브링크(1935-2015), 존 쿳시(1940-) 등은 악명 높은 인종 차별 정책에 맞서 문학적 소명을 포기하지 않은 백인들이다. 나딘 고디머와 존 쿳시는 이를 인정받아 노벨문학상과 부커상을 동시에 수상한 보기 드문 작가들이기도 하다. 이들은 만델라 정권 이후 여전히 지속되는 인종차별의 슬픈 유산, 즉 끝나지 않은 아파르트헤이트의 비극을 집요하게 탐색했다.

---

[27] 사하라 사막 북쪽에 거주하는 여러 인종들 또한 마찬가지라 할 수 있다. 사하라 사막의 무역상이었던 베르베르족과 투아레그족은 흑인과 아랍인의 피를 물려받은 혼혈 민족인데, 그들은 종교적 이유로 아프리카 혈통을 부정한다. 이슬람교를 믿는 그들은 아프리카인이 아닌 마호메트의 후손이기를 원하기 때문이다(윤상욱, 『아프리카에는 아프리카가 없다』, 시공사, 2012, 20쪽 참조).

이들 중 나딘 고디머의 경우는 단연 주목할 만하다. 남아공의 백인 사회는 흑인의 저항에 동참하는 그녀에게 냉담했다. 그에 따라 인종차별을 문제적으로 다루는 그녀의 일부 작품들, 즉 『줄라이의 사람들』, 『버거의 딸』 등이 금서로 지정되기도 했다. 그럼에도 고디머는 인종차별에 대한 저항을 멈추지 않았다. 그녀는 흑인 저항 조직인 'ANC(African National Congress)'에도 참여하였다.[28] 후에 남아공 최초로 흑인 대통령이 된 넬슨 만델라가 27년간의 감옥 생활을 마치고 나왔을 당시에, '나는 고디머를 만나야 한다'고 말했다는 에피소드는, 고디머가 흑인 차별에 대해 어떻게 반대했고, 흑인들이 그것을 어떻게 받아들였는지를 짐작할 수 있게 한다. 고디머의 작품은 주로 흑인 저항의 정당성을 피력하고, 백인들의 타락을 형상화하고 있다. 그런데 고디머는 남아공에서 백인 지배가 끝나고 흑인들이 정권을 잡았을 때, 흑인 정권에 대해서도 비판의 시선을 거두지 않았다. '당대의 현실'을 진실하게 다뤄야 한다는 작가의식의 발로라 할 수 있다. 고디머는 이러한 자신의 신념에 따라 인종차별이 문제적이던 시기에는 그에 저항하였을 뿐만 아니라, 흑인 정권이 수립된 이후에도 당대의 모습을 낭만적으로 바라보지 않고 냉철하게 직시한 백인 작가이다.[29]

2021년 『약속』으로 부커상을 수상한 데이먼 갤 것(1963-)은 이들의 전통을 잇고 있는 남아공의 백인 작가다. 갤것은 조국의 현실, 더

---

[28] 루이스 응꼬시 같은 남아공의 흑인 작가는 백인 작가들이 흑인 및 유색인의 비극적 역사와 체험을 형상화하는 것에 대해 부정적으로 평가하면서, 백인 작가들이 흑인의 삶과 역사를 제대로 반영할 수 없다고 단정하기도 했다(왕철, 「드포우의 프라이데이와 쿳시의 프라이데이」, 『영어영문학』 48권 1호, 한국영어영문학회, 2002, 63쪽 참조). 고디머는 이를 부정하지 않았다. 그리고 자신이 백인이기 때문에 흑인 작가보다 서구의 문학인들에게 널리 알려지게 되었다는 사실 또한 인정하였다. 이러한 고디머의 모습은 백인의 자리에서 자신이 할 수 있는 연대의 가능성을 모색한 보기 드문 사례라 할 수 있다.

[29] 이정선, 「아프리카의 수호자는 누구인가」, 『키워드로 읽는 아프리카 소설』, 경희대학교 출판문화원, 2016, 192-193쪽 참조.

구체적으로는 아파르트헤이트 이후 남아공의 현실을 '내부자의 시선'으로 생생하게 그려내고 있다. 1994년 만델라 정권이 들어선 이후 남아공은 인종차별 철폐, 자유를 향한 염원, 민주주의 실현, 용서와 화해 등 새로운 희망으로 가득 차 있었다. 자유와 평화, 평등을 사랑하는 많은 사람들이 새롭게 태어나는 남아공에 박수를 보내고 그들의 성공을 진심으로 기원했다. 그리고 세간의 관심에서 서서히 멀어져갔다. 갤것은 이러한 혁명적 열기가 가라앉은 남아공의 현실을 다시 소환하여 문제적 장소로 부활시키고 있다.

『The Good Doctor』(2003)는 아파르트헤이트를 극한으로 밀어붙인 '반투스탄(홈랜드)'의 잔해가 남아 있는 '유령 도시'의 한 병원을 배경으로 하고 있는 작품이다. 이곳은 아파르트헤이트 종식 이후 남아공으로 다시 편입된 홈랜드(흑인의 자치구)의 수도였다. 반투스탄은 '아파르트헤이트 시기 백인 정권이 흑인들을 강제로 격리시키기 위해 설립한 자치령 및 괴뢰국들의 통칭'이다.[30]

그렇다면 아파르트헤이트 이후 자유를 얻은 남아공 사회는 어떠할까? 만델라가 꿈꾼 '무지개 국가'는 얼마만큼 실현되었을까? 만족스러

---

30 서구 제국주의 열강들이 아프리카 대륙을 자의적으로 분할했듯, 남아공의 백인 정권은 지도를 펴고 제멋대로 지정한 불모지로 흑인들을 내몰았다. 땅을 떼서 부족들을 독립시켜준다는 명목이었지만 실상은 남아공에서 흑인들의 시민권을 박탈하고 배제하려는 속셈이었다. 홈랜드는 정부와 군대를 조직하는 등 형식적으로 독립의 형태를 갖추었지만, 실질적으로 국가의 기능을 할 수 없었다. 황무지라 농사를 지을 수 없었고, 독자적인 경제적 기반도 없어 남아공에 전적으로 예속될 수밖에 없었다. 반투스탄인들은 남아공에 노동력을 제공하기 위해 출퇴근하는 외국인 노동자로 전락했다. 교육, 복지, 의료 등의 기본적인 서비스는 제공되지 않았다. 특히 반투스탄은 관광지로 육성되었다. 형식적으로 외국이었기에 카지노에서부터 성매매에 이르기까지 온갖 불법적이고 문란한 행위들이 허용되었다. 법으로 금지된 백인과 흑인 및 유색인종과의 성관계도 묵인되었다. 노동력의 저수지이자 욕망의 배출구였던 셈이었다. 백인들이 내세운 흑인 지도자들은 부정부패를 일삼아 쿠데타가 빈번하게 발생하기도 했다. 이후 국제 사회의 압력과 주민들의 불만으로 인해 여러 문제가 발생하자 1980년대 후반부터 이들에게 시민권이 부여되기 시작했고, 1994년 만델라가 집권하면서 공식적으로 남아공에 재편입되었다.

운 답을 찾기 어려워 보인다. 『The Good Doctor』에 나오는 '유령 도시(반투스탄)'의 병원은 시설도 장비도 돈도 태부족이어서 정상적으로 운영되지 않는 애물단지로 전락했다. 필수의약품은 동결되어 보급되지 않고 콘돔과 같이 쓸 일이 별로 없는 특정 약품은 대량으로 공급되어 쌓인다. 쓸모가 있는 것이라면 무엇이든 약탈의 운명을 피하지 못한다.

나오미 클라인은 아파르트헤이트 이후 남아공 사회가 겪고 있는 혼란의 주요 원인을 정치적 변혁과 경제 개혁의 단절에서 찾고 있다. ANC(아프리카민족회의)와 국민당(1948년에서 1994년까지 남아공을 통치한 백인우월주의 보수 정당)의 협상은 비교적 평화롭게 진행되었다. 남아공의 백인들은 흑인들의 정부 인수를 막을 수 없었다. 하지만 아파르트헤이트 체제에서 축적한 부만큼은 좀처럼 포기하고 싶지 않았다. 백인들은 국가를 운영할 권리를 포기하는 대신 흑인들이 독자적으로 운영하지 못하도록 했다. 집 열쇠만 주고 금고 비밀번호를 알려주지 않은 셈이다. 격정적인 정치 회담과 더불어 낮은 급의 경제 협상도 진행되었는데, 이 둘 사이의 소통이 긴밀하게 진행되지 못한 것이다. ANC는 크게 주목받지 못한 경제 협상에서 발목을 잡혔다. 대부분의 사람들은 권력을 잡기 위해 어떤 양보를 했든 일단 ANC가 집권하고 나면 무효로 할 수 있다고 생각했다. 하지만 착오였다. 주요 기업의 국유화, 토지 개혁을 통한 부의 재분배, 실업자들을 위한 일자리 창출, 최저임금 인상, 에이즈 치료제 무상 제공 등 ANC가 추구하고자 한 정책들은 IMF, WTO, GATT 등의 경제 규제에 막혀 실현되지 못했다. 신자유주의적 시장 논리는 새로운 규칙으로 ANC를 옭아매었다. 남아공은 ANC의 의지와 무관하게 민영화 확대, 정부지출 삭감, 노동시장 유연성, 자유무역, 자본 흐름에 대한 느슨한 통제 등을 요구하는 글로벌 시장의 논리에 휩쓸렸다. 겉으로는 자유로워 보이지만 사실은 자본의 논리에 포로로 잡힌 신세가 되어 버렸다. 이른바 아파르트헤이트라는 '족쇄'에서 풀려난 남아공의 '제한된 자유'는 여기에서 비롯된다.[31]

> "자유를 얻은 지 10년이 지났습니다. 그런데도 여전히 흑인들이 누추한 빈민가에서 아침을 맞이하는 현실은 어떻게 설명할 수 있을까요? 흑인들은 대개 백인들이 거주하는 도시로 일을 하러 갑니다. 백인들은 궁전 같은 집에 살고 있죠. 하루가 끝날 무렵 흑인들은 다시 빈민가로 돌아옵니다. 나는 왜 사람들이 '평화 같은 소리 하네. 투투와 위원회는 다 지옥으로 꺼져 버려.'라고 말하지 않는지 모르겠습니다."
>
> (데즈먼드 투투 주교, <뉴욕타임스>, 2003. 3. 22)

남아공의 백인 작가들은 이러한 조국의 암울하고 어두운 현실 앞에서 아파르트헤이트에 맞서 싸웠던 과거의 동지들(현재의 흑인 통치자들)을 향해 날카로운 비판의 시선을 던지고 있다. 그들은 아파르트헤이트 종식 이후 '옛것'과 '새것'이 공존하는 남아공 사회의 혼돈을 '날것' 그대로 생생하게 포착하고 있다. 여전히 부의 대부분은 소수의 백인에게 집중되어 있고, 폭력과 빈곤의 악순환 고리는 끊어질 기미가 보이지 않으며, 지난 수 세기의 식민 역사는 끈질기게 답습되고 있다. '옛 이야기는 붕괴했지만 그것을 대신할 만한 새 이야기는 아직 출현하지 않'은, 조국의 암울한 현실을 앞에 두고, 일군의 백인 작가들은 아파르트헤이트 이후 새롭게 구축된 '백색 신화'에 맞서 '자신'의 경계를 넘는 지난한 문학적 모험에 기꺼이 나서고 있다.

---

[31] 나오미 클라인, 『자본주의는 어떻게 재난을 먹고 괴물이 되는가』, 김소희 옮김, 모비딕북스, 2021, 254-282쪽 참조.

3. '프랑코포니', 제국과 조국 사이

모하메드 음부가르 사르의 『인간들의 가장 은밀한 기억』(2021)은 가장 서구적인 방식으로 서구 문명을 초극하려 한, 한 아프리카 문학인의 절망과 비극을 집요하게 추적하고 있다. 제국(프랑스)과 조국(세네갈) 사이에서 길항하는 아프리카(계) 작가의 고뇌와 더불어 프랑코포니 문학의 현황을 생생하게 포착하고 있는 작품이다.

먼저, 작품의 도입부에 제시된 아프리카 출신 작가들의 상황을 따라가 보자. '프랑스어권 문학의 새로운 피'로 주목받으며 막 등장한 화자와 그의 동료 무심브와는 선배 작가들을 '손쉬운 표적으로 삼아 멋대로 유린'한다. 선배들은 '손쉬운 이국정서를 풍기는 흑인 노예수용소에 갇혀', '아프리카인이 되라고, 하지만 너무 많이 되지는 말라'는 도무지 '말이 안 되는' 서구인들의 요청에 부응하기 위해 '작가임을 잊'은 패배자들이다. 그들은 '이미 생명을 다한 참여라는 포부 속에서 희화화되고 길을 잃었'으며, '손목과 발목과 목과 정신에 튼튼한 족쇄를 찬 채로 스스로 자유롭다고 믿으며 글을 썼다.' 백인들은 '글 속에도 리듬이 있는', '달빛 아래서처럼 이야기를 들려줄 줄 아는', '감동적인 이야기로 여전히 폐부를 찌를 줄 아는', '프랑스 작가들이 들어가 헤매며 거들먹거리는 자기중심주의에 빠지지 않은' 아프리카인 등등의 현란한 수사로 '기분을 전환하고' '자선을 베풀 듯이' 그들을 추켜올리고 있을 따름이다.

하지만 젊은 아프리카(계) 작가들은 이내 '죄책감'에 휩싸인다.

> 우리가 뭐라고, 그들이 없으면 우리는 존재할 수도 없었을 텐데 어쩌자고 이리도 가혹하고 완강하고 가차 없는 비판을 쏟아냈단 말인가? 사실은 그들에게 갚기 힘들 만큼의 엄청난 빚을 지고 있으면서도 갚을 게 전혀 없

다고 주장하기 위해서였을까? (중략) 우리가 비판한 것은 사실상 우리 자신이었고, 우리가 표현한 것은 무능한 우리 자신에 대한 두려움이었을 것이다.

(모하메드 음부가르 사르, 『인간들의 가장 은밀한 기억』,
윤진 옮김, 엘리, 2022, 66-67쪽)

아프리카(계) 문학, 구체적으로는 프랑코포니 문학의 딜레마가 잘 드러난 장면이다. 그들이 '유린'한 선배들의 문제는 결국 자기 자신들의 문제이고 심지어 현재진행형이기까지 하다. 이들에게 서구의 문학은 인정받고 싶은 동경의 대상인 동시에 극복해야 할 그 무엇이라는 점에서 이중적 의미를 지닌다. 이러한 자기모순에 빠지는 이유는 서구 문명의 지대한 영향 때문이다. '백인들의 문명'은 이미 아프리카인들의 '살에 박힌 뽑아낼 수 없는 가시'가 되었다. 그 가시를 뽑아버리면 목숨을 잃는다. '가시'가 박힌 채로, 그것을 '흉터'로, '증인'으로, '나쁜 기억'으로, 나아가 '앞으로 닥칠 가시들에 대한 경고'로 지닌 채 살아가야 한다. 가시는 아프리카인들의 이야기의 일부가 되어버렸다.[32]

그렇다면 이 '수치스러운' 이야기와 어떻게 싸워야 하는가? 작가는 이러한 문제의식을 '엘리만'의 삶과 작품을 통해 메타적으로 제시하고 있다. 화자는 1930년대 발표되어 논쟁이 되었다가 사라진 『비인간적인 것의 미로』를 우연히 접하고 매료되어 작가(엘리만)와 작품의 흔적을 추적하기 시작한다. 『비인간적인 것의 미로』의 구체적 내용은 작품에 드러나지 않는다. 작가는 이에 대한 다양한 해석과 논쟁을 시공을

---

[32] 아프리카의 식민화 과정과 역사가 그들에게 끼친 영향은 우리와 단순 비교하기 어렵다. 아프리카의 경우 서구 제국에 의한 침략의 역사가 수백 년에 이를 뿐 아니라, 독립 후 공용어로 사용된 제국의 언어가 다양한 부족들을 아우르는 국가적 정체성 형성의 도구가 되었기 때문이다. 따라서 아프리카(계) 작가들에게 조국의 의미는 복잡하고 다층적이다. 서구 침략 이전 부족 공동체의 이미지와 제국의 언어로 통합된 국가적 이미지가 복합적으로 얽혀 있다고 할 수 있다. 이들의 딜레마는 전통 공동체로 돌아갈 수도, 그렇다고 제국에 의해 구성된 국가 정체성을 수용할 수도 없다는 상황에서 기인한다.

가로지르며 파편적으로 제시하고 있을 따름이다.

『비인간적인 것의 미로』가 백인들에게 준 충격은 '유럽인들'보다 유럽 문명에 더 '통달'한 방식으로 미의식을 추구했다는 점이다. 그들이 보기에 '독보적인, 어디에서 본 적 없는 심오한 독창성을 지닌 책'임과 동시에 '기존의 책들을 모조리 합해놓은' 지식의 백과사전 같은 성격의 작품이었다. 저자 엘리만에 따르면, 『비인간적인 것의 미로』는 '독창적이지 않으면서 독창적'인 '약탈의 유희'이자, '창작의 이상'을 위해 모든 것을 희생할 수 있는 '절대정신'의 산물이다.[33] 백인들이 추구하는 가치를 가장 서구적인 방식으로 그들의 한계를 넘어 극단적으로 추구한 경우라 할 수 있다. 그렇기에 서구인들은 엘리만의 작품을 인정할 수 없었다. 엘리만은 '백인'이 아니고 '백인'이 되어서도 안 되기 때문이다. 엘리만은 영원히 '흑인'으로 남아야 하기에 『비인간적인 것의 미로』는 역사 속으로 사라진다.

그렇다면 서구 문명의 '가시'를 '삶의 흉터'로 지닌 후대의 아프리카(계) 작가들에게 『비인간적인 것의 미로』는 어떻게 다가오고 있는가?

먼저, 무심브와에게 이 책은 반면교사로서의 의미를 지닌다. 그에게 『비인간적인 것의 미로』는 '성스러운 상처 속에 똑바로 서서 말없이 보여주기'를 실현한 작품이다. 그에게 엘리만은 '되지 말아야 했던', 하지만 '천천히 되어가고 있는' 자신의 초상이었다. 이는 아프리카(계) 작가들이 의식적으로 외면했던 자화상에 대한 '진실'의 '경고'였다. 하여 무심브와에게 엘리만의 작품은 '식민지화가 만들어낸 극단의 비극

---

[33] '독창적이지 않으면서 독창적'인 '약탈의 유희'라는 창작 방법은 비서구에 대한 침탈(약탈)로 쌓아 올린 서구 문명의 얄팍한 속성을 그들의 방식으로 전유, 희화화하고자 하는 의도를 함축하고 있다고 볼 수 있다. 그리고 '창작의 이상'을 위해 모든 것을 희생할 수 있다는 엘리만의 '절대정신'은 작품 속에서 독일군 장교 요제프에 의해 나치즘의 미학으로 오독되어 수용되고 있는데, 이 또한 서구의 자기만족적인 탐미주의에 대한 조롱의 성격을 지닌다고 볼 수 있다.

적 결실', 즉 식민화의 과정이 '피식민자들 안에서 무엇을 파괴했는지 보여주는 상징'으로 다가온다. 엘리만의 책은 자신들을 파괴하는 바로 '그것'이 되고 싶다는 욕망, 즉 '소외의 슬픔'을 표출한 것에 다름 아니다. 프랑코포니 작가들이 '서구의 거대한 문학'을 무비판적으로 추종한다면, 그들 각자의 방식으로 또 다른 '엘리만'이 될 따름이다. 이를 자각한 무심브와는 파리를 떠나 조국 '자이르'로 돌아간다. '가장 깊은 고통의 자리'인 '우물' 옆에서 더 이상 '귀를 막지 않'고 '파묻힌 옛길들의 폐허'를 따라 새로운 글쓰기를 시작하기 위해서이다.

> 우리가 해야 할 말을 찾아내는 건 어디서나 할 수 있는 일이 아니라고 생각해. 어디서나 쓸 수 있지만, 진정으로 써야 하는 것을 알고 이해하는 게 어디서나 가능하진 않아.
> (『인간들의 가장 은밀한 기억』, 498-499쪽)

무심브와는 『비인간적인 것의 미로』를 통해 '진실의 한 조각을 보존'하고 있는 '과거(조국)'를 새롭게 발견한다. 이러한 무심브와의 모습은 화자에게도 그대로 이어진다. 다음은 엘리만의 마지막 흔적을 확인한 화자가 그에게 건네는 '작별인사'다.

> 모든 게 분명해진다. 『비인간적인 것의 미로』의 형식적 구성, 표절, 차용, 이 모든 것은 마음의 진실을 가릴 뿐이다. 마다그의 마음의 진실, 그렇다, 그 책의 진실은 한 인간이 행한 최후의 희생 이야기다. 그는 절대에 이르기 위해 기억을 죽인다. 하지만 죽인다고 그대로 파괴되지는 않는다. 살육을 즐기는 **왕**이든 마다그이든 한 가지를 잊었다. 과거를 떠났다고 주장하는 사람들도 결국 과거를 쫓고 있음을, 결국 언젠가는 미래 속에서 그 과거를 다시 붙잡게 된다. 과거도 시간을 지닌다. 과거는 미래의 교차로에서 끈질기게 기다리다가, 과거로부터 탈출했다고 믿는 사람에게 진짜 감옥을 열어준다. 그곳에는 죽은 자들의 불멸성, 잊힌 것들의 영속성, 죄인이라는

운명, 고독이라는 동행, 사랑이라는 유익한 저주, 이렇게 다섯 개의 감방이 있다. 마다그는 오랜 세월 과거를 떠나 돌아다니면서 『비인간적인 것의 미로』가 과거를 끝내지 못할 뿐 아니라 과거를 끌고 온다는 사실을 깨달았다. 그래서 이곳으로 돌아왔다.

(『인간들의 가장 은밀한 기억』, 531쪽)

또 다른 엘리만의 추종자 시가 D.에 따르면 떨쳐버릴 수 없는 과거, 즉 조국은 '태어난 나라'가 아니라 '운명의 나라'다. 이 유일한 조국은 '잃어버리거나 미워할 수 없'고, '감상적이고 피상적인 향수에 노출시킬 수 없'으며, '유배라는 훈장을 가슴에 달기 위해 핑계 혹은 볼모로 삼을 수 없다.' '파괴'할 수도, 그렇다고 '지킬' 수도 없는 '조국'이다. 이 '조국'의 이야기와 싸워 이기는 유일한 방법은 '싸우고 받아들이고 인정하고 쉼 없이 가리키고 이름 붙이는 것뿐이다.' '그 이야기가 우리를 끌고 가려고 가면을 쓰고 다가오면 그 가면을 벗겨내야 한다.'

이처럼 아프리카(계) 작가들에게 조국은 새롭게 창조되어야 할 대상이다. 외면할 수도, 그렇다고 있는 그대로 받아들일 수도 없다. 현실적인 동시에 초월적인 그 무엇이다. '자신이 해야 할 말', 즉 '진정으로 써야 하는 것을 알고 이해'할 수 있는 곳을 찾아, '성스러운 상처'를 응시하며 '미래 속에서' 새롭게 발견해야 할 '오래된 과거'다. 이를 위해 작중인물들은 돌고 돌아 자신만의 뿌리로 회귀한다. 이 작품에서 이들이 돌아간 장소는 프랑스 파리가 아니라 아프리카 대륙의 그 어디이다. 성공 여부와 무관하게 '그곳'에서 다시 시작하려는 이러한 의지가 '미래(희망)'의 길을 여는 첫걸음인 것은 분명해 보인다.

4. 유럽의 동아프리카 침략과 스와힐리 문명의 역동성

동아프리카 해안의 스와힐리 문명은 '다양한 사람이 만나서 어우러' 져 '물건과 생각이 교환되고 서로 다른 언어와 문화와 종교가 합류'하는 '혼종적 정체성'을 지닌다. 스와힐리인 또한 스와힐리어를 사용하는 동아프리카 해안의 여러 부족을 통칭하는 말이다. 케냐와 예멘 출신의 부모를 둔 압둘라자크 구르나는 이러한 정체성을 공유하고 있다. 그의 모국어는 스와힐리어다. 『그후의 삶』(2020)의 주인공 칼리파 또한 인도(구자라트) 출신의 아버지와 아프리카 출신 어머니 사이에서 태어난 스와힐리인이다.

이들의 정체성 형성에 이슬람 문화가 중요한 역할을 한 것은 사실이나 이슬람교라는 종교로 이들의 정체성을 한정할 수는 없다.[34] 더더욱 '국가의 부재'로 이들의 정체성을 규정하며 '근대 미달'의 이미지로 호명하는 논리에는 동의하기 어렵다. 그렇게 되었을 때 기독교/이슬람교, 서구/아프리카, 문명/야만 등으로 대변되는 서구적 이분법은 물론 이의 변종, 즉 백인 혹은 흑인들에게 소외당한 아랍인·인도인·아시아인이라는 구도가 되살아나기 때문이다. 오히려 다양한 국가와 종교, 인종, 문화의 사람들이 서로를 존중하며 공존하는, '근대 국가' 너머의 역동적인 공간이라 할 수 있다.

따라서 동아프리카 해안 지역에 서구 열강이 진출한 것은, 스와힐리의 혼종적 문화와 서구의 근대 문명 사이의 충돌이라 할 수 있다. 물론 일방적이고 폭력적인 침탈이었다. 『그후의 삶』은 이러한 비극적 역사 (19세기 말에서 1960년대 중반까지)의 현장을 현지인(스와힐리인)의

---

[34] 아랍과 페르시아의 영향을 받은 이슬람 문화와 아프리카 고유의 전통이 혼종되어 독특한 교역(무역, 상업) 중심의 정체성이 형성되었다고 볼 수 있다.

관점에서 생생하게 포착하고 있다.

> "자네도 예전 여기 모습을 봤어야 하는데. 뒤섞여서 흥정하는 무역상과 사람들로 가득했지. 커피 상인은 저기에 가판대를 세워두었고, 수레들이 항구에서 상품들을 실어왔어. 청과상들은 가리를 가져왔고, 아이스크림 장수는 손수레를 끌고 왔지. 사방이 시끄럽고 부산스럽고 왁자지껄했어. 저기, 지금 판자가 쳐진 저곳은 카페였고, 저 가운데에 주스와 카사바를 파는 사람들이 있었지. 여기 한쪽에는 수도가 있었고. 마실 수 있을 만큼 깨끗한 물이 나왔어. 그런데 지금 꼴을 봐. 아무도 오지 않지. 사방이 뼈다귀처럼 바짝 말랐다고. 저기 저 창고들은……" 그는 창고 세 곳이 붙어 있는 구역을 가리키며 말했다. (중략) "한때는 저기에 곡식과 설탕과 쌀이 가득했는데, 이제는 시멘트와 변기와 파이프를 보관하지. 자네도 보게 되겠지만, 그 도급업자는 이틀에 한 번씩 이리로 트럭을 보내서 부자들의 저택을 채울 물건들을 실어간다네. 한때는 사람들이 여기를 참 많이 드나들며 물건을 사고팔았지. 이곳 전체가 생기 넘치고 거래로 부산스러웠어. 하지만 지금은 그냥 우리보다 잘사는 사람들이 우리로서는 가질 수 없는 것들을 보관하는 곳이 되고 말았지."
>
> (압둘라자크 구르나, 『그후의 삶』, 강동혁 옮김, 문학동네, 2022, 221-222쪽)

칼리파가 전쟁에서 돌아온 함자에게 하는 말이다. 이러한 칼리파의 목소리를 통해 제시된 스와힐리 문명의 풍경은 '뒤섞여서 흥정하는 무역상과 사람들로 가득'해 지역 '전체가 생기 넘치고 거래로 부산스러'운 역동적 삶의 현장이다. 종교, 국가, 인종, 이념 등의 경계를 넘어선 교류와 소통의 공간이다. 서구 제국의 침탈은 '곡식과 설탕과 쌀'(생필품) 등을 사고파는 왁자지껄한 삶의 현장을 '부자들의 저택'을 채울 '시멘트와 변기와 파이프를 보관'하는 황량한 장소로 만들었다.

칼리파는 스와힐리 문명의 특성을 표상하는 인물로 작품의 구심점 역할을 한다. 각 캐릭터들은 칼리파를 중심으로 연결되며, 서사는 그를 중심으로 전개된다. 작가는 이러한 칼리파의 시선을 통해 서구 문명과 이슬람 문화, 그리고 아프리카 전통문화 사이의 경계를 가로지르며 스와힐리 문명의 혼종성과 역동성을 생동감 있게 재현하고 있다.

이 작품의 서사는 크게 두 축으로 전개된다. 하나는 함자를 중심으로 한 전쟁 이야기고, 다른 하나는 칼리파를 중심으로 한 후방의 상업 이야기다. 전자에서는 서구 제국(특히 독일)의 동아프리카 침탈 과정이 생생하게 고발되고 있으며, 후자에서는 전쟁으로 인한 일상적 삶의 변모를 스와힐리적 관점에서 포착하고 있다.

함자의 전쟁 서사를 따라가 보자. 독일은 '아스카리'라 불리는 아프리카 원주민 용병대 '슈츠트루페'[35]를 조직하여 동아프리카 연안을 폭력적으로 장악했다. 여기에서 '제국 시민→토착 엘리트→원주민'의 위계관계는 '독일 장교→아스카리→짐꾼'의 관계로 표상화된다.[36] 폭력으로 얼룩진 전쟁의 참혹한 현장은 제국의 식민 지배의 축소판이라 할 수 있다.[37]

작가는 함자[38]가 슈츠트루페에 들어가 당번병으로 만나게 되는 독일 장교 '오벌로이트난트'를 통해 제국의 식민 지배가 지닌 허상을 적나라하게 파헤치고 있다. 오벌로이트난트의 목소리를 직접 들어보자.

---

35 '아스카리라 불리는 아프리카 용병대인 슈츠트루페는 당시 누비족 군인들로 이루어져 있었는데, 이들은 그전에 수단의 마디족이나 남쪽 포르투갈령 동아프리카에서 '줄루족'이라고도 하는 샹간 신병들을 상대로 영국군을 위해 싸우다 해산된 자들이었다.'(『그후의 삶』, 17쪽)

36 독일에게는 슈츠트루페가, 영국에게는 아프리카결사대와 인도 군대가, 벨기에게는 포스퓌블리크가 있었다(『그후의 삶』, 138쪽 참조).

37 유럽인이 신성한 특권을 내려놓지 않으려 했던 것처럼, 아스카리에게도 지킬 명예가 있었다. 그것은 짐꾼들과 자신들을 구분하는 것이었다. 또한 채찍질은 늘 아프리카인 아스카리의 몫이었고, 절대 독일인이 하지 않았다.

38 함자는 유년 시절 아버지의 빚 때문에 카라반에게 팔려가 속박된 삶을 살았다는 점에서 『낙원』(1994)의 주인공 유수프의 삶과 유사하다. 『낙원』이 독일군의 동아프리카 점령 직전의 긴장된 시기를 배경으로 한다는 점을 고려하면, 『그후의 삶』 속 함자의 삶은 『낙원』의 유수프의 삶을 이어받고 있다고 할 수 있다.

"너흰 수학이 뭔 줄도 모르지? 우린 너희에게 이걸, 수학을 비롯해서 우리가 아니었다면 너희가 가질 수 없었던 수많은 영리한 것들을 가져다주려고 왔다. 이게 우리의 치빌리지어룽미시온(문명화의 사명)이다."

(중략)

장교는 알맞은 단어를 찾아가며 조심스럽게 스와힐리어로 말했지만 자신이 전혀 다룰 수 없는 언어로 공연을 하는 것 같았다. 단어는 알지만, 그 단어에 맞는 감정은 모르는 듯이. 장교는 그 단어들을 어울리지 않는 방식으로 말하고 싶어하는 것 같았다. 그의 눈에는 호기심과 경멸 사이를 오가는 경계하는 빛이 어려 있었고, 자신의 말이 함자에게 미치는 영향을 계속해서 살폈다.

(중략)

"다만 나는 너희가 절대 수학은 배우지 못할 거라고 생각한다. 수학에는 너희 민족으로서는 불가능한 정신적 규율이 필요하기 때문이다. 지금은 이걸로 충분하다."

(『그후의 삶』, 103쪽)

오벌로이트난트는 부대에서 스와힐리어를 가장 잘하는 장교였다. 제국이 강조하는 '문명화의 사명'은 장교가 '자신이 전혀 다룰 수 없는 언어로 공연'하듯, '단어는 알지만, 그 단어에 맞는 감정'을 모르고' 스와힐리어를 말하는 것과 닮아 있다. 나아가 의도적으로 전혀 '어울리지 않는 방식으로 말하고 싶어하는 것'이라 할 수 있다.

"이제 너는 이 아름다운 선교지에 누워서 요양이나 하게 됐다. 반면에…… 부대로 돌아가서…… 우리의 정신 나간 전쟁을 계속해야지. 치빌리지어룽미시온…… 우리는 제국을 위해 거짓말을 하고 사람을 죽이면서, 그걸 치빌리지어룽미시온이라고 불렀어. 그래서 이렇게 됐지. 여전히 치빌리지어룽미시온을 위해 사람들을 죽이고 있어."

(『그후의 삶』, 182쪽)

독일인 장교의 내밀한 목소리를 통해 제국의 논리가 지닌 자기모순을 내파하고 있는 장면이다. 오벌로이트난트와 함자의 관계가 전도되고 있는 대목이다. 하지만 이러한 고백도 개인적 차원의 자기만족 수준을 넘어서지 못하고 있다. 오벌로이트난트는 함자에게 죽은 동생 헤르만, 즉 '실러'를 좋아했던 '몽상가'의 모습을 투영하고 있다. 그가 함자의 목숨을 구해준 것 또한 부하 장교 펠트레벨이 자신을 공격하고 싶어했다는 점 때문이었다. 그리고 고백하는 순간까지 '아스카리'인 함자가 '독일인 장교의 내밀한 생각을 추정해서는 안' 된다는 점을 분명히 하고 있다. 이렇듯 오벌로이트난트가 함자에게 가지는 애착은 '제국을 위해' '거짓말'을 하면서 '정신 나간 전쟁'을 해야만 하는 자신의 처지를 합리화하는 행위라고 할 수 있다.

전쟁에서 살아남은 함자는 이후 스와힐리 문명 특유의 관용과 환대의 이야기, 즉 칼리파의 서사와 조우한다. 칼리파 중심의 이야기는 1884년 독일원정대가 잔지바르에 도착한 이래, 세계전쟁 이후 영국 총독부가 동아프리카 해안 지역을 점령하기까지의 역사를 배경으로 이 지역의 상업(무역)이 어떻게 변모하고 있는지를 면밀하게 성찰하고 있다. 이는 스와힐리 문명의 변모 양상과 관련하여 중요한 의미를 지닌다.

칼리파의 시선을 따라가 보자. 우선, 그는 독일은 말할 것도 없고, 제1차 대전 이후 영국의 식민지가 된 동아프리카의 현실을 날카롭게 해부하고 있다.

> "영국인들은 독일에게 이 지역을 넘겨받으면서 여기서 사업을 할 자기 쪽 사람들을 데려왔지. 인도에서도 케냐에서도 데려왔다네. 그렇게 새로 들어온 인도인들은 재빨리, 확실하게 이곳에 이빨을 박아넣고 지금까지 있는 거야. 그자들이 모든 상업을 차지하고 정부에 자기들은 영국 시민이며 음중구와 똑같은 권리를 누려야 한다고 말하고 있다네. 자기들은 우리 원주민보다 나을 것 없다는 식으로 대하면 안 된다는 거야"
>
> (『그후의 삶』, 318쪽)

이는 스와힐리 문화의 관점으로 바라본 현실 인식이라 할 수 있다.

다음으로, 칼리파는 자신의 상사이기도 한 인도출신 상인의 이기적이고 탐욕적인 모습[39]에도 적대적이다. 또한 함자를 사서 노예로 부려먹은 페르시아 카라반에게도 비판적이다. 이러한 칼리파의 태도는 스와힐리 해안을 중심으로 한 인도양 무역의 부정적 요소 또한 직시하고 있음을 보여준다. 서구가 들어오기 이전 스와힐리 해변이 평화로웠던 것만은 아니다. 그가 지향하는 것은 현재를 풍요롭게 할 수 있는 과거의 삶, 이른바 '오래된 미래'다. 칼리파의 이슬람 및 아프리카 전통 문화에 대한 현실적 태도 또한 이와 무관하지 않다. 그는 이슬람의 전통 풍습을 전면적으로 거부하지도 그렇다고 일방적으로 수용하지도 않는다. 구체적 삶의 현장에서 주체적으로 전용하고 있을 따름이다.[40] 아프리카 전통문화 또한 마찬가지다. 칼리파는 아내나 음강가의 논리에 전적으로 공감하지 않지만, 그들이 원한다면 어느 정도 맞춰줄 수 있다는 현실주의적 태도를 취한다. 이는 어린 일리아스에게 신들림 현상[41]이 나타났을 때 주술 행위를 비판하면서도, 이를 통해 아이가 진정이 되고 악몽이든 뭐든 나아질지도 모른다는 희망을 갖는 모습과 연결된다. 이러한 칼리파의 모습은 타자의 '죄악'을 떠안고 그 '잘못에 대한 책임을 나눠 지는 사람'으로 비춰진다.

---

39 상인은 갚을 여력이 없는 비 아샤의 아버지에게 돈을 빌려준 다음 집을 빼앗고, 이 문제를 가문 안에서 안전하게 해결하기 위해 칼리파에게 비 아샤와 결혼하라고 한다.

40 이러한 칼리파의 모습은 다음과 같은 함자의 태도와 연결된다. '함자가 거쳐온 아주 많은 곳에는 모스크가 없었고, 그는 모스크가 그리웠다. 기도 때문이 아니라, 모스크에 가면 늘 느껴지던 여럿 중 한 명이 된 기분 때문이었다.'(『그후의 삶』, 235쪽) 이러한 함자와 칼리파에게 모스크는 '바다의 짠내와 땀 얼룩으로 찌든' 선원들의 '칸주와 코피아 냄새'로 흘러넘치는 생활의 공간이다.

41 일리아스의 신들림(속삭임)은 전쟁의 상처(함자, 일리아스, 아피야 등)와 비 아샤의 고통스러웠던 삶을 위무하는 기능을 한다.

> 함자는 칼리파를 죄악을 떠안은 감상적인 사람이라고 생각하기 시작했다. 다른 사람의 문제나 그의 일생에 저질러진 잘못에 대한 책임을 나눠 지는 사람 말이다. 비 아샤, 일리아스, 아피야, 그리고 이제는 함자까지. 칼리파는 이처럼 예기치 못한 염려를 끌어안고, 노골적인 주제넘음과 지속적인 냉소로 위장한 채 조용히 그들을 신경썼다.
>
> (『그후의 삶』, 304)

칼리파는 함자는 물론, 비 아샤, 일리아스, 아피야, 그리고 어린 일리아스 등 모든 캐릭터들의 상처를 껴안는다. 그에게 종교도 무역도 이념도, 전통도 그 어떤 목적이 되지 않는다. 이는 삶을 위한 수단일 뿐이다. 이러한 칼리파의 삶의 태도는 이 작품을 지배하고 있는 스와힐리 문화의 '혼종적 역동성'을 표상하고 있다고 볼 수 있다.

구르나의 생애와 관련한 사족 하나를 언급하면서 이 장을 마무리하고자 한다. 그는 잔지바르 혁명(1964)을 통해 정권을 장악한 흑인들이 스와힐리인, 아랍인, 아시아인 등을 억압하고 탄압하자 조국을 떠나 영국으로 망명했다.[42] 구르나의 스와힐리적 삶과 정체성은 백인들에게는 물론 흑인들에게도 배척당한 셈이다. 이러한 구르나의 삶의 여정은 서구의 동아프리카 침략은 물론 이후 흑인 정권이 자행한 폭력성 또한 중요한 성찰의 대상으로 삼게 한다.

다만 이 작품에서 아쉬운 점은 동아프리카를 침략한 제국인 독일과 영국에 대한 작가의 인식이 균열을 보인다는 사실이다. 칼리파의 관점에서 어느 정도 유지되던 제국에 대한 비판적 균형감각이 그가 죽고 나자 서서히 한쪽으로 기울기 시작한다. 이는 작품의 후반부, 함자와 아피야의 아들 일리아스가 외삼촌[43]의 독일에서의 삶의 흔적을 찾

---

[42] 이는 『바닷가에서』(2001)나 『배반』(2005) 등 그의 작품에 직·간접적으로 투영되어 있다.

[43] 그는 어린 시절 집에서 도망쳐 헤매다가 슈츠트루페 아스카리에게 납치당해 산으로 끌려간다. 그곳에서 선량한 독일인을 만나 운 좋게 풀려난 후 독일식 미션스쿨에서 생활하게

아가는 과정에서 드러난다. 칼리파가 죽고 난 후,[44] '어린 일리아스'는 외삼촌이 자원했던 아스카리와 별반 다를 바 없는 영국의 용병조직 KAR(왕립 아프리카 소총대)에 자원한다. 이후 영국 총독부는 KAR 출신 퇴역군인들에게 약속했던 교육 기회를 제공하고 이를 통해 '어린 일리아스'는 교사가 된다. 그는 얼마 지나지 않아 방송국 제작팀의 전일제 직원으로 근무하게 된다.[45] 이후 '어린 일리아스'는 독일연방공화국(서독)의 장학금을 받아 외삼촌의 소재를 찾는 프로그램을 진행하게 된다.[46] '독일연방공화국'의 장학금은 '독일민주공화국(동독)'에서 지급하는 장학금과 그 성격이 다르다.[47] 이른바 영국을 중심으로 한 서방 세계의 지원을 받아 서구 제국(독일)의 광기적 폭력에 희생당한 영혼(외삼촌)을 위무하고 있는 형국이다. 독일과 마찬가지로 아프리카를 침탈한 제국의 하나인 영국에 대한 작가의 태도를 엿볼 수 있는 대목이다.

된다. 그는 농장에서 일하며 학교에도 다닌다. 글을 읽고 쓰는 법과 독일어로 말하는 법도 배운다. 이러한 독일식 문화에 맹목적으로 동화된 그는 '독일인을 위한 군인'이 되고자 아스카리에 자원하게 되고 전쟁 중 행방불명된다.

44 칼리파는 죽기 전까지 KAR에 지원하려는 어린 일리아스에게 "네 아버지와 외삼촌이 이런 허영심 강한 전쟁광들을 위해 목숨을 걸 만큼 멍청했다는 것만으로 충분하지 않은 거냐?"라고 말하며 격하게 반대했다.

45 '당시는 반식민주의 정서가 새롭게 번져가던 때였다. 인도 반식민주의 운동, 가나의 은크루마, 인도네시아 반식민 투쟁. 일리아스는 훗날 이런 활동에 관심을 갖게 되지만, 아직은 끌리지 않았다. 이십대 후반이던 이 시기에 그는 스포츠를 하고, 학교에서 학생들을 가르쳤으며, 시간이 흐르면서 스와힐리어로 이야기를 쓰고 그 이야기가 이따금 신문에 발표되어 명성을 얻었다.'(『그후의 삶』, 404쪽)

46 이를 통해 외삼촌이 독일에서 춤추고 노래하면서 생활했으며, 나치당의 식민지 반환을 요구하는 행진에서 슈츠트루페 깃발을 흔들었다는 사실을 알게 된다. 외삼촌이 독일인 여자와의 불륜으로 작센하우젠 수용소에 수감되어 아들과 함께 비극적 최후를 맞이했다는 사실 또한 알게 된다.

47 '소비에트연방이 점령한 독일 지역은 독일민주공화국이 되었다. 독일민주공화국은 대단히 적극적인 식민지 정책을 폈고 소비에트의 다른 동유럽 동맹군들과 함께 아프리카 여러 지역에서 벌어진 폭력적 해방운동에 피난처와 훈련, 무기를 제공했다. 독일민주공화국은 식민지에서 벗어나려는 나라들의 옹호자를 자처했고, 독일연방공화국의 장학금은 국제연합 같은 포럼에서 독일민주공화국 장학금에 뒤지지 않고 가난한 국가들을 지원하기 위해 주는 선물이었다.'(『그후의 삶』, 407쪽)

아기 일리아스가 태어난 해에, 영국은 국제연맹에서 부과한 의무 사항을 이행하는 초기 단계에 있었다. 그 의무 사항이란 옛 독일령 동아프리카를 관리하며 독립시킬 준비를 하라는 것이었다. 당시에 모두가 알아차린 것은 아니지만, 그 마지막 조항은 유럽 제국 종말의 시작이 되었다. 영국 식민 총독부는 시늉만 하거나 그보다 못한 태도를 보이는 대신 의무를 진지하게 받아들였다. (중략) 영국 관료들은 이 지역에서 게릴라나 노상강도를 걱정할 필요가 피지배인들의 저항 없이 행정을 해나갈 수 있었다. 교육과 공중 보건이 우선 사항이 되었다.

(『그후의 삶』, 361쪽)

이러한 영국에 대한 작가의 우호적 태도는 '식민지 근대화론'을 떠올리게 하기도 한다.

5. 아프리카(계) 문학과 한국문학

한국문학과 아프리카 문학은 그 자체로 비교 대상이 될 수 없다. 아프리카는 다양한 종족과 인종, 기후, 종교, 문화 등을 지닌 50여 개의 국가가 속해 있는 거대한 대륙으로서, 사용되는 언어만 해도 2,000여 종이 넘는다. 하지만 우리는 여전히 아프리카를 마치 하나의 국가인 양 인식하고 있다. 이는 과거 식민주의 담론의 끈질긴 유산이다. 영국, 프랑스, 독일, 일본 등이 그랬다. 냉전 시대 미국과 소련 또한 예외가 아니었다. 이에 따라 아프리카 대륙 본연의 속성은 쉽게 무시되곤 했다.

한국은 서구 제국주의를 모방한 일본의 식민 지배를 받았다. 독립이 된 이후 서구 열강의 개입으로 나라가 분단되었으며, 한국전쟁이라는 엄청난 재앙을 겪었다. 이러한 고통의 역사를 지닌 한국에 여전히 오리엔탈리즘이 투영된 이야기가 넘쳐나고 있다는 사실은 매우 놀랍다. '탈식민-냉전'의 시대에 말이다.

'지금 여기'에서 아프리카(계) 문학들이 주목받고 있다는 점은 아프리카 대륙을 구성하고 있는 다양한 국가들이, 나아가 그 국가들을 이루고 있는 수많은 부족들이 자신들의 고유한 목소리를 획득하기 시작했다는 의미로 해석할 수 있다. 이는 억압과 수탈을 내면화한 신자유주의 담론의 '불완전성'을 폭로하는 이방인들의 생생한 목소리들이다.

한국과 아프리카의 거의 모든 탈식민 국가들은 서구(일본)가 야기한 장구하고 폭력적인 식민주의를 경험했고 그 기억을 공유하고 있다. 비서구권 문학으로서의 아프리카 문학과 한국문학은 이러한 식민주의 역사의 효과들로 고통받는 이들의 관점에서 그 역사를 다시 성찰하고 있으며, 그 역사의 손아귀에서 벗어나 현재를 능동적으로 사유하고자 노력하고 있다. 이는 주변에서 중심의 한계를 심문하는 일이자, 서구와 비서구의 경계를 넘어 온전한 세계문학을 향해 나아가는 의미 있는 발걸음이라 할 수 있다.

또한, 아프리카(계) 문학들은 서구와 비서구 사이에 낀 우리의 초상을 되새기게 한다. 개화기에서 일제강점기, 해방과 전쟁 그리고 산업화 과정에 이르는 우리 근·현대사의 주류 담론에는 '서구·백인·남성'으로 표상되는 인종주의 이데올로기가 알게 모르게 투영되어 있다. 한국 사회에 스며있는 인종주의의 이면을 날카롭게 해부하고 있는 작품들, 즉 김재영의 『코끼리』(2005), 박범신의 『나마스테』(2005), 손홍규의 『이슬람 정육점』(2010), 서성란의 『쓰엉』(2016), 하종오의 『제주 예맨』(2019) 등과 아프리카 문학이 만나는 지점은 바로 여기이다.

한편, 코리안 디아스포라 문학을 되돌아보게 한다. 코리안 디아스포라 문학은 구한말에서 오늘에 이르는 험준한 역사적 발자취를 따라 한반도와 중국, 중앙아시아, 일본, 미국 등에 걸친 시공간에 입체적으로 펼쳐져 있다. 우리는 '보통명사'의 틀(민족, 국가 등)로 이들의 작품을 한국문학의 영역으로 수렴하고자 했다. 하지만 김석범과 김학철, 아나톨리 김 등의 작품의 뒤를 잇고 있는 『GO』(2006), 『덧없는 환영들』(2013), 『세상에 없는 나의 집』(2015), 『지니의 퍼즐』(2018), 『파친코』(2018) 등과 같은 코리안 디아스포라 문학들은 국가와 민족의 경계를 넘어 한국문학의 영역을 심화·확장하고 있다. 아프리카(계) 작가들 또한 아주 오랜 기간 디아스포라적 삶을 경험해 왔다. 아프리카 문학들은 이러한 문제들을 그 어떤 대륙보다 주도적으로 형상화해 왔다. 아프리칸 디아스포라 문학은 식민 모국(서구)과 조국(아프리카) 사이를 길항하는 '구체명사'의 시각으로 지구적 현실을 다채롭게 수놓고 있다. 인종과 국가, 언어와 민족의 경계를 가로지르고 있는, 이러한 코리안/아프리칸 디아스포라 문학들이 '세계시민 문학'의 출현을 시사하는 '오래된 미래'의 징후가 아닐까 싶다.

'역사'를 재현하는 한 방식, 아프리카 여성의 목소리:

치마만다 은고지 아디치에 『태양은 노랗게 타오른다』

1. 아디치에의 작품 세계

치마만다 은고지 아디치에는 나이지리아 동부 은수카에 소재한 나이지리아대학의 교수인 아버지와 같은 대학의 행정직원인 어머니 사이에서 1977년 태어났다. 치누아 아체베와 같은 이보족 출신이다. 19세에 미국으로 건너가 이스턴 코네티컷 주립 대학교에서 언론정보학과 정치학을 전공하고 존스홉킨스 대학과 예일 대학교에서 각각 문예 창작과 아프리카학으로 석사학위를 받았다. 현재 미국과 나이지리아를 오가며 활발한 작품활동을 전개하고 있다.

아디치에는 지적이면서도 감각적인 문체, 진중하고 날카로운 역사의식, 유연하면서도 명징한 내면 묘사 등을 통해 아프리카의 현실에 대한 새로운 문제의식을 제기[48]하고 있는 3세대 나이지리아 작가이다. 이전 세대 작가들은 아프리카의 근대사에서 식민지 경험과 유산이 워낙 압도적인 까닭에 숙명처럼 식민주의에 대한 이야기를 할 수밖에 없

---

48 고인환, 「'흑인'의 탄생 혹은 '최종 심급'으로서의 '인종'-아디치에의 『아메리카나』를 중심으로」, 『키워드로 읽는 아프리카 소설』, 경희대학교 출판문화원, 2016, 261쪽 참조.

었다. 그것이 비판적인 내용일지라도 결국 식민주의가 창작의 범위와 형식을 제한하는 일종의 덫으로 작용했던 것이다. 반면, 독립 이후 태어나 1980년대 말 이후 작품 활동을 시작한 3세대 아프리카 작가들은 이러한 '식민주의의 덫'을 넘어 인종, 민족, 계급, 젠더, 성의 차이들을 가로지르는 다중적 억압의 양상을 치밀하게 구현하는 경우가 많다. 아디치에의 경우 시점과 플롯을 비롯한 형식상의 창조적 성취가 아프리카 여성에 대한 정형의 해체와 깊이 관련된다는 점에서 특히 주목할 만하다. 이 정형은 스스로 말하지 못하고 저항하지도 못하는 영원한 가부장제 억압의 피해자로 현실의 아프리카 출신 여성을 규정하는 주체화의 틀이다.[49] 아디치에는 아프리카의 역사와 현실에 대한 기존의 접근 방식을 비판적으로 성찰하며 새로운 여성 서사의 가능성을 시사하고 있는 것이다.

이러한 아디치에의 작품 세계는 크게 두 갈래로 나뉜다. 고국의 암울한 현실과 비아프라 전쟁의 상흔을 다룬 작품들과 타지에서 디아스포라적 삶을 살아가는 여성들의 삶을 다룬 작품들이 그것이다. 전자를 대표하는 작품으로 『보라색 히비스커스』(2003)와 『태양은 노랗게 타오른다』(2006)를 꼽을 수 있고, 『아메리카나』(2013)는 후자에 속하는 작품이다. 단편집 『숨통』(2009)에는 두 경향의 작품들이 두루 혼재되어 있다.

본고에서는 서사에 대한 자의식을 바탕으로 독특한 아프리카 여성의 목소리를 창조하고 있는 『태양은 노랗게 타오른다』를 중심으로 아디치에 작품 세계의 일면을 고찰해 보고자 한다.

---

[49] 권영희, 「페미니즘의 탈식민화: 치마만다 응고지 아디치에와 제3세계 여성 정형의 해체」, 『안과 밖: 영미문학연구』, 영미문학연구회, 2018(45호), 48-49쪽 참조. 권영희는 아디치에의 단편집 『숨통』(2009)에 실린 몇몇 작품들을 분석하면서 '아프리카 여성의 피해자로서의 정형'을 해체하는 작가의 시선에 주목하고 있다.

2. 역사와 소설: 서사에 대한 자의식

『태양은 노랗게 타오른다』는 격변의 나이지리아 현대사, 특히 비아프라 전쟁[50]을 배경으로 삼고 있는 작품이다. '모국의 역사'이자 동족의 '독립전쟁'을 다루고 있다. 그만큼 부담스럽고 책임감이 뒤따르는 소재이다. '예술성'(소설)과 '시대정신'(역사)을 동시에 견지하려는 노력, 즉 '역사의 영혼'을 담을 수 있는 형식에 대한 자의식은 여기에서 기인하는 듯하다.[51]

이와 관련하여 가장 먼저 눈에 띄는 점은 소설의 전개 양상이다. 이 작품은 순차적·선형적 구성을 취하고 있지 않다. 제1부와 2부가 1960년대 전기, 후기로 이어지다가, 3부, 4부에서 다시 1960년대 전기, 1960년대 후기로 되돌아오고 있다. 각각의 파트들을 구성하는 여러 사건과 갈등들은 꼬리에 꼬리를 물며 중첩되며 과거와 현재를 넘나들고 있다. 이러한 역사와 일상을 가로지르는 비선형성은 독립과 비아프라 전쟁 전후 나이지리아의 복잡한 현실을 다양한 인물 군상의 시선과 사건의 교차를 통해 입체적으로 조망하려는 의지를 담고 있다.

더욱 의미심장한 장치는 소설 중간 중간에 『우리가 죽을 때 세상은 침묵했다』라는 책의 내용을 삽입하고 있다는 점이다. 이 책은 소설을 이끌어가는 세 화자 중 하나인 리처드가 서술하다가 중단된 『바구니

---

[50] 비아프라 전쟁은 1967년 이보족이 독립을 선언하며 수립한 나라 비아프라공화국이 나이지리아 정부군과 맞서 약 3년간 지속된 전쟁을 일컫는다. 비아프라공화국은 전쟁에서 패배하고 1970년 역사 속으로 사라졌다. 비아프라 전쟁은 내전이자 국제전이다. 영국의 식민주의 정책, 제국주의 세력의 정치·경제적 이해관계, 부족·종교·계급·젠더 등 여러 요소가 뒤엉킨 복합적인 성격의 전쟁이다. 서술 주체에 따라 다양한 해석이 가능한 민감한 역사이다. 비아프라 전쟁의 문학적 수용에 대해서는 '변재길, 「치마만다 아디치에의 『태양은 노랗게 타오른다』에 나타난 사회 역사적 맥락과 주제」, 『현대영미어문학』, 2018(39권 4호), 110-111쪽' 참조.

[51] '소설이 진정으로 역사의 영혼을 담을 수 있다는 것을 전제로 나는 소설과 역사에 동일한 중요성을 부여하고 예술성을 추구하면서도 시대정신에 충실하려고 노력했다.'(「작가의 말」, 『태양은 노랗게 타오른다 2』, 403쪽)

에 가득한 손』(식민지 기업의 잔인한 노동 착취에 관한 내용. 카이네네에 의해 불태워짐), 『밧줄 무늬 그릇을 만들던 시대에』('이보 으크우' 예술과 관련된 내용으로 추정됨. 하인이 상자에 넣어 정원에 묻었지만 결국 찾지 못함)의 연장에 놓인다. 책의 제목『우리가 죽을 때 세상은 침묵했다』는 리처드가 카이네네와 친분이 있는 비아프라 장교 마두와의 통화에서 듣고 깊은 인상을 받은 말이다. 독립과 비아프라 전쟁 시기를 배경으로 한 나이지리아의 현실을 역사적으로 개관하고 있는 내용이 주류를 이룬다. 이는 나이지리아의 현실과 비아프라 전쟁을 바라보는 전형적인 시각(주류 담론)의 하나라 할 수 있다. 역사적 사실에 바탕한 증언·고발의 성격, 즉 시대정신(역사)에 충실한 글에 가깝다.

한 대목을 인용하면 아래와 같다.

6 책: 우리가 죽을 때 세상은 침묵했다

그는 비아프라 사람들이 죽는 동안 계속 침묵하고 있는 세상에 대해 적는다. 그는 이 침묵을 영국이 조장했다고 주장한다. 영국은 나이지리아에 무기를 제공하고 조언해 주며 다른 모든 나라를 침묵하게 했다. 미국에게 비아프라는 영국의 영향력 아래에 있는 나라였다. 캐나다의 수상은 "비아프라가 어디에 있지?" 하고 말하며 빈정거렸다. 소련은 미국이나 영국을 자극하지 않고 아프리카에서 영향력을 확보할 수 있는 기회라고 흥분하여 나이지리아에다 기술자와 비행기를 보냈다. 남아프리카와 로디지아는 흑인이 지배하는 정부가 실패할 수밖에 없다는 뚜렷한 증거라며 좋아했다.

공산당이 지배하는 중국은 영국과 미국과 소련의 제국주의를 비난했지만 비아프라를 전혀 지원하지 않았다. 프랑스는 비아프라에 상당량의 무기를 팔았지만 국가로 인정해 달라는 비아프라의 절박한 요구를 외면했다. 대다수 아프리카 흑인 정부는 비아프라의 독립이 자국의 분열을 촉진시킬까 봐 두려워 나이지리아를 지지했다.

(치마만다 은고지 아디치에, 『태양은 노랗게 타오른다 2』, 김옥수 옮김, 민음사, 2010, 99쪽)

비아프라 전쟁에 '침묵하고 있는 세상', 즉 당시의 '아프리카 흑인 정부'를 포함한 주변 강대국들의 입장을 서술하고 있는 대목이다. 이 책은 리처드의 관점에서 서술되는 것처럼 보이다가 으그우의 '나의 스승, 우리 주인어른(오데니그보)에게 바칩니다.'라는 헌사로 마무리된다. 리처드와 으그우가 공동 저작한 책이라 볼 수 있는 대목이다.[52]

역사적 증언이 주를 이룬 책이지만, 서문과 맺음말은 그 성격이 약간 다르다. 서문은 호리병 속에 든 아이의 머리, 즉 열차에서 본 아이 머리에 붙은 머리카락, 부릅뜬 눈, 회색 피부 등을 진술하는 올란노의 목소리를 회상하는 대목으로 시작된다.

1 책: 우리가 죽을 때 세상은 침묵했다

그는 호리병을 가진 여자의 이야기를 회상하며 서문을 쓴다. 여자는 시끄럽게 소리치는 사람들과 울부짖는 사람들 그리고 기도하는 사람들 사이에 끼어서 열차 바닥에 앉아 있었다. 여자는 보자기에 싼 호리병을 무릎에 올려놓고 부드럽게 매만지다가 니제르 강을 강을 건넌 후에 뚜껑을 열어서 올란나를 비롯한 주변 사람들에게 안을 들여다보라고 말했다.

나중에 올란나는 이 이야기를 들려주고 그는 그 내용을 자세히 기록한다. 그녀는 여자의 윗옷에 묻은 핏자국이 섬유 조직을 파고들어 엷은 자줏빛으로 보였다고 말한다. 그리고 여자의 호리병에 조각된 문양을 설명한다. 비스듬한 선 여러 개가 서로 겹치며 지나간 문양이다. 그녀는 호리병에 든 아이의 머리가 어떠했는지 설명한다. 땋은 머리카락은 짙은 갈색 얼굴로 지저분하게 흘러내리고, 새하얀 운동자는 섬뜩하며, 깜짝 놀란 듯 입을 쩌억 벌린 모습이었다.

그는 이 내용을 적은 다음에 새까맣게 탄 자녀의 시신을 여행 가방에 넣어서 함부르크로 도망치던 독일 여자들과 난도질당한 아기의 신체 일부를 주머니에 집어넣은 르완다 여자들에 대해서 언급한다. 하지만 그는 서로

---

[52] 굳이 구분하자면 서문과 맺음말은 으그우의 세계에, 본문은 리처드의 세계에 가깝다고 할 수 있다.

를 비교하지 않는 신중함을 보인다. 그는 책 표지에 실을 나이지리아 지도를 그리는데 니제르와 베누에 강의 Y자 모양을 새빨간 색으로 칠한다. 3년 동안 존재한 남동부의 비아프라 국경선에도 똑같은 색을 칠한다.

(『태양은 노랗게 타오른다 1』, 150쪽)

엄밀하게 말해 '서문'이 아니라 '서문'이 쓰여지는 과정이 기록되어 있다. 여기에는 세 층위의 주체가 등장한다. 참혹한 전쟁의 희생자이자 침묵을 강요당한 주체(호리병을 가진 여자와 아이), 이를 목격한 트라우마로 인해 제대로 말을 잇지 못하는 주체(올란나), 그리고 더듬거리는 올란나의 이야기를 자세히 기록하고 있는 서술자(으그우)가 그들이다. 이 세 층위의 목소리는 '역사(전쟁)의 영혼'을 어떻게 포착할 것인가에 대한 서사적 자의식(소설을 위한 밑그림)을 함축하고 있다. 역사(시대정신)를 끌어안고 소설(예술성)로 나아가기 위한 전제에 해당하는 장면이라 할 수 있다. 따라서 『태양은 노랗게 타오른다』는 이 세 층위의 목소리를 온전하게 담기 위한 서사적 고투의 결과물이라 볼 수 있다.

한편, 맺음말은 작중인물 오케오마의 시를 본보기 삼아 책의 저자가 창작한 시로 구성되어 있다.

7 책: 우리가 죽을 때 세상은 침묵했다

맺음말로 그는 오케오마가 쓴 시를 본보기로 삼아 시 한 편을 쓴다.

우리가 죽을 때 그대는 침묵했나요?

머리에 딱지가 앉은 아이들
예순여덟 명의 사진을 그대는 보았나요?
조그만 머리마다 앉았다가 썩은 낙엽처럼

바닥으로 떨어지는 부스럼을?

두 팔은 이쑤시개 같고 배는 축구공 같으며
살이 없어 피부가 늘어지는 아이들을 상상해 보세요.
단백질 부족증이랍니다……. 어려운 단어,
너무나 역겨운 단어, 죄악.

상상력을 동원할 필요도 없어요. 광택이 흐르는
당신이 든 《라이프》 잡지에 사진이 가득하니까요.
그대는 보았나요? 잠시 미안한 마음이 들었나요?
그리고 돌아서서 그대의 연인이나 아내를 껴안았나요?

아이들 피부는 황갈색의 연약한 찻잎으로 변해서
거미줄 같은 정맥 혈관과 부서지기 쉬운 뼈다귀를 드러낸답니다.
벌거벗은 아이들이 웃어요, 사진사가 사진을 찍고
혼자 떠나지 않기라도 할 것처럼.

(『태양은 노랗게 타오른다 2』, 303쪽)

　위의 시에도 세 층위의 주체가 드러나고 있다. 침묵을 강요당한 주체(아이들), 《라이프》 잡지의 사진으로 표상되는 기록·증언의 목소리(외부자의 시선), 이방인의 방관자적 시선을 질타하는 시적 화자 등이다. 비아프라 전쟁의 참혹함을 시적 방식으로 전유하고 있는 대목이다. 따라서 『태양은 노랗게 타오른다』는 이러한 서정적 현실 인식에 일상적 삶의 생생한 풍경을 교직하며 서사적 확장을 꾀하고 있는 작품이라 할 수 있다.
　이상에서 작품에 삽입되어 있는 책 『우리가 죽을 때 세상은 침묵했다』는 '전쟁의 트라우마(서문) → 기록·증언(본문) → 시(맺음말)'의 구성을 취하고 있다. 여기에는 '침묵'하는 '세상'에 대한 문제의식, 즉 '세상(외부)'에 '우리'의 실상을 알리려는 의도가 담겨 있다. 그 시대를 살았던 사람들의 주체적인 이야기(비아프라에서 살았던 이야기)가 아니라고 볼 수 있다. 다만, 나이지리아의 비참한 현실에 대한 역사적 증언을 문학적 감수성이 투영된 서문과 맺음말로 감싸고 있다고 볼 수 있다. 따라서 소설 곳곳에 삽입되어 있는 책『우리가 죽을 때 세상은 침묵했다』는 '역사의 영혼'을 담으려는 서사적 자의식의 전제, 즉 필수불가결한 밑그림이라 할 수 있다. 이는 또한 독립 이후 나이지리아의 현실, 특히 비아프라 전쟁에 대한 기존의 관점을 넘어서려는 작가 의식과 무관하지 않다. 아디치에의『태양은 노랗게 타오른다』는 이러한 서사에 대한 자의식을 구현하려는 의지를 담고 있는 작품이다. 이를 조금 더 면밀하게 살펴보도록 하자.

3. 남성 중심의 서사: 으그우와 리처드, 그리고 오데니그보

『태양은 노랗게 타오른다』는 세 화자 으그우, 리처드, 올란나의 시선이 교차되며 이야기가 전개된다. 이보족 출신의 순진무구한 하층민 소년 으그우가 오데니그보의 집에 하인으로 들어오는 장면으로 작품이 시작된다. 으그우는 주인어른 오데니그보의 도움으로 점차 나이지리아의 현실에 눈을 떠간다. 으그우가 이념지향의 혁명가 오데니그보의 영향을 받아 근대적 남성 주체로 거듭나는 성장이야기는 이 작품의 주요한 서사의 한 축을 이룬다.[53]

비아프라 군대에 강제로 징집되어 전쟁에 참여한 으그우는 동료들의 광기에 휩쓸려 술집 여주인을 집단 성폭행하는 데 가담한다.

---

[53] 이 또한 빼어난 전쟁 서사의 하나라 할 수 있다. 하지만 아디치에는 여기에서 머무르지 않고 이를 넘어서는 과정의 지난함을 탐색하고 있다. 필자는 이에 주목하여 작품을 이해해야 한다고 생각한다.

으그우는 바지를 내렸다. 너무나 빨리 일어서는 그것이 놀라웠다. 으그우가 그것을 집어넣을 때 술집 여주인의 안은 메마르고 딱딱했다. 그는 상대의 얼굴을 쳐다보지 않았다. 상대의 어깨를 누르는 동료 얼굴도 쳐다보지 않았다. 아무것도 쳐다보지 않았다. 그냥 빨리 움직이다가 절정을 느꼈다. 허리춤으로 몰려든 액체가 저절로 배출되는 기분을 느꼈다. 그가 바지 지퍼를 채우는 동안 동료들이 박수를 쳤다. 마침내 그는 여주인을 바라보았다. 그녀는 증오 어린 시선으로 그를 쳐다보고 있었다.

(『태양은 노랗게 타오른다 2』, 285-286쪽)

전투에서 부상을 입고 기적적으로 생환한 으그우는 자신의 충동적 범죄 행위에 대한 참회와 속죄의 의미로 글을 쓰기 시작한다.[54] 이러한 으그우의 참회와 성찰은 남성 주체의 성장이야기가 주류를 이루는 전쟁 서사의 익숙한 주제이기도 하다.

작품의 또 다른 화자 리처드는 '이보 으크우' 예술에 이끌려 '검은 대륙'을 탐험하고 있는 영국 출신의 백인이다. 그는 나이지리아 현실의 이방인이자 외부자의 위치에서 점차 내부자에 가까운 모습으로 변모하고 있다. 애수에 찬 신비로운 매력을 발산하는 카이네네는 리처드를 전쟁의 소용돌이로 휩싸이게 한다. 그는 이 작품에서 비아프라 전쟁의 참혹함을 사실적으로 증언·고발하는 데 기여하고 있다. 백인이라는 이방인적 성격은 전쟁의 참상을 외부에 알리는데 효과적이다. 마두와 카이네네가 요청한 일을 맡으며 리처드는 점차 비아프라 국민(내부인)에 가깝게 다가간다. 리처드의 관점, 즉 외부인의 시선으로 객관적 진실을 포착하려는 시도 또한 우리에게 익숙한 남성 중심 서사의 한 유형이라 할 수 있다.[55] 이렇듯, 『우리가 죽을 때 세상은 침묵했다』의 공저

---

54 으그우는 자신의 여동생이 군인들에게 강간당하고 끔찍한 삶을 이어가고 있다는 사실을 알고 더욱 큰 죄책감에 시달린다.

55 '타자'의 삶에 호의를 품는 백인 남성은 아디치에의 작품에 자주 드러나는 캐릭터이다. 「숨통」의 '그'나 『아메리카나』의 '커트' 등이 그들이다. 아디치에는 이들의 선의에 온전하

자 으그우와 리처드는 남성중심의 전쟁 서사 일반을 대변하는 인물이라 할 수 있다. 이들의 시각은 비아프라 전쟁을 바라보는 기존의 관점과 동궤에 놓인다.

이러한 남성 중심의 이야기는 올란나의 연인 오데니그보의 세계와 연결된다. 그는 '자유의 투사'이자 이른바 '아프리카식 사회주의'를 주창하는 이데올로그다.

> "내가 말하고 싶은 건 아프리카의 정체성은 부족에 있다는 거예요. 내가 나이지리아 사람인 이유는 백인이 나이지리아를 만들어서 나에게 강요했기 때문이에요. 또 내가 흑인인 이유는 백인이 자신의 하얀 피부색과 구분해서 차별하려고 흑인이란 말을 만들어 냈기 때문이죠. 하지만 백인이 나타나기 전의 난 이보족 사람이었어요."
>
> (『태양은 노랗게 타오른다 1』, 43쪽)

그의 신념은 아프리카/서구, 흑인/백인, 부족/국가, 전통/근대 등의 이분법에 기반해 있다. 이러한 오데니그보의 이념에는 이보족 내에 만연한 분열과 갈등, 즉 전통과 근대성이 공존하는 현실의 다양한 모순에 대한 구체적 성찰이 결여되어 있다. 그는 같은 부족의 올란나를 거부하는 어머니의 완고함 앞에 무릎을 꿇는다. 결국 어머니의 뜻에 따라 아말라와 관계를 맺고 아이를 가지기에 이른다. 이보족과 다른 부족들 사이의 통합에 대한 전망 또한 적극적으로 드러내지 않는다. 이는 이보족과 대립하는 타 부족을 적대시하는 태도로 이어져 비아프라 전쟁을 이보족의 독립 전쟁으로 축소시키는 결과를 낳는다. 이 또한 비아프라 전쟁을 전유하는 기존의 방식 중 하나, 즉 이보족 중심주의의 관점이라 할 수 있다.

게 공감하지 못하는 여성 인물들을 통해 백인 남성의 호의가 '타자'를 억압적 현실의 피해자로 고착시킴과 동시에 스스로를 식민 담론의 주체로 재구성하고 있음을 날카롭게 묘사하고 있다. 이 작품에 드러난 리처드의 모습은 이러한 인식의 연장으로 이해할 수 있다.

이러한 오데니그보의 이념적 태도는 어머니의 죽음, 전쟁의 참혹한 현장을 겪으며 점차 '독한 싸구려 술 냄새'와 '피로에 찌든 눈'으로 표상되는 패배적 이미지로 변해간다. 그의 신념은 일상적 삶의 무게를 견디지 못하고 서서히 붕괴되어 간다.

> 으그우는 하얀 꽃과 아무렇게나 울창하게 자라난 덤불 옆에서 허리를 숙인 채 책이 타고 남은 잿더미를 물끄러미 바라보았다. 책을 쌓아 놓고 불을 지른 게 분명했다. (중략)
> "저들이 일부러 책을 쌓아 놓고 태운 이유가 뭘까? 노력이 가상하군."
> 마님이 아무렇지도 않은 듯이 말했다.
> 주인어른은 으그우 옆에 웅크리고 앉아서 재로 변한 종이 사이를 뒤지며 중얼거렸다.
> "내가 쓴 연구 논문이 모두 여기에 있어. 네케네 은케, 신호 탐지 행렬 실험에 대한 논문이……."
> 그러더니 잠시 후에 두 발을 쭉 펴고 맨땅에 그대로 앉았다. 으그우는 그런 주인어른을 쳐다보기가 민망했다. 고상하지 않았다. 주인어른답지 않았다.
> (『태양은 노랗게 타오른다 2』, 375-376쪽)

전쟁이 끝난 후 집으로 돌아온 오데니그보는 '재로 변한' 자신의 연구 논문을 보고 '맨땅'에 주저앉으며 절망한다. 으그우는 이러한 오데니그보의 '주인어른'답지 않은 모습을 '쳐다보기가 민망'하여 외면하고 만다. 오데니그보의 세계(으그우와 리처드로 대변되는 『우리가 죽을 때 세상은 침묵했다』의 세계)가 닫히고 그 너머의 세계가 열리는 순간이다.[56] 동시에 으그우는 올란나와 카니네네의 세계와 접속하며 새로운 서사(비아프라에서 살았던 이야기)를 구상한다.

---

56 여기에서 '재로 변한 종이', 즉 오데니그보의 논문은 『우리가 죽을 때 세상은 침묵했다』라는 책의 세계를 상징한다고 볼 수 있다.

4. 여성의 목소리: 올란나와 카이네네

올란나와 카이네네는 이보족 오조비아 추장의 쌍둥이 딸이다. 런던 대학에서 박사학위를 받고 귀국한 엘리트들이다. 이들은 주체적이고 독립적인 여성의 면모를 지니고 있다.

먼저 올란나의 경우를 살펴보자. 그녀는 사랑(오데니그보)과 일(사회학과 강사)을 좇아 은수카 행을 결정한다. 올란나는 강인한 의지와 열정을 지니고 있으며 자신의 감정에 솔직하고 충실하다.

> 폭격 소리가 더 가까이서 더 크게 들렸다. 대지가 요동쳤다. 영혼이 몸에서 빠져나간 것처럼 그녀는 아무것도 느끼지 못했다. 또다시 폭발이 일어나고 대지가 흔들렸다. 벌거벗은 아이 하나가 귀뚜라미를 뒤쫓아 기어가면서 낄낄거렸다. 그러다가 폭발이 멈추고 사람들이 다시 움직이기 시작했다. 설사 자신이 죽었다 해도, 설사 오데니그보와 아기가 으그우가 죽었다 해도 대피소에는 이제 막 갈아 놓은 밭에서 나는 것 같은 흙냄새가 여전히 날 것이며 태양은 여전히 떠오르고 대피소 안의 귀뚜라미는 여전히 폴짝폴짝 뛰어다닐 터였다. 자신들이 없어도 전쟁은 계속될 터였다.
> 올란나는 뭔지 모를 분노가 온몸에 끓어오르는 것을 느끼며 숨을 깊이 내쉬었다. 극단적인 공포가 극단적인 분노로 변하는 아주 이상한 기분이었다. 자신은 소중한 존재여야 한다. 비아프라가 승리할 때까지, 침략자들이 더 이상 위협을 가하지 않을 때까지 더 이상 죽음을 기다리며 계속 무기력하게 살아갈 수는 없었다.
> (『태양은 노랗게 타오른다 2』, 137쪽)

인간 존재의 가치를 무화시키는 전쟁의 참혹함을 깨닫고 떨쳐 일어서는 올란나의 주체적 모습이 잘 드러난 대목이다. 그녀의 자각은 오데니그보가 중시하는 '미래'나 '대의명분'에서 발원한 것이 아니다. 이는 삶의 소중함과 일상의 행복을 말살하는 전쟁에 맞서 인간의 존엄을 되찾기 위한 선언에 가깝다. 이러한 올란나가 '비아프라에서 살았던 이야기'[57]는 크게 두 부분으로 나누어 살펴볼 수 있다.

첫째, 성욕과 성행위에 관한 능동적이고 자유분방한 태도다. 그녀는 '제도에 갇힌 따분한 동반자 관계'(결혼)보다는 '지금 여기'의 행복한 생활을 중시한다. 올란나의 적극적이고 개방적인 성적 욕망은 이 작품에서 중요한 요소로 기능하고 있다. 이는 전쟁과 죽음의 공포에 맞서 일상의 소소한 행복을 적극적으로 찾아 향유하는 행위이다. 전쟁문학에서 흔히 발견되는 남성의 억눌리고 뒤틀린 성 욕망의 폭력적 분출과 대비된다.[58] 올란나와 오데니그보는 둘만을 위한 조촐한 '전시 파티'를 즐긴다. '입술을 포개'며 옷을 '직접 벗도록 놔두지 않'고 '삽입'을 유도하기 위해 노력하는 모습, 옆방의 으그우와 아이를 의식하면서도 온몸을 파고드는 '원초적인 쾌감과 신음'을 도저히 억누르지 못하는 장면, 그리고 모든 걸 끝내고 '벽에 기댄 채 숨을 헐떡이며 낄낄 웃'는 이들의 모습은 전장의 현장에서 피어오르는 건강하고 생명력 넘치는 성의 카니발이라 할 수 있다.

심지어 그들의 소중한 동료이자 동지인 오케오마의 죽음을 전해 듣는 고통의 순간, 올란나는 '몸속 깊숙한 곳에서' '귀청을 찢는 날카로운 비명'을 들으며 '오데니그보'의 팔을 움켜잡는다.

> 오데니그보가 몸속으로 들어올 때 올란나는 그가 위에 올라탄 느낌이 예전보다 훨씬 가볍다고 생각했다. 그가 너무 가만히 있어서 그녀는 몸을 흔들며 그의 엉덩이를 잡아당겼다. 하지만 그는 움직이지 않았다. 그러다 갑자기 그가 찔러 대기 시작하자 쾌락이 몇 배로 늘어났다. 온몸의 감각이 날

---

57 이러한 올란나의 각성은 『우리가 죽을 때 세상은 침묵했다』의 세계(비아프라 전쟁을 전유하는 기존의 시각)를 넘어서는 한 지점이다. 전쟁의 참혹한 현장을 목격한 트라우마의 충격으로부터 자신의 목소리를 찾고 있는 장면이기 때문이다.

58 으그우가 저지른 성폭력 장면과 올란나가 성적 욕망을 향유하는 장면을 비교해 보라!

카롭게 살아나 작은 쾌락의 불꽃도 온몸으로 퍼져 나갔다. 올란나는 자신이 우는 소리를 들었다. 우는 소리가 계속 커져서 아이가 뒤척였으며 그는 손바닥으로 그녀의 입을 막았다. 그도 울고 있었다. (중략)
"당신은 아주 강한 여자야, 은켐."
오데니그보에게서 한 번도 들은 적 없는 말이었다. 그가 늙어 보였다. 두 눈에 어린 물기와 좌절감으로 얼굴을 찌푸리며 생긴 주름살 때문에 아주 늙어 보였다. 올란나는 왜 그런 말을 하느냐고, 무슨 뜻이냐고 묻고 싶었다. 하지만 묻지 않았다. 누가 먼저 잠들었는지도 확실치 않았다.
다음 날 아침에 올란나는 아주 일찍 깨어나서 자신의 입 냄새를 맡으며 슬프고 불안한 평화를 느꼈다.
(『태양은 노랗게 타오른다 2』, 332-333쪽)

슬픔과 쾌락이 공존하는 성행위를 통해 극단적인 상실의 고통을 위무하는 장면이다. 이처럼 작가는 적극적, 능동적으로 성을 향유하는 개성적인 여성상, 즉 자신의 행복을 중심으로 주체적으로 삶을 이끌어 가는 여성을 창조하고 있다.[59] 이와 관련하여 오데니그보의 외도에 대처하는 올란나의 태도는 주목할 만하다. 올란나는 윤리적 우월성에 기반하여 그를 용서한다는 관점이 아니라, '자신을 행복하게 한다는 관점'에서 이 사건을 바라본다.[60] 올란나가 오데니그보와 아말라 사이에

---

[59] 올란나와 리처드의 외도 또한 이와 무관하지 않다. 올란나는 오데니그보가 어머니의 강요로 아말라와 관계를 맺었다는 사실을 알고 난 이후 리처드를 유혹한다. 작가는 이 둘의 섹스를 묘사할 때조차 성의 카니발적 요소를 외면하지 않는다. 이러한 올란나와의 관계를 통해 리처드는 카이네네 앞에서 무능했던 자신의 성적 기능을 회복한다. 이러한 작가의 성에 대한 개방성을 성적 방종의 차원으로 이해해서는 곤란하다. 올란나는 자신의 윤리적 일탈을 반성하며 오데니그보와 카이네네에게 용서를 구한다. 이는 소중한 사람들과의 신뢰를 깨는 부도덕한 행위였기 때문이다. 하지만 그렇다고 해서 그들의 섹스 행위 자체가 지닌 의미까지 부정되어야 하는 것은 아니다.

[60] 올란나의 외도에 대응하는 오데니그보의 행동은 이와 대비된다. 오데니그보는 이 사실을 알고 리처드에게 화를 내며 항의하고 책임을 따진다. 이러한 오데니그보에게 올란나는 다음과 같이 말한다. "난 아말라를 나무란 적이 없어. 내가 믿은 사람은 바로 당신이야. 당신이 동의하지 않으면 다른 사람은 그 신뢰를 깨뜨릴 수 없어. 그래서 당신한테 화를 낸 거야. 당신이 화를 낼 사람은 나야, 리처드가 아니라."(『태양은 노랗게 타오른다 2』, 77쪽)

서 태어난 아이를 받아들이는 것도 이와 무관하지 않다.

둘째, 전쟁의 상황 속에서 자신이 할 수 있는 일을 적극적으로 찾는 모습이다. 올란나는 오지엄마, 무오케루 부인, 아말라, 엘리스 등 이른바 침묵을 강요당한 하위계층 사람들과 더불어 살아가는 삶을 터득한다. 그들을 변화시키려 하지 않고 함께 살아남기 위해 노력한다. 오히려 이들의 건강한 삶의 생명력을 배운다. 올란나는 원조 물품을 직접 수령하려 나가고, 힘들어하는 오데니그보의 모습을 보고 에제카 교수를 찾아가 남편의 일을 청탁하기도 한다. 피난지의 아이들과 난민 수용소 아이들을 가르치며 비아프라의 미래를 준비하기도 한다.

그녀가 염원하는 세상은 일상의 소소한 행복이 유지되는 아래와 같은 삶이다.

> 모두가 생각한 대로 행복하게 살고 있다는 느낌이 들었다. 가끔씩 힘든 일이 생겨도 결국에는 다시 제자리에 돌아올 것 같은 그런 느낌이었다. 올란나가 카노에 오고 싶어 한 이유도 바로 이런 느낌 때문이었다. 누가 보더라도 평화로운 분위기를 느낄 수 있어서였다. (중략)
> 두 사람은 하우사 말로 얘기하고 웃으면서 딱딱한 녹색 껍질을 이로 벗겨 사탕수수의 하얀 속살을 씹고 즙을 삼켰다. 그녀는 함께 앉았지만 하우사 말이 너무 빠르고 어려워서 알아들 수 없었다. 외삼촌과 외숙모와 사촌들처럼 자신도 하우사 말과 요루바 말을 잘 하고 싶었다. 가능하다면 자신이 배운 프랑스어와 라틴어와 기꺼이 바꾸고 싶었다.
> (『태양은 노랗게 타오른다 1』, 75-77쪽)

하우사, 요루바, 이보족 등 여러 부족이 어울려 공존하는 평화로운 분위기의 마을 풍경이다. 전쟁은 이러한 평화롭고 안온한 일상을 빼앗아 간다. 올란나의 '비아프라에서 살았던 이야기'는 바로 이러한 일상의 행복을 되찾기 위한 몸부림이었다고 할 수 있다.

다음으로 카이네네의 경우를 살펴보자. 그녀는 아버지의 일을 이어받아 하코트 항구에서 사업체를 경영한다. 스스로를 '못생긴 딸'이라 지칭하며 자신과 현실에 대해 냉소적 시선을 지니고 있다는 점에서 올란나와 구별된다. 이러한 아웃사이더적 성격은 또 다른 이방인 리처드에게 끌리는 이유이기도 하다. 올란나가 감성적 측면이 강하다면 카이네네는 이성적 측면이 강하다. 카이네네는 냉철한 현실주의자의 태도를 보여준다. 이러한 태도는 이념이나 부족, 국가와 같은 추상적 가치보다 합리적인 이해타산을 중시한다는 점에서 일상적 삶의 행복을 추구하는 올란나의 모습과 연결된다.

> "이보에서는 사회주의를 적용할 수 없어요. 여자를 오그벤예아루라고 부르는데 그게 무슨 뜻인지 아세요? '가난한 남자와 결혼하지 말라.' 이제 막 태어난 아이한테 이런 낙인을 찍는 게 바로 자본주의예요."
> (『태양은 노랗게 타오른다 1』, 127쪽)

카이네네는 이보 전통과 근대 자본주의를 비판함과 동시에 '사회주의' 또한 '실현 불가능한 허구'로 치부하며 거부한다. 전쟁 상황에 대해서도 냉정하고 주체적인 판단을 내린다. '석유를 둘러싼 이권'이 전쟁을 장기전으로 몰아가고 있다는 주장이나 부하 장교를 의심하고 부패에 무감각한 '오주크우'의 야망을 지적하는 대목은 이러한 현실주의적 면모를 잘 보여준다.

전쟁이라는 극한 상황 속에서도 냉정함을 유지하려는 카이네네의 현실주의적 태도는 주목할 만하다. 특히, 난민수용소 식량 공급 관리자의 역할을 맡아 주어진 환경에서 최선을 다하려는 모습은 깊은 여운을 남긴다.

> "반역자! 너 같은 연놈들이 적군한테 길을 알려 줬어! 하푸 음! 우리 마

올로 가는 길을 알려 준 놈들이 바로 너희 같은 연놈들이야!"
  인양이 너무 놀라 한 손을 턱에 댄 채로 굳어서 침을 닦아 내지도 못했다. 어색하게 침묵이 감도는 순간 카이네네가 재빨리 다가가서 임산부의 얼굴에 따귀를 힘차게 두 차례 연속으로 날리며 소리쳤다.
  "우리 모두가 똑같은 비아프라 국민이야! 안인차 부 비아프라! 무슨 말인지 알겠어? 우리 모두가 똑같은 비아프라 국민이라고!"
  임산부가 침상에 쓰러졌다.
(『태양은 노랗게 타오른다 2』, 207쪽)

'적십자'에서 파견된 소수 부족 출신의 여의사 인양의 치료를 거부하는 임산부를 향해 카이네네가 폭력을 휘두르는 장면이다.

  "저 사람은 도적이 아니에요. 내 말 안 들려요? 저 사람은 도적이 아니라 굶주린 병사예요."
  카이네네가 소리쳤다. 크지 않지만 위엄 있는 카이네네의 목소리에 사람들이 조용해지더니, 이윽고 천천히 물러서며 교실로 돌아섰다. (승략)
  그녀가 불쌍한 젊은 병사를 보고 속이 상했다는 사실을 리처드는 알고 있었다. 그녀가 농사를 망친 원인은 젊은 병사가 아니라고 생각하는 것도 알고 있었다. 농사가 실패한 이유는 땅이 너무 척박하고, 하마탄 열풍이 너무 강하며, 거름은 없고, 심을 것도 별로 없는 데다가 카이네네가 감자 종자를 간신히 구해 오면 사람들이 심기도 전에 절반은 먹어 치우기 때문이었다. 리처드는 팔을 들어 올려 하늘을 비틀어서라도 지금 당장 비아프라가 승리하도록 만들고 싶었다. 카이네네를 위해서.
(『태양은 노랗게 타오른다 2』, 352-353쪽)

  절망적 상황 속에서도 냉철하게 현실을 파악하고 이를 통해 분열을 넘어서려는 카이네네의 모습, 즉 그녀의 목소리가 리처드를 포함한 타자들의 마음을 어떻게 움직이고 있는지를 구체적으로 보여주는 장면이다. 카이네에는 결국 어려운 상황을 타개하기 위해 위험한 교역을 감행한다. 적 지역의 주민들과 밀무역을 하는 것이다. 그녀에 따르면

'아무것도 모르는 나이지리아 아낙네들과 장사해서 우리에게 필요한 물건을 구하는 일'이다. 장사꾼다운 발상이 명분이나 이념을 압도하고 있는 장면이다. 비아프라 전쟁이 이보족의 독립전쟁을 넘어 부당한 억압에 맞선 인간해방 전쟁으로 승화되는 지점의 하나라 할 수 있다. 물건을 구하러 떠난 카이네네는 끝내 돌아오지 못한다. 카이네네의 정신이 부재한 나이지리아의 암울한 미래를 암시하는 대목이다. 작가가 카이네네에게 서술자(화자)의 역할을 부여하지 않는 이유도 그녀의 실종과 무관하지 않다. 이는 비아프라 전쟁 이후의 나이지리아 현실이 여전히 카이네네의 목소리를 필요로 하고 있음을 시사한다. 『태양은 노랗게 타오른다』(2006) 이후 아디치에가 발표한 작품들, 즉 『숨통』(2009)과 『아메리카나』(2013)의 여성 화자들이 카이네네를 연상시킨다는 점은 이와 무관하지 않다.[61]

5. '비아프라에서 살았던 이야기'

아디치에는 작품의 결말부에서 다시 으그우의 목소리를 소환하고 있다. 으그우는 남성중심의 서사를 표상하는 『우리가 죽을 때 세상은 침묵했다』의 세계를 넘어, 올란나와 카이네네의 목소리와 접속한다. 으그우의 글쓰기에 대한 자의식은 이와 관련하여 시사하는 바가 크다. 으그우의 글은 작품 속에 구체적으로 드러나지 않는다.[62] 아직 쓰여지지 않은 글이지만 그 성격을 유추해 볼 수는 있다. 먼저 그의 스승인 오데니그보의 세계 너머로 향한다는 점은 분명하다. 이는 그가 신성시하고 우상화했던 오데니그보의 세계의 붕괴와 맞물려 있다.

---

61 이에 대한 면밀한 검토는 앞으로의 연구 과제로 남겨둔다.
62 그는 리처드에게 "오랜 시간을 들여서 책을 다 쓰면 이런 제목을 붙일 거예요. '비아프라에서 살았던 이야기'."(『태양은 노랗게 타오른다 2』, 386쪽)라고 말한다.

> 으그우는 저녁마다 대화 소리를 들으며 나중에 종이에도 옮겨 적을 내용을 마음에 새겼다. 말하는 사람은 주로 카이네네 마님과 올란나 마님이었다.
> (『태양은 노랗게 타오른다 2』, 344쪽)

이는 으그우 자신(서구중심의 남성 성장 이야기)은 물론 리처드(이방인의 시선으로 증언하기)와 오데니그보(이보중심주의 서사)의 세계 너머를 향한 글쓰기, 즉 '역사의 영혼'을 담으려는 글쓰기라 할 수 있다. 따라서 『태양은 노랗게 타오른다』는 으그우가 '오랜 시간을 들여서' 쓰고자 한 '비아프라에서 살았던 이야기'의 아디치에식 버전의 하나라 할 수 있다.[63]

작품 속에 삽입된 『우리가 죽을 때 세상은 침묵했다』가 역사적 측면에 무게중심을 두고 있다면, '비아프라에서 살았던 이야기'는 '역사의 영혼'에 강조점을 두고 있다. 물론 이 둘은 상호보완적 관계를 지닌다. 아디치에는 역사와 현실에 대한 이념적·객관적 접근(『우리가 죽을 때 세상은 침묵했다』의 세계)을 그것 자체로 인정하면서 이러한 입장을 지닌 자들과 함께 앞으로 나아간다.[64] 올란나와 카이네네로 표상되는 여성적 인물들 또한 오데니그보(으그우)와 리처드의 삶과 접촉하며 자신들의 삶을 변화시키고 있다. 올란나는 오데니그보의 확신에 찬 신념을 통해 현실인식(역사의식)을 확장하고 있으며, 카이네네는 리처드의 예술적 감수성을 통해 따뜻한 인간애를 회복하고 있다.[65] 이러한 변

---

[63] 작품 속에서 아직 완성되지 않은 으그우의 '비아프라에서 살았던 이야기'가 아디치에에 의해 『태양은 노랗게 타오른다』로 구현되고 있다는 점은 무척 흥미롭다. 아디치에는 으그우의 '비아프라에서 살았던 이야기', 즉 글쓰기에 대한 자의식을 텍스트의 핵심 구조로 내면화하면서 이를 바탕으로 자신만의 이야기를 쓰고 있는 셈이다. 이는 등장인물과 작가, 소설과 역사, 텍스트의 내부와 외부 사이의 상호텍스트성을 시사하며 작품을 더욱 입체적으로 만드는데 기여하고 있다.

[64] 이는 올란나와 카이네네가 자신들의 연인들(오데니그보와 리처드)이 저지른 외도를 끌어안고 나아가는 방식과 유사하다.

[65] 특히, 리처드에게 남긴 다음과 같은 카이네네의 쪽지는 인상적이다. '당신을 항상 내 곁에

모를 겪은 여성 인물들의 목소리가 다시 돌아와 남성들의 삶에 영향을 끼치고 있는 형국이다.

따라서 『태양은 노랗게 타오른다』는 『우리가 죽을 때 세상은 침묵했다』의 세계를 거부하거나 부정하지 않으면서 이를 넘어서고 있다. 지금까지 살펴보았듯이, 『우리가 죽을 때 세상은 침묵했다』의 세계(증언·고발의 성격)는 비아프라 전쟁의 실상을 이해하는 데 효과적으로 기여하고 있음은 물론, 텍스트의 구성, 캐릭터의 성격, 나아가 작품의 주제 의식과도 유기적으로 연결되어 있다. 이는 비아프라 전쟁을 로컬적인 동시에 글로벌한 목소리로 형상화하는 작업이라 할 수 있다. 아디치에는 비아프라 전쟁을 바라보는 이른바 글로벌한 관점[66], 즉 서구·백인·남성의 서사와 아프리카 중심주의(이보족 중심주의) 담론을 『우리가 죽을 때 세상은 침묵했다』의 세계, 즉 텍스트 내적 구조로 전용함과 동시에 이와 대화적 관계를 형성하고 있는 로컬적 목소리[67]를 통해 '역사의 영혼'을 담는 형식을 창조하고 있다. 이는 비아프라 전쟁의 상흔을 '역사(담론)'적 차원은 물론, '소설'이라는 예술적 형식으로 치유하려는 의도를 함축하고 있다.

이렇듯, 따뜻한 감성과 날카로운 지성을 겸비한 아디치에 특유의 여성적 목소리는 비서구와 서구, 전통과 근대, 흑과 백, 여성과 남성, 역사와 문학 등의 경계를 가로지르며 새로운 영역을 개척하고 있다. 이는 기존의 글로벌 담론을 관통·내파하면서 이를 끌어안고 앞으로 나아가는 '로컬/글로벌'한 목소리의 형식이라 할 수 있다.

두고 싶은 이 그릇된 욕망이 사랑일까? 침묵 가운데서 느끼는 이 안정감이 사랑일까? 이 친밀감이, 이 완전함이 사랑일까?'(『태양은 노랗게 타오른다 1』, 267쪽)

66 비아프라 전쟁을 바라보는 기존의 주류적 관점이기도 하다.
67 이보족 청년 으그우, 그리고 올란나와 카이네네로 표상되는 여성적 목소리, 즉 '비아프라에서 살았던 이야기'의 화자들의 목소리이다.

세속에서 초월로, 초월에서 세속으로:

한용운 『님의 침묵』

1. 만해의 삶과 문학, 수행(修行)과 실천(實踐)의 길항(拮抗)

자신에게 주어진 현실을 누구보다 치열하게 살아간 만해 한용운의 삶과 문학을 되짚어 볼 때, 우리는 크게 두 가지 큰 흐름을 마주하게 된다.

먼저, 고향을 떠나 세상을 떠돌며 인생의 의미를 찾아 나선 수행의 여정이다. 만해는 '미지의 세계'를 향한 내적 모험을 평생 포기하지 않았다. 젊은 시절 세상을 향한 '첫 출가'를 시작으로 전국 곳곳의 사찰은 물론, 보다 넓은 도량의 장으로 삼은 서울, 블라디보스토크, 일본, 만주 등을 거쳐 '심우장'으로 귀착되는 삶의 여정은, 서른아홉의 나이에 마침내 읊은 '오도송'의 '사나이 가는 곳마다 바로 고향'이라는 구절을 떠올리게 한다. 이렇듯 만해는 지칠줄 모르는 지적 호기심과 인격 수양, 그리고 '선의 세계'에 대한 깊고 넓은 사유를 통해 우리 종교사에 보기 드문 정신사적 화두를 남겼다.

다음으로, 이러한 내면적 수양과 더불어 현실적 삶의 개혁을 향한 실천의 도정이다. 만해는 자신이 학습하고 깨달은 삶의 본질과 이상을 세속의 현실 속에 구현하기 위해 열정적으로 뛰어든 실천가였다. 그는 부정한 현실에 맞서 조국의 독립을 염원한 민족 투사이자, '님'이 침묵하는 절망의 현실 속에서 결코 희망을 포기하지 않은 빼어난 시인이었다. 시대의 아픔을 치유하기 위해 불교를 개혁하고자 한 종교 지도자이자, 서구의 문명을 창조적으로 수용하여 현실을 변화시키고자 한 계몽주의자였다.『조선불교유신론』을 비롯한 불교 관련 저서와 논설, 조선 불교의 개혁과 대중화를 위해 주체적으로 맡은 소임과 활동들,「조선독립에 대한 감상」이나 '신간회' 활동 등으로 대변되는 비타협적 독립 투쟁,『님의 침묵』으로 대표되는 열정적인 문학 창작 등은 그의 삶이 얼마나 치열하게 현실에 응전하고 있는지를 잘 보여준다.

물론 이 두 흐름은 편의상의 구분에 불과하다. 만해의 삶은 이 두 경향이 '불교'를 중심축으로 자아와 세계를 오가며 긴장된 떨림으로 맞서있다. 만해의 삶과 문학을 이상과 현실, 초월과 세속, 보편과 특수, 서구(근대)와 전통 등의 조화와 긴장으로 이해하려는 수많은 논의들 또한 이러한 사실과 무관하지 않다.

이상이나 진리 탐구의 당위성을 외치기는 어렵지 않다. 하지만 현실의 수많은 난간과 장벽을 넘어 그 이상과 진실을 향해 묵묵히 앞으로 나아가기는 결코 쉽지 않다. 만해는 구호나 외침을 넘어 몸과 마음으로 현실의 강고함에 맞섰다. 그의 내면 수양과 학문적 성취, 불교 개혁과 대중화를 향한 실천, 조국의 독립을 위한 항일운동 등은 이러한 노력과 열정의 산물이다. 그는 불교와 철학, 자연과 공공체, 전통과 근대, 세속과 초월, 이성과 감성 사이를 오가며 그 간극을 온몸으로 초극하고자 한 실천가이자 승려였다. 몸과 마음, 실천으로 차곡차곡 쌓아올린 탑은 쉽게 무너지지 않는다. 만해가 우리에게 남긴 유산이 그렇다. 물론 좌절과 실패도 많았다. 허탈감과 절망에 빠지기도 했다. 하지만 만해는 이내 마음을 고쳐먹고 성과와 한계를 성찰하며 한 걸음 한 걸음 새롭게 나아갔다. 그는 이데올로기나 정치적 편향을 넘어 진실과 정의를 향해 올곧게 나아갔다. 만해에게 주어진 시대적·역사적 과제는 그가 해야 할 일이었고 무엇보다 그가 하고 싶은 일이었다.

2. 주요 연구 검토

본고에서는 『님의 침묵』을 중심으로 만해의 삶과 문학을 곱씹어보고자 한다. 논의에 앞서 몇몇 인상적인 연구 성과들을 소개한다. 극히 제한적이고 주관적인 선택이라는 점을 밝혀 둔다.

박현수는 『님의 침묵』에 대한 전반적 연구 동향을 살피고 있다. 그는 『님의 침묵』 전편을 해설하고 있는 송욱, 김종인, 김광운, 김용직, 정효구, 윤석성 등의 성과를 불교적 관점과 문학적 관점을 기준으로 비교·검토하고 있다. 이 논문은 불교적 독법과 문학적 독법의 의의와 한계를 지적하면서 『님의 침묵』에 접근하는 균형 잡힌 관점을 제시하고 있다. 한용운의 말을 참조하여, '표현 층위라는 현상계나 개념 층위라는 본질계는 그 자체로 평등한 것으로 분별심을 내어 그 차이를 둘 필요가 없다.'[68]는 결론은 『님의 침묵』에 접근하는 효과적인 방법의 하나로 새겨둘 필요가 있다.

정효구는 『님의 침묵』을 '불교 수행자로서의 폭넓은 수도 및 수행과정의 한 부분'으로 바라보면서 작품의 창작원리와 그 의미를 깊이 있게 분석하고 있다. 특히, 『님의 침묵』을 열어젖히고 있는 「군말」에 대한 세심한 분석과 수록 작품 한편 한편에 대한 꼼꼼한 해설은 연구자로서의 품격을 보여주기에 부족함이 없다. 또한 『님의 침묵』 제대로

---

[68] 박현수, 「『님의 침묵』 전편 해설의 경향과 한계」, 『선문화연구』 34집, 한국불교선리연구원, 2023.6.

읽기의 조건으로 '불교적 지식과 불심의 수행력, 시적 지식과 시심의 간절함' 등을 제시하며 기존 연구들의 한계를 지적하는 대목은 인상적이다. 정효구는 이러한 자질을 효과적으로 발휘하며 『님의 침묵』을 웅숭깊은 시선으로 분석하고 있다.[69] 다만, 한용운의 삶과 문학을 '불교사상'의 자장 안에서 파악해야 한다는 점에 전적으로 공감하면서도, 만해를 해탈한 초월자의 위치에 놓고 텍스트에 접근하고 있다는 점에는 선뜻 동의가 되지 않는다. 『님의 침묵』을 근대 초월의 작품, 즉 '근대적인 예술 개념으로서의 시작품 이전'의 텍스트로 규정한 점은 이러한 태도와 무관하지 않다. 『님의 침묵』에 불교적 세계관과 삶이 짙게 드리워져 있는 것은 사실이지만, 이는 세속과 초월, 현실과 이상 사이를 오가며 갈등하고 고민하는 유한한 존재의 치열한 내면을 드러내는 주요한 표상이 아닐까 싶다.

서준섭은 『님의 침묵』이 만해의 '당시까지의 모든 지적 편력과 사유가 투영'되어 있는 시집이라 전제한다. 그는 이 텍스트를 '사랑의 시이자, 불교적 진리에 대한 명상시이고, 삶의 절실한 문제를 사유하는 사유시'라고 규정한다. 여기에는 초월과 세속, 해탈과 번뇌, 불교의 공사상과 근대 합리주의 사상 등을 어떻게 통합하고 조화시킬 것인가에 대한 복합적 사유가 표출되어 있다. 그 어느 한 쪽도 포기하고 싶지 않은 치열한 현실 인식이 동양(선불교)과 서양의 사상을 회통하게 하는 정신의 높이를 창조하였다고 결론짓는다. 이는 '근대 합리주의 안에 불교를 내면화한 것 또는 불교 안에 근대 합리주의를 수용, 통합'한 것이다.[70] 『님의 침묵』에 드러난 문제의식을 날카롭게 포착한 점에 동의하면서도, 이 시집에 드러난 몇몇 작품들(「사랑의 끝판」, 「잠꼬대」,

---

[69] 정효구, 『한용운의 『님의 침묵』, 전편 다시 읽기』, 푸른사상, 2013.

[70] 서준섭, 「한용운의 『님의 침묵』에 나타난 사유의 특성과 동양과 서양 사상의 회통」, 『국어교육』 134호, 한국어교육학회, 2011.2.

「명상」, 「선사의 설법」 등)을 만해의 삶(새로운 삶의 출발)과 직접 연결시킨 점은 전적으로 공감하기 어렵다. '명상(초월)의 세계'와 '현실 세계'를 구분하고, 『님의 침묵』을 '공계'에서 '색계'로 나아가는 계기(신간회 활동으로 대변되는, 세속 속에서의 사랑의 실천)로 설정하고 있다는 점은, '시인-되기'와 새로운 '삶의 길-찾기'라는 이중과제를 강조하고자 한 의도에도 불구하고 다소 기계적인 해석이 아닌가 싶다.

한편, 이선이는 '동아시아의 전근대적 가치를 충실히 견지하는 한편, 서구적 근대 가치의 수용에도 적극적'이었던 한용운의 근대인식 양상을 다양한 관점에서 구체적으로 살피고 있다. 만해가 근대불교를 학문으로서의 불학과 종교로서의 불교가 접목된 '철학적 종교'로 인식하고 이를 통해 '전통과 근대를 창발적으로 습합'하여 '주체적인 근대'를 모색했다고 본 점은 깊이 새겨야 할 지점이다. 『님의 침묵』을 당대 시와의 영향 관계, 즉 '민족적 이념의 표상인 님과 근대시의 상징적 기법' 등과 연관하여 고찰한 점 또한 만해 문학의 역사성과 현실성을 구체적으로 탐색한 대목이다.[71] 다만, 만해의 현실인식 혹은 역사의식의 한계(문명의 이상에 대한 믿음 혹은 평화에 대한 낭만주의적 신념, 종교적 소망을 역사 속에 투사한 결과 등)를 언급하며 이념을 구체화할 '현실의 길이 막혔을 때' 『님의 침묵』이라는 '미적인 것'으로 발걸음을 옮겼다는 지적은 다소 무리가 있어 보인다. 『님의 침묵』을 현실적 삶과 거리를 둔 '미적 텍스트'로 한정하는 결과를 낳을 수 있기 때문이다. 이렇게 되었을 때, 『님의 침묵』은 '근대 이전이거나 근대 이후'를 향하고 있는 '종교적 명상의 아우라'를 지닌 탈역사적 '서정시'라는 평가와 '불교 대중화 운동의 문학 버전'(불교적인 세계관과 당대의 대중적인 언어가 탄력적으로 만나는 새로운 경지)이라는 상반된 평가가 공존하

---

[71] 이선이, 『근대 문화지형과 만해 한용운』, 소명출판, 2020.

는 상대주의적 텍스트로 전락할 수 있다.

김옥성은 만해의 불교사상을 근대의 유기체론과 꼼꼼하게 비교·검토한 후, 한용운의 사상이 이를 넘어서는 근대 이후의 비전을 함축하고 있다는 점을 보여주고 있다. 그는 만해의 불교사상(종교이자 철학)이 근대적 세계관과 양립할 수 있는 합리적인 사유체계라는 사실을 전제로, '불성'을 통해 감각의 논리(객관적인 물의 세계)와 초감각의 논리(주관적인 마음의 세계)를 매개하고 있다고 본다. 그에 따르면, 불성은 불생불멸이며, 감각적인 동시에 초감각적인 존재이다. 만해의 '유심론'에서 '심'은 '물'을 포함하고 있다. 이 마음은 감각의 논리를 초감각의 영역으로 확장하면서 믿음을 얻게 된다. 만해가 불교를 토대로 근대를 포용하면서, 탈근대적 비전의 가능성을 보여주는 지점은 바로 여기이다. 김옥성은 이러한 만해의 불교사상을 근대와 전통을 균형 잡힌 시선으로 선별하면서 확보한 생태 사상(불교를 토대로 근대의 계몽에 대한 계몽의 자세를 취하면서 탈근대적인 전망을 확보)으로 결론짓는다.[72] 흥미롭고 인상적인 분석이지만, 만해의 불교사상을 현재의 관점에서 재구성함으로써 당대의 현실과 마주한 한용운의 실존적 삶과 문제의식이 다소 소홀하게 취급되고 있는 것은 아닌지 의구심이 든다. 이와 더불어 불성에 대한 깨달음과 그 깨달음의 실천을 분리해서 이해하는 태도, 즉 당대의 다급한 과제가 근대의 선취와 부국강병, 국권의 회복이었기에 표면적으로 정치·사회적 실천을 강조했지만, 그 실천의 토대는 절대평등의 생태주의라는 주장에도 선뜻 동의하기 어렵다.

배호남은 만해의 문학을 레비나스의 철학과 비교하면서, '나-주체'가 '님-타자'와 관계 맺기를 통해 강조되는 '윤리적인 문제'를 다루고 있다. 그는 『님의 침묵』의 화자가 '나(주체)-님(타자)'의 관계를 통해

---

[72] 김옥성, 「한용운의 생태주의와 시학」, 『동양학』 41호, 동양학연구원, 2007.2.

타자의 타자성을 복원하고, 새로운 존재로 거듭나게 되는 과정을 탐색하고 있다. 레비나스의 타자철학과 한용운의 작품을 교직시키며 '타자를 환일자로 환원하는' 근대의 동일성 담론을 비판적으로 성찰하고 있는 논문이다. 배호남은 『님의 침묵』의 현재적 의미를 고통받는 타자의 윤리적 명령에 복종하는 주체의 '초월-벗어남'에 있다고 결론짓는다.[73]

김동우는 '숭고'라는 개념을 통해 한용운 시에 나타난 '계몽의 열정'과 이를 넘어서고 있는 '계몽의 역설'을 흥미롭게 분석하고 있다. 그에 따르면 '숭고의 미적 태도'는 '도구적 이성에 얹혀 자연의 모든 것을 인간화하려는 근대적 주체가, 타자로서의 자연을 맞닥뜨렸을 때 느끼는', '놀라움, 경탄, 섬뜩함, 불쾌감, 안도감 등이 동시적으로 공존'하는 복합적인 감정이다. 김동우는 이러한 '숭고'의 감정을 바탕으로 『님의 침묵』에 표출된 '존재론적 역설', 즉 '님'의 존재를 '부재의 현존'으로 드러내는 방식을 포착하고 있다. '숭고'를 매개로 불교사상과 서구 철학(칸트, 헤겔 등)을 연결시키고 있다는 점과 '숭고의 대상'이 표현되는 방식의 문제까지 아우르고 있다는 점에서 곱씹어볼 가치가 있다. 계몽주의자이면서 스스로의 계몽 의지를 넘어서는 한용운 문학의 역설을 『님의 침묵』에 드러난 '숭고한 사랑의 방식'으로 탐색한 연구 성과이다.[74] 배호남과 김동우의 논문은 한용운의 시를 비교문학적 관점에서 분석하면서 현재적 의미를 탐색하고 있는 대표적인 연구 성과들이다. 세련되고 명쾌한 분석으로 한용운 시문학 연구의 영역을 확장하고 있다는 점에도 불구하고, 현재의 관점에서 과거를 전유하고 있다는 점과 이론적 틀이 텍스트의 다채로움을 압도하고 있다는 사실이 아쉬

---

[73] 배호남, 「한용운의 『님의 침묵』에서 '님'의 의미 연구-레비나스의 타자철학을 중심으로」, 『한민족어문학』, 68집, 한민족어문학회, 2014.12.

[74] 김동우, 「숭고와 계몽의 역설-한용운 시의 현재성」, 『한국시학연구』 24호, 한국시학회, 2009.4.

움으로 남는다.

　마지막으로, 홍승진은 기존의 연구 방향을 재검토하면서, 『님의 침묵』의 '감각적 표현이 불교적 형이상학과는 다른 사유에 닿아 있지 않을까 하는 가설'을 바탕으로 「군말」을 꼼꼼하게 분석하고 있다. 「군말」의 구조를 텍스트 내부적으로 정밀하게 분석함과 동시에, 칸트와 타고르의 사상, 동학의 '님'이나 대종교의 '진아' 개념, 공민왕의 〈이양도〉 등과 연동하여 논의함으로써 만해 시의 근본원리를 구체적 시공간 속의 미적 표현(개체적 감각을 통하여 거기에 내재하는 '님'과의 우주적 관계를 표현하는 시 쓰기의 근본 원리)으로 자리매김하고 있는 점은 돋보이는 대목이다.[75]

　이상의 내용을 참조하여 본고에서는 『님의 침묵』을 세 층위로 나누어 고찰하고자 한다. 필자는 『님의 침묵』을 「군말」(①)과, 「님의 침묵」~「사랑의 끝판」(②), 「독자에게」(③)로 나누어 살피고자 한다. ①은 시집의 프롤로그에 해당하고, ②는 본문, ③은 에필로그에 해당한다.[76] ①에서는 '님'의 의미를 중심으로 시집의 창작 의도를 살펴본다. ②에서는 창작 의도를 염두에 두고 개별 작품들의 의미를 구체적으로 탐색한다. ③에서는 작품 창작의 의미, 즉 『님의 침묵』이 지닌 의미를 '님'의 의미 변모 양상을 중심으로 고찰하고자 한다.

75　홍승진, 「한용운 시 「군말」 읽기」, 『민족문화논총』 78, 민족문화연구소, 2021.8.

76　「군말」은 차례 앞에 배치되어 있고 쪽수도 없어 『님의 침묵』의 서문격에 해당한다. 반면 「독자에게」는 시집의 차례에 포함되어 있고 본문의 시편들과 구분 없이 마지막에 위치한 작품이다. 하지만 「독자에게」는 「군말」은 물론 본문에 실린 여타의 작품들과 이질적인 성격과 어조로 구성되어 있다. 붓을 던진다는 전언과 마무리 날짜를 기록하고 있다는 점에서 본문의 시편들과 성격이 다른 에필로그로 볼 수 있다. 이에 대해서는 본문에서 보다 구체적으로 살펴본다.

3. 「군말」: '님'의 의미와 창작 의도

먼저, 「군말」을 읽어보자.

> **「님」만 님이 아니라 기룬 것은 다 님이다** 중생衆生이 석가釋迦의 님이라면 철학哲學은 칸트의 님이다 장미화薔薇花의 님이 봄비라면 마시니의 님은 이태리伊太利다 님은 **내가 사랑할 뿐아니라 나를 사랑하나니라**
> 연애戀愛가 자유自由라면 님도 자유일 것이다 그러나 너희는 이름 좋은 자유에 알뜰한 구속拘束을 받지 않너냐 너에게도 님이 있너냐 있다면 님이 아니라 너의 그림자니라
> 나는 해 저문 벌판에서 **돌아가는 길을 잃고 헤매는 어린 양羊이** 기루어서 이 시詩를 쓴다.
>
> (「군말」 전문, 강조는 인용자.)[77]

「군말」에서 '「님」만 님이 아니라'의 '「님」'과, '기룬 것은 다 님이다'의 '님' 사이의 차이는 일찍부터 주목을 받아왔다. 전자가 세속적 사랑의 '님'이라면, 후자는 이를 넘어선 '님'이다.[78] 만해는 후자의 '님'('기룬 것'의 '님')으로 '석가의 님(중생)', '칸트의 님(철학)', '장미화의 님(봄비)', '마시니의 님(이태리)' 등을 들고 있다. 우선, '석가의 님'을 여타의 님과 대등하게 제시하고 있다는 점에 주목해 보자. 불교(석가)는 철학(칸트), 자연(장미화), 공동체(마시니) 등과 나란히 배치되어 있다. 이러한 석가의 '님(중생)'을 편의상 '불교의 님'이라 지칭한다면, '칸트의 님(철학)', '장미화의 님(봄비)', '마시니의 님(이태리)' 등과 동격의 '님'이다.

---

[77] 본고에서는 '한용운, 『님의 침묵』, 만해학술원, 2006.'의 현대어 버전을 분석 텍스트로 한다.

[78] 이는 자유연애 풍조의 '님'이 유행하던 당대의 현실을 의식한 것으로 보인다. '이름 좋은 자유에 알뜰한 구속拘束을 받'는 '님'은 진정한 '님'이 아니라 스스로의 '그림자'에 불과할 뿐이라는 구절은 이를 뒷받침한다. 이에 대한 보다 자세한 논의는 '홍승진, 앞의 글, 449-460쪽.'을 참조할 것.

이어지는 대목 '님은 내가 사랑할 뿐아니라 나를 사랑하나니라'는 '님'과 '나'의 관계를 드러내고 있다. 여기에서 '내/나'는 '불교의 님'을 여타의 영역, 즉 철학, 자연, 공동체 등의 '님'과 대등하게 바라보는 만해의 개방적인 사유를 함축하고 있다.[79] 이를 『님의 침묵』의 주된 기조를 이루는 넓은 의미의 불교적 사유(불교를 넘어선 불교적 사유)라 볼 수 있을 것이다. '세계종교(보편종교)로서의 불교의 님'[80]이라 지칭할 수 있는 이 '님'은 '석가의 님(중생)', '칸트의 님(철학)', '장미화의 님(봄비)', '마시니의 님(이태리)' 등이면서 이를 넘어서는 '님', 즉 개별 영역의 '님'임과 동시에 그 너머의 '님'이다. 한용운이 『님의 침묵』을

---

[79] 널리 알려져 있듯, 만해는 불교적 사유를 기반으로 활동했지만 좁은 의미의 불교, 즉 종교로서의 불교(석가의 님)에 전적으로 의거하지 않았다. 이를 '불교를 넘어선 불교적 사유'라 칭할 수 있을 것이다.

[80] 가라타니 고진에 따르면, '세계종교'는 세계적으로 퍼져있다는 의미가 아니라 '세계'라는 관념을 제시한 종교를 말한다. 그것은 일반적으로 말하는 '공동체의 종교'와 다르다. '공동체의 종교'는 인간이 집단이나 공동체로 살아가기 위해 강제되는 다양한 구조·시스템을 말한다. 예를 들어 공동체의 바깥에 대한 안으로서 존재하는 것이다. 그것은 외부의 카오스에 대한 질서로 기능한다. 고진에 따르면 세계종교는 공동체의 종교에 대한 비판으로 출현했다. 세계종교는 내부와 외부라는 공동체의 공간에 대해 그 외부가 없는 '세계'를 열어 보인 것이다. 세계종교는 공동체의 바깥, 이른바 공동체와 공동체 사이에서 나온다. 그것이 '세계'이고, 이 세계에는 외부도 내부도 없다(가라타니 고진, 『언어와 비극』, 조영일 옮김, 도서출판b, 2004, 241-243쪽 참조). 이러한 고진의 주장은 「군말」에 함축된 한용운의 불교 인식을 이해하는데 주요한 시사점을 준다. 만해는 불교를 '공동체의 종교'라는 울타리에 가두지 않고 '세계'로 개방한 개혁주의 승려라 할 수 있다. 마찬가지로 「군말」에서 '님'은 불교(석가), 철학(칸트), 자연(장미화), 공동체(마시니) 등의 영역으로 수렴되지 않고 그 너머의 '세계'로 확산되고 있다. 『님의 침묵』은 이를 구체적으로 보여주고 있는 시집이다. 고진에 따르면 붓다(불교의 교조)는 업, 윤회, 해탈과 같은 카스트제에 근거를 부여하는 관념을 거부했다. 그의 '깨달음'은 바라몬적 계급제도를 부정하는 윤리적 전환에 있었다. 그것은 사회제도를 바꾸고 평등과 자유를 실현하기 위해 불가결한 것이었다. 실제로 붓다를 지지한 계층은 구체적으로 생존의 '어려움'을 느끼고 있는 여성, 상인, 수드라, 불가촉천민 등이었다. 이렇듯 붓다가 설파한 '자비'는 구체적이었다. 생전에 붓다의 말이나 행위가 지배계층이나 지식인 계층에 영향을 준 적은 거의 없었다(가라타니 고진, 『힘과 교환양식』, 조영일 옮김, 비고, 2023, 240-243쪽 참조). 고진의 논의에 따르면 보편종교적 불교 운동은 위와 같은 불교의 시조(붓다)로 돌아가고자 하는 형태를 띤다. 이는 종교 개혁이자 사회 개혁의 성격을 동시에 지닌다. 만해의 불교 개혁과 대중화 운동은 이와 같은 보편종교(세계종교)의 특성과 닿아 있으며, 그 시조(붓다)로 돌아가고자 하는 운동과 유사한 점이 많다.

통해 보여주고자 한 '님'이기도 하다. 이 '님'은 세속적인 동시에 초월적이다. 또한 그의 주요 관심 분야, 즉 개별 영역의 '님'과의 관계를 심화·확장함으로써 그 경계를 넘어서고 있는 구체적이고 포괄적인 '님'이다. 따라서 '해 저문 벌판에서 돌아가는 길을 잃고 헤매는 어린 양羊이 기루어서 이 시詩를 쓴다'는 말은, 시를 통해 이러한 '님'의 의미를 탐색하겠다는 의도의 표출이다.

이렇듯, 「군말」은 시 쓰기의 의도와 마음가짐을 진술하고 있는 서문에 해당한다. '깨우친 자'의 위치에서 중생을 계몽하려는 논조를 취하고 있는 점 또한 기억할 필요가 있다. '~니라'는 진리나 으레 있는 사실을 일러줄 때 사용하는 상대 낮춤 종결어미이다. '너/너희'는 듣는 이가 친구나 아랫사람일 때 쓰는 이인칭대명사이다. 요약하자면 내가 너희('길을 잃고 헤매는 어린 양羊')에게 '이름 좋은 자유에 알뜰한 구속拘束을 받지 않'는 진정한 '님'의 모습을 시를 통해 보여주겠다는 것이다. '님 – 나(화자) – 너희(독자, 중생, 어린 양)'의 담화 구조에서 「군말」은 '나'의 위치에서 '너희'에게로, 위에서 아래로 향하는 일방적 전언에 가깝다.

4. 본문: 초월성과 세속성의 긴장

앞에서 살펴보았듯이, 『님의 침묵』의 '님'은 '석가의 님(중생)', '칸트의 님(철학)', '장미화의 님(봄비)', '마시니의 님(이태리)' 등의 특성을 두루 지니지만 어느 한 영역으로 한정할 수 없는 복합적인 성격을 지니고 있다. 각 영역들 '사이'에 존재하는 '님'이라 할 수 있다.[81] '시인'

---

81 한용운의 삶 또한 마찬가지이다. 그는 '중생'을 '님'으로 모신 개혁주의 승려이자 '철학'을 '님'으로 섬긴 학자였으며, '봄비'를 '님'으로 삼은 서정시인이자, '조국(이태리)'을 '님'으로 사랑한 독립운동가였다. 그의 정체성은 이 중 어느 한 영역으로 온전히 수렴되지 않는다.

으로서의 만해[82]는 '님'과 '중생'을 연결하는 매개자의 역할을 자처하고 있다. 이는 시를 통해 '어린 양'들에게 진정한 '님'의 모습을 보여주겠다는 의도의 표출이다.

본문의 시편들은 '님 – 나(화자) – 너희(독자, 중생, 어린 양)'의 담화 구조에서 '님'을 향한 '화자(나)'의 절절한 사랑의 전언을 담고 있는 경우가 많다.[83] '님'의 심상이 전면화되어 화자와 '님' 사이의 심리적 거리가 멀어질수록 초월성이 부각되는 반면, '님'이 '화자(나)' 쪽으로 이동하여 이 거리가 가까워질수록 현실성이 강조된다. 전자의 경우 화자 자신이 '님' 쪽으로 이동하려는 경향이 강하고(현실에서 초월로), 후자의 경우 화자 자신 쪽으로 '님'을 끌어당기려는 성향이 두드러진다(초월에서 현실로). 만해의 『님의 침묵』은 이러한 초월성과 현실성의 긴장으로 직조된 시집이다.[84] 이 장에서는 이러한 화자와 '님' 사이의 심리적 거리, 즉 초월성과 현실성의 긴장을 중심으로 본문의 시편들을 살펴보고자 한다.

---

[82] 이 '시인으로서의 정체성'은 '봄비'를 '님'으로 삼는 '서정시인'의 영역을 넘어선다. 만해는 「질거움」이니 「슬픔」이니 「사랑」을 쓰는 '서정시인'이기를 거부하고 '당신의 얼골과 소리와 걸음걸이와를 그대로 쓰'는 '서정시인敍情詩人'이 되고자 한다(「예술가藝術家」). 이 '시인으로서의 만해'는 『님의 침묵』의 '님', 즉 '석가의 님(중생)', '칸트의 님(철학)', '장미화의 님(봄비)', '마시니의 님(이태리)' 등의 특성을 두루 지니지만 어느 한 영역으로 한정할 수 없는 복합적인 성격을 지닌 '님'을 호출한다고 볼 수 있다.

[83] 본문의 시편들은 다음의 두 가지 점에서 「군말」과 차별성을 갖는다. 첫째, 「군말」이 상대를 낮추는 어조를 취하고 있는 반면, 본문의 시편들은 주로 상대를 높이는 경어체를 사용하고 있다는 점이다. 둘째, 「군말」이 '나'의 위치에서 '너희'에게로 향하는 일방향적 전언이라면, 본문의 시편들은 '님'과 '화자' 사이의 쌍방향적 전언의 성격이 강하다는 점이다.

[84] 물론 여기에서 '님'은 절대자로서의 '초월자(신)'와 그 성격이 다르다. '님'은 만해가 작품 속에서 자신의 의지로 창조한 대상이다. '님'은 암울하고 부정한 현실을 지양하려는 의도에서 창조된 존재라는 점에서 세속적(현실적)이다. 하지만 작품 속에서 '님'은 화자의 의지를 넘어선 존재로 작용하고 있다는 점에서 초월적이다. 『님의 침묵』에 드러난 세속성(현실성)과 초월성은 이러한 의미(만해가 창조했지만 만해 자신을 넘어선 힘으로 작동하는 '님')로 이해되어야 할 것이다.

1) 세속에서 초월로

먼저, '님'을 향한 구심력이 강하게 작동하는 작품 「찬송讚頌」이다.

> 님이여 당신은 백 번이나 단련鍛鍊한 **금金결**입니다
> 뽕나무 뿌리가 산호珊瑚가 되도록 **천국의 사랑**을 받읍소서
> 님이여 **사랑**이여 아침별의 첫 걸음이여
>
> 님이여 당신은 **의義**가 무겁고 **황금黃金**이 가벼운 것을 잘 아십니다
> **거지의 거친 밭에 복福의 씨를 뿌리옵소서**
> 님이여 **사랑**이여 옛 오동梧桐의 숨은 소리여
>
> 님이여 당신은 **봄**과 **광명光明**과 **평화**를 좋아하십니다
> **약자弱者의 가슴에 눈물을 뿌리는 자비慈悲의 보살菩薩**이 되옵소서
> 님이여 **사랑**이여 얼음바다에 봄바람이여
>
> (「찬송讚頌」 전문, 강조는 인용자.)

제목처럼 '님'을 '찬송'하는 시라는 점에서 화자와 '님' 사이의 심리적 거리가 가장 먼 작품 중 하나다. 따라서 화자의 자의식이 개입될 여지가 거의 없다. 세속을 표상하는 시어('거지의 거친 밭', '약자의 가슴' 등)와 초월적 심상을 드러내는 표현('천국의 사랑', '자비의 보살' 등)이 수직적 관계('복의 씨를 뿌리옵소서'/'눈물을 뿌리는' 등)로 연결되어 있다. '님 – 화자 – 중생' 또한 '금결, 사랑, 의, 황금, 복, 광명, 평화, 자비, 보살' 등 추상적인 용어로 매개되어 있다는 점에서 이들 사이의 구체적 교감이나 소통을 찾아보기 어렵다. '님'과 '중생'을 매개하는 화자의 찬송과 기도는 초월성의 세계(종교적 영역)로 수렴되고 있다. '중생'(거지, 약자)에게 '복의 씨(자비)'를 뿌리는 '님'이라는 시적 구도는, 「군말」에서 밝힌 창작 의도('길을 잃고 헤매는 어린 양羊'들

에게 진정한 '님'의 모습을 보여주겠다)에 가장 잘 어울리는 모습이라 할 수 있다.

이에 비해 「님의 침묵沈默」에 이르면, '님'과 '화자(나)'의 관계가 전경화된다는 점에서 그 성격이 달라진다. '님'이 침묵하는 절망적 현실에서, '님(초월, 종교)'의 영역과 '나(세속, 현실)'의 영역이 서로를 향해 공명(共鳴)하며 '사이(경계)'의 공간을 창출하고 있기 때문이다. 「님의 침묵沈默」은 이 '사이'에서 부르는 노래다.

> 님은 갔습니다 아아 사랑하는 나의 님은 갔습니다
> 푸른 산빛을 깨치고 단풍나무 숲을 향하야 난 적은 길을 걸어서 참어 떨치고 갔습니다
> 황금의 꽃같이 굳고 빛나던 옛맹세盟誓는 차디찬 티끌이 되야서 한숨의 미풍에 날어갔습니다
> 날카로운 첫키스의 추억은 나의 운명運命의 지침指針을 돌러 놓고 뒷걸음쳐서 사러졌습니다
> 나는 향기로운 님의 말소리에 귀먹고 꽃다운 님의 얼골에 눈멀었습니다
> 사랑도 사람의 일이라 만날 때에 미리 떠날 것을 염려하고 경계하지 아니한 것은 아니지만 이별은 뜻밖의 일이 되고 놀란 가슴은 새로운 슬픔에 터집니다
> 그러나 이별을 쓸데없는 눈물의 원천原泉으로 만들고 마는 것은 스스로 사랑을 깨치는 것인 줄 아는 까닭에 **걷잡을 수 없는 슬픔의 힘을 옮겨서 새 희망의 정수박이에 들어부었습니다**
> 우리는 만날 때에 떠날 것을 염려하는 것과 같이 떠날 때에 다시 만날 것을 믿습니다
> **아아 님은 갔지마는 나는 님을 보내지 아니하얏습니다**
> **제 곡조를 못이기는 사랑의 노래는 님의 침묵沈默을 휩싸고 돕니다**
> 　　　　　　　　　　　　　　(「님의 침묵沈默」 전문, 강조는 인용자.)

'님은 갔지마는 나는 님을 보내지 아니하얏습니다'는 '님'과의 '관

계맺음'을 드러내는 근원적인 표상이다. '님'과 '나'는 '떠남'과 '보내지 않음' 사이에서 길항하고 있다. 시집 전반을 지배하고 있는 고조된 감정(영탄, 애원, 호소 등의 분위기)은 떠난 '님'에 대한 '걷잡을 수 없는 슬픔'을 표상하면서 객관적 현실('님'이 떠났다는 사실)을 부인하기에 이른다. 화자는 시 쓰기, 즉 '제 곡조를 못이기는 사랑의 노래'를 통해 '침묵'하는 '님'을 소환하고자 한다. 이는 화자가 서 있는 현실의 공간을 넘어 '침묵'하는 '님'의 영역으로 나아가고자 하는 욕망의 표출이자, 떠난 '님'을 자신의 영역으로 불러오고자 하는 염원이라는 점에서 초월과 세속의 경계를 넘나들고 있다. 이러한 표상은 '그칠 줄을 모르고 타는 나의 가슴(「알 수 없어요」)', '미친 불에 타오르는 불쌍한 영靈(「?」)', '기다리고자 하는 것이 아니라 기다려지는 것입니다(「자유정조自由貞操」)', '나의 「기다림」은 나를 찾다가 못 찾고 저의 자신自身까지 잃어버렸습니다(「고대苦待」)' 등 시집 곳곳에서 쉽게 찾을 수 있다. 화자의 의지(의식) 너머에 존재하는 '님'에 닿고자 하는 열망이 격정, 광기, 무의식, 자아 상실 등의 절박한 상황의 어조를 불러오고 있는 것이다. 이 '의지(의식)'을 넘어선 간절한 노래야말로 '슬픔(이별한 상황)'을 '희망(만남에의 기대)'으로, '타고 남은 재'를 '기름'으로 전환시키는 '약한 등불'(「알 수 없어요」)의 다른 이름이다.

  이렇듯, '님'은 닿을 수 없는 존재지만 완전히 초월적인 대상은 아니다. 떠나버렸지만 완전히 소멸한 것은 아니다. 화자의 의지 너머, 즉 세속에서 초월로 이어지는 길에서 '님'의 흔적이 얼핏 드러나기 때문이다. 그렇기에 더더욱 간절하다. 과거의 기억(옛맹세, 날카로운 첫키스의 추억 등)이 현재(현실)를 압도하고 있는 형국이다. 하지만 과거로 돌아갈 수는 없다. 그 흔적을 좇아 잃어버린 '님'을 상상적으로 회복하고자 하는 열망이 『님의 침묵』을 휩싸고 있는 정조이다. 여기에는 '님'

의 그림자와 화자의 열망이 서로 겹치고 뒤엉킨 형태로 존재한다.

> 님이여 오셔요 오시지 아니하려면 차라리 가셔요 **가랴다 오고 오랴다 가는 것**은 나에게 목숨을 빼앗고 죽엄도 주지 않는 것입니다
> 님이여 나를 책망하려거든 차라리 큰 소리로 말씀하야 주셔요 침묵으로 책망하지 말고 **침묵으로 책망하는 것**은 아픈 마음을 얼음 바늘로 찌르는 것입니다
> 님이여 나를 아니 보려거든 차라리 눈을 돌려서 감으셔요 흐르는 **곁눈으로** 흘겨보지 마셔요 **흘겨보는 것**은 사랑의 보褓에 가시의 선물을 주는 것입니다
> (「차라리」 전문, 강조는 인용자.)

인용 시에서처럼 '님'은 존재한다고 할 수도 없고 그렇다고 부재한다고 할 수도 없는 모습('가랴다 오고 오랴다 가는', '침묵으로 책망하는', '곁눈으로 흘겨보는' 등)으로 현시한다. 따라서 '세속의 노래 곡조'로는 '님'의 모습을 포착할 수 없다.

> 나의 노랫가락의 고저장단은 대중이 없습니다
> 그래서 세속의 노래 곡조와는 조금도 맞지 않습니다 (중략)
> 참된 노래에 곡조를 붙이는 것은 노래의 자연에 치욕恥辱입니다
> 님의 얼골에 단장을 하는 것이 도로혀 흠이 되는 것과 같이 나의 노래에 곡조를 붙이면 도로혀 결점缺點이 됩니다 (중략)
>
> 나의 노랫가락이 **바르르 떨다가** 소리를 이르지 못할 때에 나의 노래가 님의 눈물겨운 **고요한 환상幻想으로 들어가서 사러지는 것**을 나는 분명히 압니다
> 나는 나의 노래가 님에게 들리는 것을 생각할 때에 광영光榮에 넘치는 나의 적은 가슴은 **발발발 떨면서 침묵의 음보音譜**를 그립니다
> (「나의 노래」 부분, 강조는 인용자.)

따라서 '님'을 향한 '나의 노랫가락'은 세속과 초월(자연)의 경계에서 '소리를 이르지 못'하고 '바르르 떨다가(발발발 떨면서)' '사러지는' '침묵의 음보'를 그린다. 이러한 '떨림'이야말로 세속에서 초월로 이어지는 '작은 틈새'가 열리는 긴장된 순간을 지시하는 표상이다.

이 틈새는 '님의 품에 안기는 길'과 '죽엄의 품에 안기는 길' 사이에서 열린다.

> 그러나 나의 길은 이 세상에 둘밖에 없습니다
> 하나는 **님의 품에 안기는 길**입니다
> 그렇지 아니하면 **죽엄의 품에 안기는 길**입니다
> 그것은 만일 님의 품에 안기지 못하면 **다른 길은 죽엄의 길보다 험하고 괴로운 까닭**입니다
> 아아 나의 길은 누가 내였습니까
> 아아 이 세상에는 님이 아니고는 나의 길을 내일 수가 없습니다
> 그런데 나의 길을 님이 내였으면 죽엄의 길은 왜 내섰을까요
> (「나의 길」 부분, 강조는 인용자.)

화자에게 주어진 두 가지 길, 즉 '님의 품'과 '죽음'의 길은 현실에서 불가능한 초월성의 표지다. '님'이 '침묵'하는 현실에서 '님의 품에 안'길 수 없는 화자는 기어이 '죽엄의 길보다 험하고 괴로운' 다른 길을 낸다. 이는 부재하는 '님'에게 가고자 하는 길이자 이별의 암울한 현실을 견디는 길이다.

'잠 없는 꿈' 속에서 '님'에게 가는 길을 묻는 화자에게 '검'은 「네가 너를 가져다가 너의 가라는 길에 주어라 그리하고 쉬지 말고 가거라」라고 화답한다. 화자는 「그리할 마음은 있지마는 그 길에는 고개도 많고 물도 많습니다 갈 수가 없습니다」(「잠 없는 꿈」)'라고 대답한다. 이렇듯 '님에게 가는 길'은 현실 속에서 불가능한 길이다. 하지만 자신의

모든 것을 바쳐 쉬지 않고 가는 길밖에 다른 도리가 없다. '님'과의 만남을 포기할 수 없기 때문이다. '님'이 침묵하는 절망적 현실 속에서도 결코 희망을 포기하지 않는 이러한 불굴의 의지야말로 『님의 침묵』을 관통하는 시정신의 '정수박이'다.

지금까지 일별한 시편들은 '님'과 '화자'의 관계에서 무게중심이 '님' 쪽으로 기울고 있는 작품들이다. '님'의 심상이 작품의 분위기를 압도하고 있는 형세이다. 화자의 목소리는 세속에서 초월로 난 길, 즉 '죽음의 길보다 험하고 괴로운 길'을 따라 '님'에게 닿고자 하는 간절한 염원을 담고 있다.

2) 초월에서 세속으로

그렇다면 무게중심이 '화자(나)' 쪽으로 옮겨오면, 즉 '님'을 '화자(나)'에게로 끌어당겼을 때는 어떤 풍경이 펼쳐질까? 이제 초월에서 세속으로 향하는 길이 열린다.

> 당신이 가신 뒤로 나는 당신을 잊을 수가 없습니다
> 까닭은 당신을 위하느니보다 **나를 위함**이 많습니다
>
> 나는 갈고 심을 땅이 없으므로 추수秋收가 없습니다
> 저녁거리가 없어서 조나 감자를 꾸러 이웃집에 갔더니 주인主人은 「거지는 인격人格이 없다 인격이 없는 사람은 생명生命이 없다 너를 도와 주는 것은 죄악罪惡이다」고 말하얏습니다
> 그 말을 듣고 돌어 나올 때에 쏟아지는 눈물 속에서 당신을 보았습니다
>
> 나는 집도 없고 다른 까닭을 겸하야 민적民籍이 없습니다
> 「민적 없는 자者는 인권이 없다 인권이 없는 너에게 무슨 정조情操냐」하고 능욕凌辱하랴는 장군將軍이 있었습니다

제3부 '너머'의 세계를 넘보는 비서구의 목소리들   253

그를 항거抗拒한 뒤에 남에게 대한 격분激憤이 스스로의 슬픔으로 화化
하는 찰나刹那에 당신을 보았습니다

아아 온갖 윤리倫理, 도덕道德, 법률法律은 칼과 황금黃金을 제사祭祀지내
는 연기煙氣인 줄을 알았습니다
영원永遠의 사랑을 받을까 인간역사人間歷史의 첫 페이지에 잉크칠을 할
까 술을 마실까 망설일 때에 당신을 보았습니다
(「당신을 보았습니다」 전문, 강조는 인용자.)

앞장에서 살펴본 시편들에서는 '님(당신)'의 심상이 지배적이었다. '화자(나)'의 노래는 '님(당신)'에게 다가가려는 욕망으로 들끓었다. '당신'을 위함이 '나'를 위함을 압도했다. 이제 '화자(나)'는 '당신(님)'을 잊을 수 없는 이유가 '당신'을 위함이 아니라 '나'를 위함이 더 크다고 고백한다. 하여, '당신의 오실 때는 나의 기다리는 때'(「오서요」)이기도 하다. '나'의 상황, 즉 내가 처한 절박한 현실이 강조되고 있는 것이다. 자연스럽게 초월에서 세속으로 무게중심이 이동한다. '온갖 윤리, 도덕, 법률'이 '칼과 황금을 제사지내는 연기'가 되는 암울한 현실이 부상하고, 이러한 상황에 절망하여 '스스로의 슬픔'에 빠지는 '찰나', '당신(님)'이 모습을 드러낸다. '당신(님)'이 세속의 현실과 접속하는 순간이다. 이렇듯 '님'은 도달할 수 없는 존재지만, 끊임없이 현실에 모습을 드러낸다. 하지만 실제로 만나서 교감할 수는 없다. '님'은 현실에서 새롭게 발견되어야 할 그 무엇이자, 아직 이루어지지 않은 그 어떤 것을 표상한다. 이는 현재의 지양(止揚)과 미래에의 길을 연다. '님'과의 만남은 현실 너머 혹은 내면적 초월에서가 아니라 이 세계에서 이루어져야 한다. 이렇게 '당신(님)'은 현실에서의 선택의 문제('영원의 사랑을 받을까 인간역사의 첫 페이지에 잉크칠을 할까 술을 마실까 망설일 때')와 조우한다.

나아가 '님'의 모습에 구체적 형상이 부여되기도 한다. 역사적 인물들(논개, 계월향, 타고르 등)이 '님'으로 소환된다.

> 논개여 나에게 울음과 웃음을 동시에 주는 사랑하는 논개여
> 그대는 조선朝鮮의 무덤 가운데 피었던 좋은 꽃의 하나이다 그래서 그 향기는 썩지 않는다
> **나는 시인詩人으로 그대의 애인愛人이 되었노라**
> 그대는 어디 있너뇨 죽지 안한 그대가 이 세상에는 없고나
> 나는 황금의 칼에 베어진 꽃과 같이 향기롭고 애처로운 그대의 당년當年을 회상한다
> 술 향기에 목마친 고요한 노래는 옥獄에 묻힌 썩은 칼을 울렸다 (중략)
>
> 용서容恕하여요 논개여 금석金石 같은 굳은 언약을 저버린 것은 그대가 아니요 나입니다 (중략)
> **용서하여요 논개여 그대가 용서하면 나의 죄는 신에게 참회를 아니한대도 사라지것습니다** (중략)
>
> 용서하여요 사랑하는 오오 논개여
> (「논개論介의 애인愛人이 되야서 그의 묘廟에」 부분, 강조는 인용자.)

'시인'으로서 '논개'의 '애인'이 되었다는 점[85]에 주목해 보자. 화자에게 '논개'는 '마시니'의 '님(조국)'이면서 그 너머의 '님'이기도 하다. '논개'가 용서한다면, '신에게 참회'를 하지 않아도 '나의 죄'가 사라질 수 있다는 점에서 '종교의 님(석가의 님)'도 넘나들고 있다. '논개'의 '님(조선)' 또한 시공을 초월하여 화자의 '님'이 된다. 이렇듯, '논개'는 공동체(조국), 종교(신), 사랑(애인), 자연(꽃, 향기 등), 역사(그대의 당년) 등 개별 영역으로 수렴되지 않고 그 경계를 넘어 각 영역들 '사이'

---

[85] 앞서 언급했듯이 '시인으로서의 정체성'은 '석가의 님(중생)', '칸트의 님(철학)', '장미화의 님(봄비)', '마시니의 님(이태리)' 등 어느 한 영역으로 한정할 수 없는 복합적인 성격의 '님'을 호출한다.

를 넘나드는 '님'이다. 만해는 '이 세상에 없'지만 '죽지 안한' '님(논개)'을 통해 당대의 현실은 물론, '금석 같은 굳은 언약을 저버린' 자신에 대한 성찰을 동시에 진행하고 있는 것이다.

한편, '님'은 동시대 '시인'이자 '벗'인 '타고르'의 모습으로 변주된다.

> **벗이여 나의 벗이여** 애인의 무덤 위에 피어 있는 꽃처럼 **나를 울리는 벗**이여
> 적은 새의 자최도 없는 사막沙漠의 밤에 문득 만난 님처럼 **나를 기쁘게 하는 벗**이여
> 그대는 옛 무덤을 깨치고 하늘까지 사못치는 백골白骨의 향기香氣입니다
> 그대는 화환花環을 만들려고 꽃을 줏다가 다른 가지에 걸려서 주슨 꽃을 헤치고 부르는 절망絶望인 희망希望의 노래입니다
>
> **벗이여 깨어진 사랑에 우는 벗이여**
> 눈물이 능히 떨어진 꽃을 옛 가지에 도로 피게 할 수는 없습니다
> 눈물을 떨어진 꽃에 뿌리지 말고 꽃나무 밑의 티끌에 뿌리서요
>
> **벗이여 나의 벗이여**
> 죽음의 향기가 아모리 좋다 하야도 백골의 입설에 입 맞출 수는 없습니다
> 그의 무덤을 황금의 노래로 그물치지 마서요 무덤 위에 피묻은 깃旗대를 세우서요
> 그러나 죽은 대지大地가 시인의 노래를 거쳐서 움직이는 것을 봄바람은 말합니다
>
> 벗이여 부끄럽습니다 나는 그대의 노래를 들을 때에 어떻게 부끄럽고 떨리는지 모르것습니다
> 그것은 내가 님을 떠나서 홀로 그 노래를 듣는 까닭입니다
> (「타고르의 시詩 'GARDENISTO'를 읽고」 전문, 강조는 인용자.)

타고르는 화자의 '벗'이자 '님'이다. '님'이 '벗'이라는 나란한 존재

(수평적 존재)로 설정되어 있다. 타고르의 '님' 또한 '화자'의 '님'이다. 인용시는 타고르의 '님'(인도, 힌두교 등)과 만해의 '님'(조선, 불교 등) 사이의 소통과 연대가 그려져 있는 작품이다. 이러한 교감은 종교, 철학, 자연, 공동체(조국) 등의 영역을 넘나드는 '님'들의 만남이라 할 수 있다.

이상의 과정 즉, '님(당신)'의 형상(초월성, 수직적 관계)보다 '나'의 상황(세속성, 수평적 관계)이 부각되는 과정을 통해 비로소 '님'과의 만남이 예고되는 것이다. 이는 '님'을 '지금 여기'의 일상으로 끌어내리는 과정과 맞닿아 있다.

> **녜 녜 가요 지금 곧 가요**
> 에그 등불을 켜랴다가 초를 거꾸로 꽂았습니다 그려 저를 어쩌나 저 사람들이 숭보것네
> 님이여 나는 이렇게 바쁩니다 님은 나를 게으르다고 꾸짖습니다 에그 저것 좀 보아「바쁜 것이 게으른 것이다」하시네
> 내가 님의 꾸지람을 듣기로 무엇이 싫것습니까 다만 님의 거문고 줄이 완급緩急을 잃을까 저퍼합니다
>
> 님이여 하늘도 없는 바다를 거쳐서 느릅나무 그늘을 지워버리는 것은 달빛이 아니라 새는 빛입니다
> 홰를 탄 닭은 날개를 움직입니다
> 마구에 매인 말은 굽을 칩니다
> **녜 녜 가요 이제 곧 가요**
>   (「사랑의 끝판」 전문, 강조는 인용자.)

특히, 아래의 시편은 '꽃'의 모습으로 현시한 '님'과의 만남을 통해 잔잔한 감동을 불러일으키고 있는 작품이다.

> 옛집을 떠나서 다른 시골에 봄을 만났습니다

꿈은 이따금 봄바람을 따러서 아득한 옛터에 이릅니다
지팡이는 푸르고 푸른 풀빛에 묻혀서 그림자와 서로 따릅니다

길가에서 이름도 모르는 꽃을 보고서 행여 근심을 잊을까 하고 앉았습니다
꽃송이에는 아침이슬이 아직 마르지 아니한가 하얏더니 아아 **나의 눈물이 떨어진 줄이야 꽃이 먼저 알았습니다**

(「꽃이 먼저 알어」 전문, 강조는 인용자.)

'님'이 '길가'에 핀 '이름도 모르는 꽃'의 모습으로 내려와 있다. '꽃을 보고서 행여 근심을 잊을까 하고' 앉았다는 대목에 주목해 본다면, '나'의 절박한 상황이 '님(꽃)'을 호출하였다고 볼 수 있다. '꽃(님)'을 화자 쪽으로 끌어당기고 있는 셈이다. 그리고 '나의 슬픔(눈물)'이 '꽃'을 통해 정화되고 있다. '님(꽃)'은 나의 '근심'을 먼저 알고 이를 묵묵히 어루만져 주고 있다.

이렇듯, 『님의 침묵』은 세속에서 초월로, 또는 초월에서 세속으로 이어지는 긴장에서 직조된 애틋한 풍경을 길어 올리고 있다. 양자 중 어느 곳에 무게중심을 두느냐에 따라 시의 분위기가 사뭇 달라진다. 이러한 분위기의 차이가 작품의 우열을 가리는 기준이 될 수는 없다. 읽는 이에 따라 공감의 정도가 다를 따름이다. 전자의 시편들(세속에서 초월로)에서는 '님'을 향한 절실하고 간절한 목소리가 '세속의 노래 곡조'를 넘어 현실과 초월 '사이'에서 공명하고 있다. 자아와 세계가 팽팽한 시적 긴장을 유지하고 있음은 물론이다. 후자의 시편들(초월에서 세속으로)은 '침묵'하는 '님'을 소환하여 암울한 현실을 초극하려는 열망이 긴장된 형식으로 구조화되고 있다. 현실에 응전하는 방식이 다를 뿐이지, 시대의 아픔을 온몸으로 넘어서려는 자세에는 별 차이가 없다.

시집의 전체적인 흐름은 초월에서 세속으로 무게중심이 이동하고 있다고 볼 수 있다. '님'과 '화자'의 관계는 수직적 관계에서 수평적 관계

로 변모하고 있다. '님'의 위치가 '화자'와 나란히 존재하게 되었을 때 '만남'이 예고되고, 실제 '꽃'으로 현시한 '님'과 교감하기도 한다.

5. 「독자讀者에게」: 새롭게 발견한 '님', '독자'

마지막으로 「군말」의 어조를 염두에 두고, 「독자讀者에게」를 읽어보자.

> **독자여 나는 시인으로 여러분의 앞에 보이는 것을 부끄러워합니다**
> **여러분이 나의 시를 읽을 때에 나를 슬퍼하고 스스로 슬퍼할 줄을 압니다**
> 나는 나의 시를 독자의 자손에게까지 읽히고 싶은 마음은 없습니다
> 그때에는 나의 시를 읽는 것이 늦은 봄의 꽃숲풀에 앉아서 마른 국화菊花를 비벼서 코에 대히는 것과 같을는지 모르겠습니다
>
> 밤은 얼마나 되얏는지 모르겠습니다
> 설악산雪嶽山의 무거운 그림자는 엷어 갑니다
> 새벽종을 기다리면서 붓을 던집니다
>
> -을축乙丑 8월 29일 밤 끝-
>
> (「독자讀者에게」 전문, 강조는 인용자.)

시집 밖에 존재하던 '해 저문 벌판에서 돌아가는 길을 잃고 헤매는 어린 양'(너희)이 본문으로 들어와 '독자'(여러분)로 몸을 바꾸었다. 그리고 '님'이 되었다. 어조 또한 「군말」과 달리 경어체로 바뀌었다. 이는 본문에서 살펴본 '님'의 하강 과정과 무관하지 않다.

『님의 침묵』은 시를 통해 독자(어린 양)를 계몽하려는 의도로 기획되었지만, 만해는 시를 쓰는 과정, 즉 '님'의 의미를 탐색하는 과정에서 독자를 새로운 '님'으로 발견하였다. 이는 '님'을 자신(화자)에게로 끌어당겨 종국에는 '중생(어린 양, 독자)'으로 변모시키는 과정이라 할

수 있다. '님 - 화자(나) - 중생(독자)'의 수직적 담화 구조(「군말」)가 '님 = 화자(나) = 중생(독자)'의 수평적 구조(「독자讀者에게」)로 변모한 것이다.

「독자讀者에게」에서 만해는 '부끄러움'과 '슬픔'의 감정을 매개로 독자인 '님'과 나란히 대면하고 있다. 시인으로서의 부끄러움은 등단이나 전문적 수련을 거친 기성 시인들과 비교하여 그렇지 못한 자신에 대한 겸손의 표현일 수 있다. 또한 후대의 사람들이 읽었을 때 시대에 뒤떨어진 시가 될지 모른다는 두려움('나의 시를 읽는 것이 늦은 봄의 꽃숲풀에 앉아서 마른 국화를 비벼서 코에 대히는 것과 같을는지 모르것습니다')의 감정일 수 있다. 하지만 「군말」에서 본문을 거쳐 「독자讀者에게」까지 이르는 시 창작을 통해 얻은 내면적 수양, 즉 시의 밖에 존재하던 독자('어린 양', 계몽의 대상)를 시 속의 '님'('기룬 님', 모심의 대상)으로 재발견하기까지의 과정에서 얻은 자기 성찰의 결과일 수 있다.

이러한 과정을 거쳐 비로소 만해는 '시'를 통해 독자('님')와 슬픔('여러분이 나의 시를 읽을 때에 나를 슬퍼하고 스스로 슬퍼할 줄을 압니다')을 공유할 수 있게 된다. 이들이 공유하는 슬픔은 존재론적 슬픔인 동시에 시대적·역사적 슬픔이기도 하다. 따라서 『님의 침묵』은 '님', '화자(만해)', '독자'가 한 몸이 되어 서로의 슬픔을 공감하게 되기까지의 지난한 여정을 보여주는 작품이라 할 수 있다.

이러한 '부끄러움'과 '슬픔'은 만해의 시 창작 과정이 그의 삶을 관통하는 있는 '수행과 실천의 긴장된 떨림'의 여정과 다르지 않다는 사실을 보여준다. '부끄러움'과 '슬픔'으로 응축된 이러한 자의식이야말로 『님의 침묵』의 정수이자, 이 작품을 한국 문학사의 백미(白眉)로 자리매김하는 요인이 아닐까 싶다.

중앙아시아 고려인 문학의
장소성과 문제적 장소:

연해주와 중앙아시아를 중심으로

인간 영혼의 욕구들 가운데 가장 중요하면서도 가장 간과된 것이 아마도 뿌리내림일 것이다. 그것은 가장 정의하기 어려운 욕구의 하나로 꼽힌다. 사람은 과거의 유산과 미래에 대한 어떤 예감을 생생하게 간직한 집단의 삶에 자연스럽게 실제로 가담함으로써 뿌리가 생긴다. 이러한 참여는 장소, 출생, 직업, 주변 환경이 자동적으로 이끄는 참여이므로 자연스러운 것이다. 모든 인간은 각기 다양한 뿌리들을 필요로 한다.

(시몬 베유, 『뿌리내림』, 이세진 옮김, 2013, 이제이북스, 52쪽)

1. 디아스포라적 장소

삶이 공간에 스며들 때, 즉 인간의 삶이 어느 한 공간에 뿌리를 내릴 때 그 공간은 각별한 장소가 된다. 하나의 공간은 여러 사람들 혹은 공동체들에게 서로 다른 복수의 장소로 공존하기도 한다. 디아스포라적 삶의 조건은 자기가 속해 있는 고유의 장소에서 이산을 강요당한 자들이 새로운 장소를 찾아 다시 뿌리 내리려는 욕망을 투영하고 있다. 여기에는 타자의 장소, 즉 '과거의 유산과 미래에 대한 예감을 생생하게 간직'하고 있는 다른 공동체의 영역에 이주하여 그 공간을 자신의 장소로 일구려는 고단한 삶의 여정이 음각되어 있다. 이에 따라 디아스포라적 장소는 서로 다른 공동체의 삶의 방식, 즉 가치관, 문화, 풍속 등이 교차하고 뒤엉키는, 차별과 관용, 폭력과 환대가 공존하는 문제적 장소가 된다.

오늘날 대다수의 국가는 '조상 대대로 전해내려온 토지·언어·문화를 공유하는 공동체'라는 견고한 관념에 뿌리내리고 있다. 이에 반해 디아스포라들은 자신의 장소에서 뿌리 뽑힌 불안한 영혼의 소유자이자, 이방인, 소수자인 경우가 많다. 이들의 삶은 전자들에 비해 고달프고 힘들기 일쑤지만, 다수자들이 고정되고 안정적이라고 믿는 사물이나 관념이 실제로는 유동적이며 불안정한 것이라는 사실[86]을 드러내 보여주기도 한다. 따라서 디아스포라적 삶의 조건을 탐색하는 작업은 견고해 보이는 근대적 일상의 시스템을 발본적으로 성찰하고, 이를 통해 근대 이후의 삶의 가능성을 탐구하는 일이기도 하다. 다수자의 시선으로 디아스포라의 삶과 작품을 흡수하기보다는 그들의 문제적 삶의 조건을 직시하며 '지금 여기'의 현실을 성찰하려는 노력이 필요한 이유도 여기에 있다.

중앙아시아 고려인들은 1863-1864년 사이에 두만강을 도강하여 러시아 연해주로 이주한 유민들의 후손이다. 이들의 생활 터전은 한일합방 이후 의병활동 및 항일운동의 근거지였으며, 러시아 혁명 이후부터는 재러 한인 소비에트 건설을 위한 민족공동체의 요람이었다. 1937년 중앙아시아로 이주한 후에는 불모지와 같은 이국의 땅에서 삶의 터전을 일구어 오늘에 이르고 있다. 이렇듯, 고려인 디아스포라의 삶은 구한말에서 오늘에 이르는 험준한 역사적 발자취를 따라 한반도와 러시아 연해주나 사할린 지역을 포함해서 중앙아시아 전역에 걸친

---

[86] 서경식, 『디아스포라 기행』, 김혜신 옮김, 돌베개, 2006, 14-15쪽 참조.

시공간에 입체적으로 걸쳐 있다.[87]

'고국인 조선을 등지고 낯선 땅에 정착하고 이주하기를 반복'하며 떠돌았던 고려인 디아스포라들은 '항상 새로운 장소와 대면하기를 반복해 왔으며 그때마다 새롭게 안착한 특정한 장소'를 '내면화'함으로써 자신들의 '삶의 기반'을 창조적으로 일구어 왔다.[88]

2. 연해주, '신한촌'

연해주는 중앙아시아 고려인 문학의 요람이다. 중앙아시아에 거주하고 있는 코리안 디아스포라, 즉 고려인[89]의 역사는 조선 후기로 거슬러 올라간다. 그들은 주로 경제적 궁핍 때문에 두만강을 넘어 연해주로 이주했다. 러시아는 변방을 개척하기 위해 외부인이 연해주에 이주해 오는 것을 허용하고 토지도 제공하였다. 한인들의 러시아 이주가 급증한 것은 1904년-1905년 러일전쟁 이후 일본이 조선을 지배하게 되면서부터였다. 초기에는 구한말의 사회적 혼란과 가난에서 벗어나기 위한 이주가 주를 이루었다면, 점차 독립운동을 위한 망명이 성격이 더해지면서 연해주의 한인 사회는 새로운 모습을 띠게 되었다. 한인들은 블라디보스토크를 중심으로 '신한촌'을 건설하였다. 이후 신한촌은 항일 민족지사들의 집결지가 되어 국외 독립운동의 전초기지가 되었다. 이렇듯, 연해주는 농민과 노동자, 지식인, 독립운동가 등이 모여 조선

---

87 이명재, 「고려인 문단의 현황과 자료의 체계화」, 『한민족 문화권의 문학 2』, 국학자료원, 2006, 527쪽 참조.

88 임형모, 「고려인문학에 나타난 낯선 장소와 공간 연구」, 『한국문학과 예술』 25집, 한국문학과 예술연구소, 2018.3, 192쪽 참조.

89 중앙아시아 고려인 디아스포라를 출생지와 생활 터전을 중심으로 개괄해 보면, 첫째 조선에서 태어나 연해주로 이주했다가 중앙아시아로 간 경우, 둘째 연해주에서 태어나 중앙아시아로 이주한 경우, 셋째 중앙아시아에서 출생한 경우, 넷째 북한에서 러시아로 유학갔다가 망명한 경우, 다섯째 사할린으로 이주한 경우 등으로 나눌 수 있다.

인 공동체를 형성한 디아스포라적 장소였다.

한편 혁명(1917년)과 내전 이후 러시아 사회는 급격하게 재편되었다. 이에 따라 한인 사회도 새로운 전기를 맞이하게 되었다. 연해주에서 간행된 한글 신문 《선봉》(1923-1937)은 고려인 문인의 등용문 역할을 하며 연해주 문단 형성에 결정적인 기여를 하였다. 대표적인 문인으로는 조명희, 조기천, 한 아나톨리, 전동혁, 김시종, 김유경, 조규화, 최호림, 조동규, 연성용 등이 있다.[90]

이렇듯 연해주에 이주한 한인들은 제정러시아와 소비에트 체제의 정책 변화에 능동적으로 대응하면서 신한촌을 중심으로 독자적인 공동체를 형성하였다.

중앙아시아 고려인 문학에서 연해주가 지니는 장소적 의미는 크게 세 가지로 나누어 살펴볼 수 있다. 첫째, 연해주는 일제강점기 조선의 현실과 동행하며 조국의 해방을 염원하는 저항의 장소였다. 연해주 고려인 문단을 이끈 조명희의 「짓밟힌 고려」(1928)를 필두로 전동혁의 「삼월 일일」(1936) 등의 시편들과, 김준의 『십오만 원 사건』(1964), 김세일의 『홍범도』(1967) 등의 장편소설은 일제에 맞선 항일투쟁을 형상화한 작품들이다.

조선의 무리, 서울의 무리가-
밥과 자유찾는 무리가

---

90 연해주 고려인 한글문학은 소수민족의 문화적 자치를 허용한 러시아 혁명정부의 정책을 기본 배경으로 하여 1923년 3월 1일 《선봉》 신문의 창간, 1928년 8월 포석 조명희의 소련 망명과 문학활동, 1928년 3월 토박이 고려인 연성용의 희곡 창작, 《선봉》 신문 초대 주필 리백초의 새 문예운동, 1928년 9월 막심 고리끼의 격려 편지 등과 같은 일련의 역사적 사건과 흐름에서 기원하였고 이를 자양분으로 하여 성장하였다. 1937년에 고려인이 중앙아시아로 강제 이주된 이후에는 정치·사회적 여건이 일거에 고려인들에게 불리하게 변했고 한글문학을 지탱해줄 물적 기반도 크게 손상되었다. 고려인 한글문학 자체는 연해주에서 형성된 형식과 내용 그대로 중앙아시아에 이식되어 전개되었다(김병학, 「중앙아시아 초원에 피어난 고려인 한글문학」, 《다양성+Asia》, 서울대 아시아연구소, 2023년 겨울 참조).

만세를 부르며 닐어나던 장엄한 날.

밥대신에 탄환을 받고
자유대신에 철창을 받던
죽음과 공포의 날.

만세소리 변하여 울음소리 되고
피묻은 희ㄴ옷에 붉은피로 물들이던
슬ㅎ븜과 피의날.

이날은 언제던지 닞어지지 않으리라
이날에 아들죽언 어머니의 머릿속에서도
이날에 어머니 잃은 아들의 머릿속에서도
이날에 남편 잃은 안해의 머릿속에서도.

(전동혁, 「삼월 일일」, 《선봉》, 1936.3.1)

　인용시는 식민지 조선의 '3·1운동(1919년)'을 기리며, '조선의 무리, 서울의 무리'와 동행하며 '밥과 자유'를 찾아 '만세'를 부르는 장소, 연해주의 모습을 표상하고 있다. 연해주와 조선이 문학적 상상력을 통해 이어지고 있는 장면이다.

　둘째, 연해주는 사회주의 체제와 공존하며 새로운 공동체 건설을 염원하는 장소로 그려진다. 1920년대 연해주 한인촌의 삶은 결코 녹록하지 않았다. 지주-소작 관계는 여전히 농민의 삶을 짓누르고 있었고, 러시아혁명과 내전은 생존의 기반을 송두리째 흔들었다. 일본은 러시아 극동 지역에 군대를 파병하고 반혁명세력인 '백군'을 지원하였다. 반면, 볼셰비키의 '무산계급 해방' 이념은 고려인들의 궁핍한 삶에 새로운 희망을 불어넣었다. 이에 따라 고려인들은 혁명군과 연합해 일제와 '백군'을 타도하고 소비에트 사회를 건설하는 것이 독립운동의 연장이라고 생각하였다.

김기철의 「복별」(1969)은 조선을 떠난 다섯 가정이 이국 땅에서 새롭게 마을을 이루고 살아가는 이야기를 담고 있는 작품이다. 연해주에서의 삶도 고달프기는 마찬가지였는데, 그 땅의 지주들과 '백파'의 착취 때문이었다. 당시 러시아 정부는 이주한 고려인들을 국적과 토지를 부여한 '원호인'과 그렇지 않은 '여호인'으로 구분하여 관리하였다. 이로 인해 부유한 원호인들은 여호인들을 차별하고 착취하기 일쑤였으며, 일부 원호인들은 '백파' 나아가 일본군과 결탁하기도 했다. 작품 속 마을 사람들의 삶은 '해마다 땅부치는 값이 오르고 세납들이 늘고 또한 이런저런 부렴들이 잦아서 살림살이'가 '쪼그라들기만' 한다.

> 어머니는 한달에 한두어번씩 끌려가서 진저리나게 질문을 당하군하였다. 때문에 나도 어머니도 아버지를 기다리지 않았다. 그대신 우리는 다른 것을 기다렸다. 그것은 붉은파들이 속히 쳐나왔으면 하는것이였다. 그래야 일본놈들이 쫓겨나고 백파들이 망하고 민회장 김주사, 땅지기 이와노브 따위가 없어지고 놈들에게 거덜이 난 동리가 춰설것이 아닌가? (중략) 하긴 양력 2월중순에 안쪽에서 새소식이 들려오기도 하였다. 나바롭쓰크 저쪽 그 어디에서 붉은파들이 백파들을 쳐서 크게 이기였는데 붉은파들에는 조선사람들도 많이 들어 싸웠으며 그 붉은파는 계속 쳐나온다는것이였다. (중략)
> -왜 복별이 없다구들하오. 하늘엔 없지만 땅우엔 있소. 저 붉은기에 새긴 저 별이 복별이 아니고 무엇이오?
> (김기철,「복별」,《레닌기치》1969.11.26)

화자의 아버지는 농사를 망치는 '백파' 기병들에게 총을 쏜 후 마을을 떠난다. 어머니는 당국에 끌려가 '진저리나게' 취조를 당한다. 화자와 어머니는 아버지가 아닌 '다른것', 즉 '붉은파'를 기다린다. 그들에게 행운을 의미하는 '복별'은 '붉은파'의 '붉은기' 속에 있기 때문이다. 연해주에 뿌리내리려는 '신한촌' 민초들의 염원이 러시아혁명의 이념

나아가 식민지 조선의 해방과 접속하는 지점은 바로 여기이다. 이러한 연해주 고려인들의 열망은 1937년 스탈린의 강제 이주 정책으로 말미암아 산산조각이 나고 만다.

셋째, 중앙아시아로 강제 이주를 당한 고려인들에게 연해주(신한촌)는 '귀향'과 '희망의 상징'으로 표상된다. 중앙아시아의 척박한 환경에서 살고 있는 고려인들에게 돌아가야 할 고향은 이제 한반도(조선)가 아니라 신한촌, 즉 연해주로 인식되고 있는 것이다.

> "신한촌 제비들이 여기로 날아오는 것은 아닐까?" (중략) 그렇다 봄이 오면 제비는 돌아올 것이다. 봄이 오면 우리도 집으로 돌아갈수 있을지 모른다. 하여튼 리선생은 제비둥지로 하여 그 어떤 희망을 얻었다.
> 그날부터 리선생은 밖으로 드나들 때마다 제비둥지를 쳐다봤다. 마치 귀향의 희망의 상징 같았다.
> (한진, 「공포」, 《레닌기치》 1989.5.27)

이는 중앙아시아 고려인들의 기나긴 이주의 역사를 시사한다. 그들이 한반도를 벗어나 연해주에서 살다가 중앙아시아로 이주하여 살아온 역사는 거의 150여 년에 이른다. 연해주에서 태어나거나 유년을 보내고 중앙아시아로 이주한 2세대들에게 조선은 더 이상 직접적 조국이 아니다. 연해주가 고향이자 뿌리인 셈이다. 이러한 세대 간 고향에 대한 인식 차이[91]는 한진의 또 다른 소설 「그 고장 이름은?」(《고려일보》, 1991.7.30~8.1)에서는 연해주를 고향으로 생각하는 세대(이주

---

91 이러한 고향에 대한 인식 차이는 사할린 한인(고려인) 문학에서도 그대로 드러난다. 조선에서 태어나 사할린으로 징용된 이주 1세대 작가들의 작품에서 고향(조국)은 한국(조선)으로 표상된다(장윤기, 「환향길 오십년」 등). 이에 반해 해방 후 사할린에서 출생한 이주 2세대 작가들에게 고향은 사할린으로 인식된다(리정희, 「살구꽃 필 때」 등). 사할린 한인(고려인) 문학의 특성에 대해서는 '이정선, 「사할린 고려인 한글 소설의 주제 양상 고찰」, 『국제한인문학연구』 제15호, 2015.', '박산향, 「사할린 한인문학의 현황과 의의」, 『인문논총』 48집, 2018.' 등을 참조할 것.

2세대)와 중앙아시아에서 태어난 세대(이주 3세대) 사이의 차이로 변주된다. 작품에서 임종을 앞둔 어머니는 고향 연해주를 떠올리며 딸이 알아듣지 못하는 조선말로 '그 고장 이름은?'이란 말을 되풀이한다. 러시아말을 사용하는 딸은 어머니의 말을 이해하지 못한다.

이상에서 고려인 문학에 나타난 연해주는 식민지 조선의 한 연장 혹은 일부분, 이념이 다른 체제와 공존하며 새롭게 뿌리내려야 하는 장소, 강제 이주로 뿌리뽑힌 자들의 또 다른 고향 등의 이미지로 그려진다.

3. 우슈토베, 크즐오르다, 그리고…….

1937년 중앙아시아로의 강제 이주는 연해주에서의 꿈과 삶의 형태를 완전히 바꾸어 버렸다. 강제 이주 후 정착한 중앙아시아 지역은 고려인 문학에서 크게 세 가지 모습으로 표상된다.

첫째, 무력함과 절망, 죽음의 장소이다. 그야말로 '피로 물든 강제이주'의 공간이다.

> 신한촌 천여호에 사는 고려사람들 수천명은 누구나 없이 죄다 사흘동안에 떠날 준비를 하라는 뇌성같은 지령을 받았다. 우리는 집에 있던 모든 가구들을 포기하고 며칠동안 먹을 식료품과 극히 긴요한 생활필수품과 당장 입을 의복들을 트랑크부대에 넣어가지고 강제로 화물자동차에 실려 정거장으로 나갔다. 우리들은 짐승들을 싣는 화물열차에 실려 떠났다. 무슨죄로 또 어디로 가는지 알지도 못하고 떠났다. 소변볼데도 없고 대변볼데도 없고 세수할데조차 없는 그 더러운 차속에서 맨 장판에 딩굴며 한달 두달 가는동안에 얼마나 많은 노인들과 어린애들이 죽었는지 헤아릴 수 없다. 자식들은 돌아가신 부모들을 어느곳인지 알지 못할 정거장 철도둑에 파묻었고 부모들은 죽은 자식들을 껴안고 통곡하며 그 어느 정거장인지 알지 못할 철로변에 파묻었다.

지금와서 그 장례지낸 곳들이 어디인지 아무리 알려고 애써도 생각나지 않는다. 이렇게 그 이주는 피로 물든 강제이주였으며 고려인사람들은 짐승처럼 값없이 죽어갔다. 목숨이 붙어 당도한 사람들은 중앙아시아, 카자흐쓰딴 산지 지방에 흩어졌는데 모두들 무인절도 황무지에서 잠땅, 모래벌, 갈밭을 일구어 씨를 뿌리고 농사를 지어 겨우 생명을 이어갔다.

(연성용, 「피로 물든 강제이주」, 《레닌기치》, 1995.2.4)

'신한촌'의 '고려사람들'은 '무슨죄로 또 어디로 가는지 알지도 못'하는 상황에서 '뇌성같은 지령'을 받고 '짐승들을 싣는 화물열차에 실려 떠났다.' '노인들과 어린애들'을 포함한 고려인들은 '짐승처럼 값없이 죽어갔다.' '목숨이 붙어 당도한 사람들'은 '무인절도 황무지에서 잠땅, 모래벌, 갈밭을 일구어 씨를 뿌리고 농사를 지어 겨우 생명을 이어갔다.' 카자흐스탄 우슈토베는 이러한 고려인들이 최초로 하차하여 정착한 장소의 하나였다.

둘째, '무인절도 황무지'를 '콜호스'로 일구는 경이로운 노동의 현장이다. 이는 연대의 공동체를 표상하는 생명의 대지이기도 하다.

그다음 그는 카사흐인들이 정주생활을 시작할 때 걷던 그 수난의 길을 회상하면서 조선사람들에 대해 측은한 마음을 효시하는것이였다.
"부모된 마음이야 다 한가지이지요. 그 숱한 아이들을 잃고 속들을 얼마나 태웠으며 눈물인들 얼마나 흘렸겠어요. 우리도 그보다 더하면 더했지 못지않은 괴변을 겪었다오. 바로 4년전 1932년이였어요. 이때까지 우리는 유목생활을 했지요. 이 넓은 평원에서 동과 서, 서와 동으로 풀과 물을 따라다니며 양도 치고싶은대로 치고 고기도 먹고싶은대로 배불리 먹으며 살았지요. 손님이 한분만 와도 양을 두세마리 잡는 것을 례상사였지요. 그러다가 불시에 정주생활로 넘어가 양무리들을 공유화하고 고기배급제가 생겼는데 그것조차 제때에 주지 않아 고기기근이 들어 죽는데……"

(김기철, 「이주초해」, 《레닌기치》, 1990.5.15)

김기철의 「이주초해」는 새롭게 이주한 지역에서 삶의 터전을 일구는 고려인들의 모습을 형상화하고 있다. 이들은 원주민 카사흐인들의 도움을 받아 '씨르다리야 강'을 중심으로 콜호스를 형성하기 시작하여, 그 강변에 위치한 도시 '크즐오르다'에 이른바 '고려인들의 서울'을 건설하기에 이른다.[92]

셋째, 다양한 민족이 어울려 살아가는 공존의 가치관을 꿈꾸는 곳, 즉 현재의 삶을 성찰하며 보다 나은 미래를 상상하는 진행형의 장소이기도 하다.

> "너에게 아버지가 없고 네가 조선말을 모르는것은 네잘못이 아니다. 크면 너는 자기 민족의 력사를 알게 될거야. 지금 책에 쓴 그것이 아니라 사람들의 기억속에 살아있는 력사를 말이다. 너는 그들이 어떻게 살아왔으며 또 어떻게 살아가야 하리라는것을 알게 될거다. 그것을 알게되면 넌 더 자유로울수 있겠지. 그리고 너보고 그런 말을 물어보는 사람들은 미련해서 그러는거야. 그것들은 앞으로도 그냥 그런 질문을 할거다. 그것들은 조국을 배불리 먹여주고 편안히 근심없이 살수 있게 해주는것으로만 여기기 때문이야. 그래 그들은 자기들과 조곰이라도 다른 점이 있는 사람을 보면 아무리 사소한 일이라도 의심을 품고 근심을 하고 호기심을 내는거야."
> (강알렉싼드르, 「놀음의 법」, 《고려일보》, 1991.8.30)

이는 언어와 민족, 국가의 경계를 넘어 '기억속에 살아있는 력사'가 숨 쉬는, 차별과 배제가 없는 세상을 꿈꾸는 장소이다. '조선말'을 모르는 손자가 '자기 민족의 력사'를 이해하고 이를 통해 '더 자유로울 수 있'게 되는 세상을, 어린 화자의 할머니와 재혼한 러시아인 할아버지의 목소리로 제시하고 있다는 점은 주목할 만하다. 중앙아시아 고려인 문학의 현주소, 즉 조선말과 할머니로 표상되는 세계(과거), 러시아

---

92 연해주의 주요 문화기관이었던 《선봉》(이후 《레닌기치》), 고려극장, 고려사범대학(이후 크즐오르다사범대학) 등은 이곳 크즐오르다로 이주하여 새롭게 활동을 시작했다.

어와 할아버지로 대변되는 세계(현재), '기억속에 살아 있는' 조선으로 상징되는 손자의 세계(미래)를 압축적으로 보여주고 있는 장면이라 할 수 있다.

이렇듯 우슈토베, 크즐오르다 등으로 대변되는 중앙아시아는 연해주에서의 삶을 기반으로 황무지나 다름없는 죽음의 땅에서 원주민들과 어울려 생명과 연대의 공동체를 건설한 곳이자, 이를 바탕으로 후손들의 보다 자유로운 미래를 꿈꾸는 장소의 이미지로 표상되고 있다.

4. '주인'과 '종'이 아닌 '친구'로

> "새로 정착할 땅에 조상 대대로 뿌리내리고 살아온 이들이 있으면 그들과 친구가 되어라…… (중략) ……그들의 주인이 되려 하지 말고…… 그들의 종이 되어서도 안 된다……"
>
> (김숨, 『떠도는 땅』, 은행나무, 2020, 215쪽)

김숨의 『떠도는 땅』은 1937년의 강제 이주, 특히 중앙아시아 고려인 이주 150여 년의 역사를 응축한 '지옥 열차'의 현장을 생생하게 재현한 작품이다. 땅은 먼저 들어와 정착해 살고 있는 자들에게 우선권이 있다. 하여, 이주자들은 원주민들의 '주인'이나 '종'이 되지 말고 그들의 '친구'가 되어야 한다. 단순명료하다. 하지만 우리는 '신대륙의 발견'이나 '대항해시대의 모험' 혹은 '문명화의 사명' 등으로 미화된 서구 제국주의 담론이 얼마나 많은 원주민들의 삶의 터전을 파괴했으며, 또한 얼마나 많은 디아스포라적 삶을 양산했는지 잘 알고 있다. 아니, 알고 있음에도 짐짓 모른 척하거나 지나쳐버린 것인지도 모른다.

고려인들은 연해주에 뿌리내리기 위해 원주민들의 친구가 되었고, 중앙아시아로 이주한 후에는 카자흐스탄 혹은 우즈베키스탄 주민들과 함께 살아야 했기에 그들의 친구가 되었다. 이러한 과정 속에서 그들의 정체성은 한국, 연해주, 중앙아시아 사이에서 굴절·변형된 양상을 보인다. 이들이 사용하는 언어 또한 이러한 과정을 겪으며 오늘에까지 이르렀다. 하여, 이들에게 한글 혹은 한민족의 정체성을 강요하는 것은 또 다른 폭력일 수 있다. 그들의 문학을 '지금 여기' '우리'의 기준으로 평가하기보다는 당시 그들의 상황을 참조하여 '있는 그대로' 인정하는 태도가 요구된다. 따라서 고려인문학은 한국문학의 한 연장일 수 없다. 이들의 문학이 주목하고 있는 문제는 연해주와 중앙아시아, 한국 그 어디에도 완전히 속하기 어려운 디아스포라로서의 삶의 양상이기 때문이다. 고려인은 고려인 그 자체이고, 고려인 문학은 그냥 고려인 문학이다. 이와 관련하여 한 고려인 작가의 다음과 같은 말은 진한 여운을 남긴다.

"고려인들이 한국 사람같이 말하면 그건 고려인이 아니라는 게 저의 생각입니다."

(양원식)

노근리의 과거와 현재 그리고 미래:

정구도 『노근리는 살아 있다』

1. '노근리'의 모든 것

여기 800페이지가 넘는 두꺼운 책 한 권이 있습니다. 노근리의 '과거와 현재, 그리고 미래'가 날줄과 씨줄로 촘촘하게 직조된 역작입니다. 6·25 전쟁 당시 민간인 학살 사건이 발생했던 비극의 장소, '노근리'를 세계적인 평화와 인권의 메카로 탈바꿈시키는 과정이 눈물겹도록 아름답게 수 놓여 있습니다. 저자의 말을 잠시 옮겨보겠습니다.

> 한국 현대사와 인권의 역사를 통틀어 노근리사건이 지니고 있는 의미를 통찰하고, 진실규명과 인권회복이라는 현안 해결을 위해 구사했던 전략들을 체계적으로 정리한 학술연구서의 면모를 띠고 있다. 나는 이 책이 앞으로 제기될 한국전쟁 당시 미군에 의해 발생한 수많은 민간인 살상사건에 대한 이해를 돕는 길라잡이로 많은 분들에게 도움이 되리라고 확신한다.
> (정구도, 「글머리에」, 『노근리는 살아 있다』,
> (사)노근리국제평화재단, 2020, 5쪽)

그렇습니다. 이 책에는 '노근리사건'에 대한 모든 것이 담겨 있다고 해도 과언이 아닙니다. '노근리사건'의 진실과 역사적 의미, 추모사업의 성과와 방향성, 앞으로의 과제 등이 잘 드러나 있습니다. 이러한 과정을 외부에서 지켜 본 처지에서 감히 이 책을 평가할 생각은 없습니다.

책의 마지막 페이지를 덮는 순간 여러 생각이 스치며 가슴이 뭉클해지고 이내 뜨거워졌습니다. 방송이나 기사 등을 통해 단편적·추상적으로 접했던 '노근리사건'이 한층 가까이 다가온 느낌이었습니다. 무엇보다 '노근리사건' 피해자 가족으로서의 저자가 그 '고통과 슬픔', '절망과 좌절'을 딛고 기어이 '희망'의 씨앗을 발아시켜 '용서와 화해'의 장을 창조하는 과정이 인상적이었습니다.

진실 추구의 중요성을 외치기는 어렵지 않습니다. 진실 탐구의 당위성에 누구나 쉽게 공감하니까요. 하지만 실제로 그 진실에 한발 한발 다가가기는 결코 쉽지 않습니다. 진실을 왜곡하고 은폐하는 현실의 강고한 세력에 맞서는 용기와 끈기가 필요한 일이니까요.

2. 몸과 실천으로 쌓아올린 탑

널리 알려져 있듯, '노근리사건'은 1950년 7월 말 충북 영동면 황간면 노근리 일대에서 4박 5일간에 걸친 미군의 무차별 사격으로 약 400여 명의 민간인 희생자가 발생한 사건입니다. 저자의 부친은 당시 5살 아들과 2살인 딸을 잃었고, 모친은 옆구리와 팔꿈치에 총상을 입었습니다. 저자의 선친 정은용 씨는 1960년 10월 미국 정부의 사과와 손해배상을 요구하는 소청서를 서울의 주한 미군 소청사무소에 제출합니다. 하지만 사건을 은폐·축소하려는 미군과 미국의 눈치를 보는 남한 정부에게 '노근리사건'은 '아무도 듣기를 원하지 않았던 이야기'였습니다. 그 후 피해자들은 한미 양국에 20여 차례의 청원서를 제출하지만 제대로 된 답을 받지 못합니다. 이후 '노근리사건'의 진상을 알리려는 정은용 씨의 노력이 끈질기게 지속되다가 마침내 1994년 장편 실화소설 『그대, 우리의 아픔을 아는가』가 출간되면서 이른바 한미 간의 '역사전쟁이자 인권전쟁'이 본격적으로 시작됩니다. 저자는 1991년 이 아버지의 소설 집필을 곁에서 도와주면서 '노근리사건'에 본격적으로 발을 들여놓게 됩니다. 『노근리는 살아 있다』에는 이후 부자가 피해자들과 함께 해온 여정이 가감없이 펼쳐져 있습니다.

먼저 주목하지 않을 수 없는 일이, 사건의 실체를 세상에 드러내고자 하는 피해자들의 불굴의 의지와 이를 하나하나 실천에 옮기고 있는 끈질긴 노력입니다. 이들 부자는 1994년 대책위를 구성한 이래 은폐된 진실을 좇아 주한 미국 대사관, 미국의 펜타곤, 국회 등 그 어디도 마다하지 않고 찾아 나섭니다. 그리고 '노근리사건'의 정신을 알리기 위해 세계 방방곳곳의 박물관, 기념관, 유적지 등을 방문합니다. 이렇듯 '노근리'의 결실은 구호나 외침을 넘어 몸으로 만든 성과임을 백번 강조해도 지나치지 않을 것입니다.

한편으로는 '노근리사건'의 증거를 찾기 위해 자료를 수집합니다. 저자는 국회도서관, 통일부 북한자료센터, 미국 국립문서기록관리청 등을 수소문하며 사건의 실상을 파헤칩니다. 이러한 과정을 통해 학술적 연구 성과를 제출함으로써 '노근리사건'을 역사적 사실로 자리매김하게 합니다. '노근리사건'으로 인해 한국의 현대사, 한미 인권사가 새로 쓰여지게 되었다는 지적은 이와 무관하지 않을 테지요.

다시 한번 강조하지만, 일을 시작하자고 선언하기는 쉽습니다. 하지만 그것을 되게 하기는 결코 쉽지 않습니다. 현실의 수많은 난관과 장벽을 넘어야 하기 때문입니다. 하물며 '노근리사건'은 힘없고 연약한 개인들(피해자들)이 국가의 시스템(미국과 한국 정부)과 맞선 형국이 아니었습니까?

우리는 1999년 미국의 AP 통신사가 '노근리사건'의 실상을 전 세계에 타전하고 〈뉴욕타임스〉와 〈워싱턴포스트〉가 이를 1면 톱기사로 받고, 진상규명을 촉구하는 사설을 실었다는 사실을 강조하곤 합니다. 그리고 AP 취재팀이 이 보도로 2000년 '퓰리처상'을 수상했다는 사실에 감탄합니다. 이어 2001년 1월 당시 미국의 대통령 클린턴이 '노근리사건'에 대한 유감 표명 특별 성명을 발표한 점에 놀랍니다.

저는 그 바탕에 진실을 알리려는 피해자들의 눈물겨운 노력과 열정이 깔려있었다는 사실을 강조하고 싶습니다. 저자와 피해자들은 '노근리사건'의 진실을 향해 한 걸음 한 걸음 힘겹게 나아갔습니다. '노근리사건'의 진실에 대한 실증적이고 학술적인 증거를 가지고, 역사적 사실을 왜곡·은폐하려는 국가권력을 심문하며 이들을 점차 궁지로 몰아갔습니다. 그들이 가장 선호하고 신뢰하는 방식, 즉 이성적이고 논리적이고 실증적인 방식으로 노근리 문제에 접근했기 때문에 그들이 두려워하면서 쩔쩔매지 않았나 싶습니다.

하지만 결과는 늘 기대에 미치지 못하기 마련이지요. 한미 양국의 '노근리사건' 진상조사보고서를 접하고 저자는 '모든 것을 내려놓고 싶'을 만큼 허탈감과 실망감에 빠졌다고 고백합니다. 하지만 이내 마음을 고쳐먹습니다. '노근리사건'에 대한 접근과 문제제기가 구체적이고 실증적이었기 때문에 가능한 일이 아니었나 싶습니다.

> 그렇지만 부정할 수 없는 성과들도 있었다. 우선 노근리사건의 존재조차 부인하던 미국을 상대로 한 역사전쟁에서 승리했다는 사실이다. 또한 노근리사건은 이제 한미 양국의 현대사에 실존(實存)하는 역사적 사건으로 인정받았고, 미국이 가해국임은 부정할 수 없는 진실이 됐다. 6·25전쟁 초기의 전쟁사가 다시 쓰이게 된 것도 성과로 꼽을 만하다. 더 나아가 세계적인 강대국 미국의 현직 대통령 빌 클린턴이 노근리사건 피해자와 한국 국민에게 유감을 표명하는 성명을 발표했다는 사실은 한미 외교사나 인권사 측면에서 이례적인 일임이 분명하다.
> (『노근리는 살아 있다』, 307쪽)

당위나 이념적 외침이 아니라, 몸과 실천으로 차곡차곡 쌓아올린 탑은 쉽게 무너지지 않는 법입니다. 저자는 활동의 성과와 한계를 성찰하며 앞으로 나아갈 방향을 새롭게 모색합니다. 이렇듯 '노근리사건'은 저자를 중심으로 한 피해 주민들이 구체적으로 문제를 제기하고 이를 행동으로 옮기는 과정을 통해 점차 해결의 실마리를 향해 나아갑니다.

　하여, 미국 측의 미흡한 피해 보상 제의를 단호하게 거부하는 모습은 매우 인상적입니다. 미국 정부는 '한국전쟁 당시 미군에 의해 희생당한 모든 민간인 피해자들의 추모비 건립과 그 유가족 자녀에 대한 장학금 제공'이라는 '노근리사건 사후조치 방안'을 내놓습니다. '노근리사건'의 법적 책임을 회피함은 물론, 6·25전쟁 당시 미군에 의해 발생한 유사 사건들에 대한 책임을 면해보려는 포괄적인 제안이었지요. 한국 정부 또한 이러한 미국의 제안을 받아들이는 선에서 '노근리사건'을 매듭짓고자 합니다. 하지만 미국 정부의 사후처리 배상 방안을 수용해버린다면, '노근리사건'은 물론 당시 수없이 발생한 유사 사건에 대한 진실도 함께 묻혀버리게 됩니다. 저자의 논리는 명쾌합니다. 미군이 법을 위반했으니 법에 따라 처리해야 한다는 것입니다. 애매하고 포괄적인 정치적 잣대를 단호하게 거부하는 선언이지요. 지금까지의 성과와 한계를 명확히 인식하고 수용할 것은 수용하되 절대 포기할 수 없는 원칙은 끝내 고수하는 정신, 즉 날카로운 현실인식과 역사의식이 돋보이는 대목입니다. 여기에는 그 어떤 이데올로기나 정치적 편향이 개입할 여지가 없습니다. 오직 '노근리사건'의 진실과 정의를 향한 올곧은 신념과 열정만이 존재할 따름입니다.

　'노근리사건' 추모 사업이 한국 현대사를 종횡으로 가로지르며 지금까지 오게 된 이유도 이와 무관하지 않을 것입니다. '노근리사건'은 여당과 야당, 진보와 보수, 중앙과 지역, 중심과 주변 등의 이분법에 갇히지 않았습니다. 필자의 부친은 박정희, 전두환 군사정권 시절에도 '노근리사건'의 진실을 알리려는 노력을 멈추지 않고 소설과 드라마 공모에 응모했으며, 6·25 전쟁에 대한 자료를 모으고 정리하는 작업을 계속했습니다. 이러한 노력이 『그대, 우리의 아픔을 아는가』(1994)로 결실을 맺었지요. 이후 여러 정권이 교체되는 정치적 격랑의 와중에도 '노근리'의 정신은 변함없이 이어져왔습니다. 저자와 부친을 중심으로 한 피해자들의 끈질긴 집념과 투쟁 때문이었습니다. 우리 '시대'가 '맡긴 일'이자 '역사적 과제'이며, '무엇보다' '하고 싶었던 일을 하는 것'이어서 '마음'이 즐겁고 가볍다는 저자의 말이 진한 여운을 남깁니다. 그리고 그 꿈은 오늘도 이어지고 있습니다. 이 자리 '제1회 노근리 평화문학포럼'도 그 연장의 하나겠지요.

3. 용서와 화해, 공감과 연대

이 책을 읽으며 또 하나 인상적이었던 부분은 '노근리사건' 피해자들이 보여준 '용서와 화해'의 정신이었습니다. 저자의 부친과 피해자들은 노근리에서 총을 쏜 미군들의 형사처벌을 원하지 않는다고 여러 번 밝히고 있습니다. 모친 역시 70대 노인이 된 가해 미군들을 죽기 전에 만나 그들의 무거운 짐을 덜어 주고 당신의 고통도 내려놓고 싶다고 하셨습니다. 용서와 화해를 통해 과거의 상처를 치유하고 자유를 얻기 위해서지요.

이러한 고귀한 정신에 대해 미국 '평화를 위한 재향군인회'의 우디 파월 씨는 "여러분들께 진심으로 용서를 구합니다. 이것은 또 내 영혼을 구하는 길이기도 합니다. 그리고 미국인들의 영혼을 구하는 일입니다."라고 응답합니다. 민족과 국가의 경계를 넘어선 아름다운 소통과 교감의 장면이라 아니할 수 없습니다.

'노근리사건'의 진상을 알리러 미국을 방문한 일행은 '한국전쟁 참전용사 기념탑'을 방문하기로 합니다. 왜 여기에 왔느냐는 AP 기자의 질문에 저자의 부친은, "노근리사건에 대한 진상규명과 사건에 대한 책임을 미국 정부에 묻더라도 한국전쟁에 참전해 목숨을 바친 많은 미군들의 영혼을 먼저 추모해야 한다는 생각에서 이곳에 왔다."라고 답변합니다. '노근리' 정신을 그대로 보여주는 대목이라 하겠습니다. 문득 저자가 방문한 노르망디 해안에 자리 잡은 프랑스 캉 기념관 전면 벽에 새겨져 있다는 문구가 가슴에 와 닿습니다. "고통은 나를 산산조각 냈으나, 사랑이 나를 치유했고, 상처로부터 자유의 물결이 용솟음쳤다." '전쟁에서 승자는 없고 모두가 패자가 되고 피해자가 된다'는 캉 기념관 장 마리 지로 씨의 말도 오랫동안 기억에 남았습니다. 이러한 '노근리' 정신은 영동군 내 참전 미군 추모탑 건립 추진으로 이어지고 있습니다. 저자의 말대로 '가해자든 피해자든 진실된 사과와 화해, 용서에 이어 상처를 공유하며 서로를 치유해야 할 필요성은 그래서 더욱 절실'하겠지요.

이러한 용서와 화해의 정신은 '노근리사건'을 평화와 인권의 상징으로 승화시키고 있습니다. '노근리'의 슬픔과 비극을 사랑과 포용의 정신으로 계승하여 마침내 평화와 생명의 사상으로 확산하고 있는 것이지요. '노근리'는 이제 평화와 인권 교육의 메카로 거듭나고 있습니다. '노근리국제평화재단'의 설립과 '노근리평화공원'의 준공, 그리고 이곳에서 기획하고 개최한 행사, '노근리평화학술대회', '노근리평화상 제정', 'INMP 국제컴퍼런스', '명예 국제 평화정원 선정' 등만 떠올려 봐도 우리는 알 수 있습니다. 역사적 비극의 현장을 아름다운 정원으로 가꿔 평화와 인권 교육의 장으로 탈바꿈시키고 있는 모습은 보기 드문 장관입니다. 장미, 연꽃, 튤립, 작약, 달리아, 칸나, 무궁화 등 노근리평화공원은 팔색조의 아름다운 사계를 펼치며 1년 내내 많은 사람들이 즐겨 찾는 명소로 거듭나고 있습니다. 이렇듯, '노근리'의 정신은 평화와 인권의 강이 되어 도도하게 흐르고 있습니다.

저자의 말대로 '노근리' 정신은 70년의 세월을 훌쩍 넘어 '평화'를 향한 '공감과 연대'의 사상으로 비상하고 있습니다. 노근리의 과거와 현재 그리고 미래를 보여주는 심포닉 칸타타 '노근리여 영원하라' 제5악장 평화의 찬가 중 다음의 대목처럼 말입니다.

> 하늘이 우리의 슬픔을 변하여 춤이 되게 하셨고
> 우리의 베옷을 벗기시며 기쁨으로 띠를 띠우시네.
> 선혈 뿌려진 노근리 붉은 들판에 포도나무 꽃 피어
> 향기 가득한 푸른 들판이 되었구나.
>
> (『노근리는 살아 있다』, 594쪽)

특히, 민족과 국가의 경계를 넘어선 공감과 연대, 즉 세계시민정신이 돋보이는 장면이 눈길을 끕니다. '노근리사건'은 지금도 세계 곳곳에서 벌어지고 있습니다. 한국도 자유로울 수 없습니다. 베트남전쟁 때 한국군 청룡부대가 베트남 꽝남성 퐁니 마을에 들어가 74명의 비무장 민간인을 학살한 사건이 있었지요. 한국군에게 가족이 학살된 베트남 여성 응우옌 티 탄 씨는 서울중앙지법에 소장을 제출합니다. 그녀는 "이번 소송이 나의 권리와 이익만이 아니라 모든 베트남 피해자들의 명예회복을 위한 기회가 되기를 바란다."라고 말했습니다. 이를 지켜보며 저자는 아래와 같이 주장합니다.

한국의 사법부가 이번 소송을 공정하게 다뤄 베트남 민간인 피해자들의 인권 및 명예회복이 반드시 이뤄지길 기대한다. 그렇게 돼야 대한민국은 베트남 사람뿐 아니라 세계인들의 가슴에 진정한 민주국가이자 인권국가로서 아로새겨질 것이다.

(『노근리는 살아 있다』, 779쪽)

'노근리'의 정신이 이들과 구체적으로 연대해 가기를 기대해 봅니다.

노예선,
근대적 의식의 첨단을 항해하는 유령선:

마커스 레디커 『노예선-인간의 역사』

1. 추상성의 폭력을 넘어

　마커스 레디커의 『노예선-인간의 역사』는 무자비한 '폭력과 테러'에 의존해 '근대성을 완성시킨 기계', '노예선'의 실상을 생생하게 포착한 역작이다. 이 책은 '지난 1천 년 동안의 인류 역사에서 가장 장엄한 연극'(듀보이스)이었던 '노예무역'의 비극성을 '노예선'과 관련된 인물들을 통해 복원하고 있다. 지금까지 이 연극의 주연은 주로 상인, 농장주, 정치인, 노예제도 폐지론자들이었다. 하지만 저자는 『노예선』에서 새로운 인물들을 캐스팅하고 있다. 실제로 '노예선'에 탑승하여 그 현장을 생생하게 경험하고 기록한 선장과 선원 그리고 노예가 그들이다. '진정한 계몽은 스코틀랜드의 철학자나 의회의 구성원들로부터 얻는 것이 아니라 거대한 기계를 타고 고통의 도구를 마주하고 있는 선원이나 노예와 만나며 얻을 수 있'는 것이기 때문이다.
　'노예선'은 '전쟁 기계와 이동식 감옥 그리고 공장이 이상하면서도 강력하게 조합'을 이루고 있는 '근대적 의식의 첨단을 항해하는 유령선'이다. 우리 사회는 여전히 '인종 차별, 빈곤 문제, 구조적 불평등'에 시달리고 있으며, 이러한 문제는 모두 '대서양 자본주의의 노예제도'에 그 기원을 두고 있다. 『노예선』은 이러한 사실을 짐짓 외면하고 '추상성의 편안함'에 머무르려는 현대인의 자의식을 가차 없이 후벼 파고 있다. 저자의 단호한 목소리를 직접 들어보자.

> 이 책을 쓰는 것은 고통이었으며, 만약 내가 이 주제에 어떠한 정당성이라도 부여했다면 이 책을 읽는 것 역시 고통스러울 것이다. 이러한 고통을 우회하는 방법은 없으며 그래서도 안 된다. 나는 이러한 공포가 항상 세계 자본주의의 중심에 있었고 여전히 남아 있다는 사실을 기억해야 한다는 확고한 믿음에 따라, 상상할 수 없는 폭력과 테러 그리고 죽음을 겪은 사람들에게 가장 커다란 존경심을 표하며 이 연구를 바친다.
> (마커스 레디커, 『노예선』, 박지순 옮김, 갈무리, 2018, 30쪽)

『노예선』은 영국(1807)과 미국(1808)의 노예무역 폐지 200주년을 기념해 출간되었다(2007년). 하지만 미국의 지배 계급은 이러한 고결한 행위를 축하하고 토론하지 않았다. 두려웠기 때문이다. 무엇이? 이 주제에 대한 깊이 있는 토론은 '미국 역사의 중심에 서 있으며 오늘날에도 여전히 강력한 영향력을 발휘할 수 있'는 '불편한 쟁점'을 불러올 수도 있기 때문이다. 논의하지 않는 것이 '안전'하다고 생각했을 것이다. 불온한 과거의 역사가 현재의 기득권을 위협할 수 있기 때문이다. 이 두려움 때문에 노예무역의 실상이 '추상성의 폭력'에 갇히게 된 것이리라. 『노예선』은 이러한 '추성성의 폭력'을 새롭게 캐스팅된 '노예선'의 주연을 통해 생생하게 폭로하고 있다. 이들의 '아래로부터의 목소리'는 그동안 암묵적으로 묵인되어 온 서구중심의 냉혹한 자본의 논리('어떠한 경우에도 인도주의적 염려가 경제적·군사적 이익을 뛰어넘은 적이 없었던', '장부, 연감, 대조표, 그래프, 통계'에 바탕한 '합법적 노력과 합법적 이익 추구')를 소환하는 죽비소리가 되고 있다.

2. '노예선'의 주연

저자가 캐스팅한 '노예선'의 주연들을 만나보자. 먼저 악명 높은 선장이다. 모든 선장들이 '악마'는 아니지만 대부분의 선장은 '마음속에 악마를 품고 있었다.' 그들은 상인 자본가들과의 연줄과 사회적·국가적 조직에 기반한 폭력을 통해 세계 시장을 연결하는 국제적 자본주의 경제의 '전략적인 위치'를 점하고 있었다. 『노예선』에는 한 선장의 고용조건이 제시되어 있다. 베이커 선장은 5파운드의 월급과 수송한 노예 100명 당 4명에 해당하는 가격의 수수료를 받는다. 그리고 노예 7명을 현지(서아프리카)에서 구매한 가격으로 선점하여 중간항로의 끝(서인도제도의 항구)에서 그곳의 시세로 판매하여 차익을 챙길 수 있도록 계약했다. 이러한 선장과 상인의 계약에는 노예에 대한 그 어떤 인도주의적 배려도 없다. 오직 이윤추구라는 자본의 논리만이 존재할 뿐이다. 더불어 이러한 계약은 폭력과 테러를 자행하는 선장의 '악마 이미지'가 개인적 특성이나 성격에서 기인했다기보다는 거대한 경제 시스템의 문제라는 사실을 보여준다. 중간항로에서 발생할 수 있는 노예의 손실을 예상한 보험계약 또한 마찬가지이다. 상인은 얼마나 많은 노예가 목숨을 잃을지 미리 계산하고 보험에 가입했기 때문에 '죽음도 계획된 것'(계획된 살인)이라 할 수 있다.

다음으로 선원들이다. 노동을 수탈당하는 피해자(하급 노동자, 국가로부터 거부된 잉여인간)이자 노예들에게 폭력과 테러를 자행하는 가해자(백인, 공범)였던 일반 선원들의 목소리는 훨씬 드라마틱하다. 일반 선원의 관점에서 노예무역에 관한 글을 쓴 최초의 인물인 스탠필드는 '아프리카 해안에 도착했을 때 이제 유럽인이 무리지어 해안을 다니며 사슬을 손에 들고 아프리카인을 붙잡으러 다니는 야만인'으로 변모한다는 사실을 낭만적 목소리로 증언하고 있다. 이 '야만인들'은 서아프리카의 지역 사회 공동체를 근본적으로 뒤흔든다. 노예는 주로 전쟁을 통해 발생한다. 아프리카에서 전쟁은 유럽인이 도착하기 전에도 존재했다. 노예도 마찬가지이다. 하지만 '노예선'이 도착하면서부터 상황은 달라진다. '노예선'이 해안에 출현하면 노예를 얻기 위한 '전쟁'이 시작된다. 선장이 제공한 화기로 무장한 지역 상인들은 내륙으로 향한다. 그들은 '전쟁'을 수행하면서 무차별적으로 아프리카인들을 잡아들인다. 그야말로 '조직적인 인간 도둑질'이다. 노예는 또한 범죄를 저지른 사람들에 대한 법적 절차로 발생한다. '노예형'이 그것이다. '노예선'이 도착하자 이러한 기존 아프리카의 법적 절차가 무너진다. 수천 명의 주민이 잘못 고발되어 유죄판결을 받는다. 모든 처벌이 '노예형'이다. 이들은 선장에게 팔렸다. 노예를 판 대가로 받은 총기로 무장한 부족은 다른 부족을 침략하여 더욱더 많은 노예를 잡아들이는 악순환이 지속된다. 이로 인해 아프리카 사회의 지배계층과 평민, 부족과 부족 사이의 메울 수 없는 간극이 발생했다.

　마지막 배우이자 진짜 주연은 역시 노예들이다. 저자는 방대한 증언 자료를 바탕으로 '육지에서 물로, 아프리카에서 유럽의 주인에게로, 하나의 통치 수단에서 또 다른 통치 수단으로' 전환되는 노예들의 삶을 생생하게 들려주고 있다. 이들이 연출하는 '징벌과 저항의 변증법'은 처절하다. 노예들은 음식을 거부하고, 바다로 뛰어들었으며, 선상 반란을 일으키기도 했다. 수많은 노예들이 목숨을 잃었지만 다수는 꿋꿋하게 살아남아 인간의 존엄성을 지켰다. 그리하여 '불가사의했던 노예선은 이제 그들 스스로 검은 민족이라는 정체성을 발견한 이들이 창의적인 저항을 이어가는 곳이 되었다. 막강한 권력의 변증법을 통해 노예선에 승선하여 고통 받는 인간의 공동체는 도전적이며 탄력적이며 단연코 생명이 넘치는 아프리카계 아메리칸 문화 그리고 범아프리칸 문화의 탄생을 낳았다.'

3. '뱃동지'

상인들에게 노예는 소중한 자산이었다. 하지만 선원들은 그렇지 않다. 중간항로 행해가 끝나갈 무렵 노예들에 대한 처우가 좋아지기 시작한다. 시장에서 좋은 가격을 받아야 하기 때문이다. 반면 선원들에 대한 처우는 혹독해 진다. 일부 선원들은 잔인한 방식으로 버림받기도 한다. 노예무역을 위해서는 일정한 정도의 선원이 필요하다. 하지만 중간항에서 노예를 거래한 후 새로운 물품을 싣고 고향으로 돌아오는 여정에서는 그만큼의 선원이 필요하지 않다.[93] 이에 따라 아메리카의 노예 배달 항구 전역에는 가난하고 병든 선원, 즉 노예무역의 '폐물' 선원들로 넘쳐났다. 이러한 버려진 선원들을 보살펴주는 노예들의 모습은 아름다운 연대와 공감의 풍경을 연출한다.

> 선원 헨리 엘리슨은 부두 낭인들은 몸을 말릴 곳조차 없었지만 "유일하게 한 흑인만이 그들을 자신의 집에 불러들여 친절하게 대해 주었다."라고 기록했다. 그들을 집안으로 데려가 준 사람들은 자신의 집으로 데려가는 사람이 누구인지 분명히 알고 있었고 이전에 겪어본 서아프리카 질병의 치료법도 알고 있었을 것이다. 어쩌면 선원과 개인적으로 아는 사이였을 수도 있다.
>
> (『노예선』, 413-414쪽)

연민의 정은 사후에도 계속되었다. 선원들이 '배고픔과 질병으로 슬픔 속에서' 죽음을 맞이하면 흑인들의 온정의 손길로 땅에 묻힐 수가 있었다. 저자는 이 '연민과 온정의 의미'를 '뱃동지'라는 용어로 표현

---

[93] "350명의 노예를 통제하기 위해 35명의 선원이 필요하던 200톤급 함선이 이제는 설탕 같은 화물을 싣고 고향 항구로 돌아가는데 여기에 필요한 선원은 열여섯 명 혹은 그보다 더 적었다. (…) 노예선 선장은 이러한 과잉 노동력을 처리할 전략을 고안했다."(『노예선』, 305쪽)

하고 있는데, '억압받은 사람들이 노예선에서 자신의 노예생활을 감시했던 바로 그 사람들에게까지 인류애를 보여줄 정도로 더 관대하고 넓은 마음'을 지녔음을 암시하고 있다.

저자는 되묻는다. '드울프와 모리스 그리고 로렌스-그들의 가족과 계급, 정부 그리고 그들이 도와 건설했던 사회를 포함해서-의 후손들은 결박당한 채 끌려온 노예들의 후손들에게 무엇을 빚졌을까?' 이와 관련하여 '세계 무역 시장과 금융 자본 그리고 대영제국 경제의 최고위층에 관여'하고 있었던 상인 험프리 모리스의 '캐서린호'에 관한 언급은 진한 여운을 남긴다. '캐서린호'는 모리스가 아내와 딸의 이름을 따 명명한 노예선 소함대 중 한 척이었다. 저자는 '그의 아내 캐서린과 딸 사라가 만약 엉덩이에 캐서린의 K와 사라의 S표식을 한 노예들이 자신의 이름을 딴 노예선에 가득 타고 있다는 것을 알았다면 어떻게 생각했을지' 궁금하다고 자문하고 있다. 복잡한 질문이지만, '정의'는 '지금 여기'에서 이러한 의문을 제기하고 답변을 요구하고 있다. '정의 없이는 화해가 있을 수 없다.' 이 정의의 문제를 정면에서 응시하고 있지 않기에 '노예선'의 어두움과 폭력이 현재까지 지속되고 있는 것은 아닐까.

우리는 『노예선』을 통해 노예무역이 추상적인 먼 곳의 이야기가 아님을 다시금 확인하게 되었다. '노예선'은 '급속히 성장하는 대서양 자본주의 체제와 노동력의 지지대였다.' '노예선'은 선장과 선원, 노예들뿐만 아니라 전 세계의 자본가와 노동자를 연결했다. 이와 같은 거대한 연결을 통해 대서양 자본주의의 주요 순환 체제가 구축되었으며, 이 체제는 '누군가에게는 돈벌이 수단으로 다가왔지만, 누군가에는 치명적이고 테러로 가득 찬 모습'으로 다가왔다. 이러한 체제가 '지금 여기'를 있게 한 뿌리이며, 우리 모두는 이 냉혹한 사슬에 연결되어 있다는 사실을 곱씹어 보아야 할 것이다.

수록 작품 출전

제1부 한국문학의 풍경들: 가족, 역사 그리고 '다른 세계'

「가족 이야기」, 『한국문학』, 2021년 하반기, 2021.7.
「역사를 소환하는 세 가지 방식」, 『한국문학』, 2021년 상반기, 2021.1.
「'공진화적 상상력'을 위하여」, 『한국문학』, 2022년 상반기, 2022.1.
「'다른 세계' 상상하기」, 『실천문학』, 2022년 봄, 2022.3.

제2부 아프리카 문학의 풍경들: 인종, 역사 그리고 전통

「아프리카의 다양한 목소리를 찾아서」, 웹진 <문화 다>, 2014.10.
「'아파르트헤이트'를 심문하는 날카로운 시선」, 웹진 <문화 다>, 2014.12.
「'사르키 바트만'을 기억하시나요?」, 웹진 <문화 다>, 2015.2.
「소말리아의 속살을 엿보다」, 누르딘 파라, 『해적』, 도서출판 아프리카, 2019.
「'흑인의 탄생' 혹은 '최종심급'으로서의 '인종'」, 웹진 <문화 다>, 2015.11.
「'아프리카너'의 관점에서 바라본 베트남 전쟁」, 『지구적 세계문학』, 2017년 봄, 2017.3.
「카메룬의 속살, '영어'와 '프랑스어'의 긴장」, 프란시스 니암조, 『프랑쎄파의 향기』, 글누림, 2019.
「'정령(精靈)의 노래', 영혼을 깨우는 주문」, 하리 가루바, 『정령의 노래』, 도서출판 아프리카, 2021.

제3부 '너머'의 세계를 넘보는 비서구의 목소리들

「한국 현대 소설과 세계문학」,『실천하는 한국문학에서 부상하는 세계문학으로』, 한국작가회의 창립 50주년 심포지엄 자료집, 2024.6.
「'자신'을 넘는 문학들, 아프리카(계) 작가들의 경계 넘기」,『백조』, 2024년 여름, 2024.6.
「'역사'를 재현하는 한 방식, 아프리카 여성의 목소리」,『픽션과 논픽션』, 제5집, 2023.12.
「세속에서 초월로, 초월에서 세속으로」(원제:「『님의 침묵』에 나타난 '님'의 의미 변모 양상」),『만해학보』, 제26호, 2024. 7.
「중앙아시아 고려인 문학의 장소성과 문제적 장소」, 디아스포라 웹진 <너머>, 2024.3.
「노근리의 과거와 현재 그리고 미래」,『노근리 평화문학포럼』, 제1회 노근리 평화문학포럼 자료집, 2021.12.
「노예선, 근대적 의식의 첨단을 항해하는 유령선」,『오늘의 문예비평』, 2018년 가을, 2018.9.

한국문학과 아프리카 문학의 풍경들
: 너머의 세계 상상하기

1쇄 인쇄 2024년 12월 30일
1쇄 발행 2024년 12월 31일

지은이	고인환
펴낸이	장윤희
펴낸곳	도서출판 아프리카
등록일	2007년 12월 6일 제 7-0853호
주소	서울 동대문구 전농로길 10-20, 청솔우성아파트 104동 2005호
이메일	chaka82@daum.net
전화	010-7512-1218
ISBN	979-11-91776-05-8(93810)
편집 및 디자인	국학자료원새미(주)

값 23,000원

Copyright©고인환
이 책의 한국어판 저작권은 도서출판 아프리카에 있습니다.
무단 전제와 무단 복제를 금합니다.